本书为 2020 年度浙江省哲学社会科学规划后期资助项目"当代中国青年幸福观及其培育研究"(20HQZZ23)成果,并得到浙江科技学院学术著作出版专项资助。

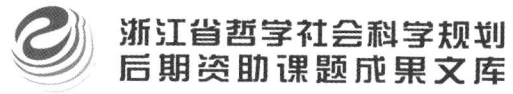
浙江省哲学社会科学规划
后期资助课题成果文库

当代中国青年幸福观及其培育研究

楼天宇　著

中国社会科学出版社

图书在版编目(CIP)数据

当代中国青年幸福观及其培育研究／楼天宇著. —北京：中国社会科学出版社，2021.4

（浙江省哲学社会科学规划后期资助课题成果文库）

ISBN 978-7-5203-8494-0

Ⅰ.①当… Ⅱ.①楼… Ⅲ.①青年—生活状况—研究—中国 Ⅳ.①D432.7

中国版本图书馆 CIP 数据核字（2021）第 091064 号

出 版 人	赵剑英
责任编辑	宫京蕾
责任校对	秦　婵
责任印制	李寡寡

出　　版	中国社会科学出版社
社　　址	北京鼓楼西大街甲 158 号
邮　　编	100720
网　　址	http：//www.csspw.cn
发 行 部	010-84083685
门 市 部	010-84029450
经　　销	新华书店及其他书店
印刷装订	北京君升印刷有限公司
版　　次	2021 年 4 月第 1 版
印　　次	2021 年 4 月第 1 次印刷
开　　本	710×1000　1/16
印　　张	18
插　　页	2
字　　数	304 千字
定　　价	98.00 元

凡购买中国社会科学出版社图书，如有质量问题请与本社营销中心联系调换
电话：010-84083683
版权所有　侵权必究

序

古往今来，幸福历来是众多哲学家、伦理学家、心理学家、教育学家、文学家等关注的话题。正如费尔巴哈所言："生活和幸福原来就是一个东西，一切的追求，至少是一切健全的追求，都是对幸福的追求。"追求幸福是一个人生存和发展的终极目标。

党的十九大报告提出："中国特色社会主义进入新时代，我国社会主要矛盾已经转化为人民日益增长的美好生活需要和不平衡不充分的发展之间的矛盾。"美好生活就是幸福生活。习近平总书记高度重视"幸福"，在不同场合多次谈及幸福，特别是2014年以来的新年贺词中，围绕"幸福""梦想"提出了一系列广为流传、深入人心的"金句"，比如，2014年的"一分耕耘，一分收获""生活总是充满希望的，成功总是属于积极进取、不懈追求的人们"；2015年的"坚忍不拔才能胜利，半途而废必将一事无成"；2016年的"有付出，就会有收获""只要坚持，梦想总是可以实现的""幸福不会从天降"；2017年的"天上不会掉馅饼，努力奋斗才能梦想成真""撸起袖子加油干"；2018年的"幸福都是奋斗出来的""不驰于空想、不骛于虚声"；2019年的"我们都在努力奔跑，我们都是追梦人"；2020年的"只争朝夕，不负韶华"。这些朴实深刻、暖心提气的话语，字字句句充满了新时代"幸福观"的哲学智慧和时代价值。

在实现中华民族伟大复兴的中国梦的道路上，青年是一支重要的力量。2019年4月30日，习近平总书记在纪念五四运动100周年大会上发表重要讲话，他指出："青年是整个社会力量中最积极、最有生气的力量，国家的希望在青年，民族的未来在青年。无论过去、现在还是未来，中国青年始终是实现中华民族伟大复兴的先锋力量！"青年的幸福观直接关系到青年的世界观、人生观、价值观，关系到国家的未来发展。

当代青年面临着形形色色的社会思潮、各种思想观点的冲击，承载着来自工作、生活、学习等诸多方面的竞争压力、信息压力和选择压力，容易产生困惑、困扰，包括在幸福问题上的迷茫和迷乱。因此，研究青年的幸福、幸福观，帮助青年正确认识幸福，树立正确的幸福观，建设好青年的精神家园，事关每个青年的幸福和美好社会的建设，具有重大的意义。

浙江科技学院副教授楼天宇博士以其责任心、事业心和兴趣心，多年来一直致力于青年幸福观的理论研究和教育实践。她在博士学位论文基础上形成的《当代中国青年幸福观及其培育研究》是一部系统地研究当代青年幸福观的学术专著。该书以当代中国青年为研究对象，从理论层面梳理了中西方幸福观的思想精髓，探究了马克思主义对幸福观问题的科学阐释。在历史和现实、理论和经验的对话中，通过系统地梳理《中国青年》杂志中与幸福观相关的内容，从几次大讨论中穿针引线，较好地探寻了新中国成立以来青年幸福观演变的轨迹。通过问卷调查、个案访谈等实证调研方法，梳理新时代广大青年幸福观的发展现状，剖析当代青年幸福观存在的问题及原因。在此基础上，作者提出，当代青年应着力培育以人为本导向的主体幸福观、以实践为特征的劳动幸福观、以和谐为取向的生态幸福观。在培育过程中，要处理好实然与应然、贵生与乐生、个人与社会、物质与精神、劳动与休闲、现实与未来之间的关系。同时，根据自身多年从事青年幸福观教育实践的经验和体会，提出了当代中国青年幸福观培育的原则和路径。该书融理论研究、实证分析和教育实践于一体，从理论上深化了幸福观的研究，从实践上丰富了幸福观的培育路径，充满了作者的深入思考、独到的学术观点和富有参考价值的培育路径探索。

我是楼天宇的硕士生导师，也是她的博士生导师之一。她勤奋上进、乐观积极、坚持不懈的品质，给我留下了深刻的印象。她的硕士学位论文和博士学位论文都是对"幸福"话题的研究，她的求学之路体现了她追求知识的真挚热忱，而她的人生之路则展现着她实现幸福的不懈努力。看到楼天宇专著的出版，看到她多年努力所结出的丰硕成果，我由衷感到高兴。同时也希望她在研究幸福的学术路上、在追求幸福的人生路上，孜孜以求，锲而不舍，志其所行，亦行其所志。

是为序。

马建青

2020年6月30日

目 录

第一章 导 论 …………………………………………………… （1）
　第一节　研究背景和意义 ………………………………………… （1）
　第二节　相关学科研究成果综述 ………………………………… （4）
　　一　心理学视域中的幸福 ……………………………………… （4）
　　二　伦理学视域中的幸福 ……………………………………… （7）
　　三　教育学视域中的幸福 ……………………………………… （8）
　　四　经济学视域中的幸福 ……………………………………… （11）
　　五　青年幸福观相关研究成果 ………………………………… （12）
　第三节　研究的主要内容和基本框架 …………………………… （18）
　第四节　研究方法 ………………………………………………… （19）
第二章 当代中国青年幸福观的基本问题概述 ……………… （21）
　第一节　幸福观的基本问题解析 ………………………………… （21）
　　一　幸福观的内涵 ……………………………………………… （22）
　　二　幸福观的性质 ……………………………………………… （23）
　　三　幸福观的评价 ……………………………………………… （25）
　第二节　当代中国青年的基本特征和群体分布 ………………… （27）
　　一　当代中国青年的基本特征 ………………………………… （27）
　　二　当代中国青年的群体概况 ………………………………… （36）
　第三节　当代中国青年幸福观的类型、层次与特征 …………… （38）
　　一　当代中国青年幸福观的类型 ……………………………… （38）
　　二　当代中国青年幸福观的层次 ……………………………… （40）
　　三　当代中国青年幸福观的特征 ……………………………… （41）
　第四节　当代中国青年幸福观的形成过程 ……………………… （46）
　　一　幸福观的萌芽阶段 ………………………………………… （47）

二　幸福观的发展阶段 …………………………………… (48)
　　三　幸福观的确立阶段 …………………………………… (49)
第五节　当代中国青年幸福观的形成规律 …………………… (52)
　　一　青年幸福观形成以社会环境为条件 ………………… (52)
　　二　青年幸福观形成以个人实践为基础 ………………… (53)
　　三　青年幸福观形成以自教自律为结点 ………………… (54)

第三章　当代中国青年幸福观培育的思想借鉴 ……………… (56)
第一节　扬弃中国传统文化中的幸福观 ……………………… (56)
　　一　儒家的幸福观及其扬弃 ……………………………… (57)
　　二　道家的幸福观及其扬弃 ……………………………… (59)
　　三　佛教的幸福观及其扬弃 ……………………………… (62)
第二节　扬弃西方现代文化中的幸福观 ……………………… (64)
　　一　理性主义的幸福观及其扬弃 ………………………… (64)
　　二　感性主义的幸福观及其扬弃 ………………………… (68)
　　三　西方基督教的幸福观及其扬弃 ……………………… (71)
第三节　以马克思主义幸福观为指导 ………………………… (74)
　　一　幸福是主观和客观的统一 …………………………… (74)
　　二　幸福是物质和精神的统一 …………………………… (76)
　　三　幸福是个人与社会的统一 …………………………… (77)
　　四　幸福是劳动和享受的统一 …………………………… (79)

第四章　当代中国青年幸福观的发展历程 …………………… (81)
第一节　新中国成立以来至改革开放前中国青年幸福观的
　　　　　演变 ……………………………………………………… (82)
　　一　激情燃烧——怎样才能在建设事业中发出更大的光和热 … (82)
　　二　偶像崇拜——青年应该有什么样的幸福观 ………… (84)
第二节　改革开放以来中国青年幸福观的演进 ……………… (85)
　　一　潘晓讨论——人生的意义究竟是什么 ……………… (86)
　　二　张海迪幸福吗——什么是幸福的人生？ …………… (93)
　　三　"郎郎""寻帽"——幸福是享受还是奋斗？ ……… (97)
　　四　李明益来信——我不停地奋斗，幸福为何不眷顾？ ……… (101)
　　五　超越很艰难，守住亦不易——如何理解幸福的
　　　　道德底线？ ……………………………………………… (103)

  六　当幸福被列入政府责任——幸福中国从哪里起航？……… （104）
 第三节　中国青年幸福观的演变轨迹…………………………… （105）
  一　对幸福的认知：从宏观到具体………………………… （106）
  二　对幸福的感受：从单一到多元………………………… （107）
  三　对幸福的追求：从服从到主动………………………… （108）

第五章　当代中国青年幸福观的现实审视 ……………………… （111）
 第一节　当代中国青年幸福观的现状调查 …………………… （112）
  一　研究目的与问卷编制 ………………………………… （112）
  二　研究方法与样本情况 ………………………………… （113）
 第二节　当代中国青年幸福观现状及分析 …………………… （115）
  一　当代中国青年对幸福的理解 ………………………… （115）
  二　当代中国青年的幸福目标取向及幸福感 …………… （122）
  三　当代中国青年实现幸福的途径 ……………………… （128）
  四　当代中国青年对幸福观培育的现状与困境 ………… （131）
 第三节　当代中国青年幸福观存在的问题 …………………… （136）
  一　存在利己主义倾向 …………………………………… （136）
  二　存在拜金主义倾向 …………………………………… （137）
  三　存在享乐主义倾向 …………………………………… （138）
  四　存在虚无主义倾向 …………………………………… （139）
 第四节　当代中国青年幸福观存在问题的原因分析 ………… （140）
  一　市场经济的逐利本性 ………………………………… （141）
  二　体制变革的深刻影响 ………………………………… （143）
  三　多元文化的潜移默化 ………………………………… （145）
  四　个体内在的心理失衡 ………………………………… （149）

第六章　当代中国青年幸福观培育的基本内容 ………………… （152）
 第一节　培育以人为本导向的主体幸福观 …………………… （153）
  一　幸福的主体是具体的现实的人 ……………………… （153）
  二　人的自由全面发展是幸福的最高追求 ……………… （156）
 第二节　培育以实践为特征的劳动幸福观 …………………… （162）
  一　劳动是幸福的根本源泉 ……………………………… （162）
  二　扬弃异化劳动 ………………………………………… （165）
 第三节　培育以和谐为取向的生态幸福观 …………………… （170）

一　人与自然和谐共处是幸福的前提…………………………（171）
　　二　人与人和谐共处是幸福的条件……………………………（172）
　　三　人与自身和谐共处是幸福的核心…………………………（175）
　第四节　当代中国青年幸福观培育应处理好的几对关系…………（177）
　　一　实然与应然…………………………………………………（177）
　　二　贵生与乐生…………………………………………………（180）
　　三　个人与社会…………………………………………………（184）
　　四　物质与精神…………………………………………………（185）
　　五　劳动与休闲…………………………………………………（187）
　　六　现实与未来…………………………………………………（190）

第七章　当代中国青年幸福观培育的原则与方法…………………（192）
　第一节　当代中国青年幸福观培育的基本原则……………………（192）
　　一　主导性与多元化相契合的原则……………………………（193）
　　二　继承性与创新性相结合的原则……………………………（197）
　　三　平等性与参与性相融合的原则……………………………（199）
　　四　整体性与层次性相整合的原则……………………………（201）
　第二节　当代中国青年幸福观培育的主要方法……………………（204）
　　一　理论教育法…………………………………………………（204）
　　二　实践参与法…………………………………………………（206）
　　三　典型示范法…………………………………………………（208）
　　四　自我教育法…………………………………………………（209）
　　五　情感教育法…………………………………………………（211）
　　六　心理疏导法…………………………………………………（213）

第八章　当代中国青年幸福观培育的主要路径……………………（215）
　第一节　社会维度：引领幸福导向……………………………………（215）
　　一　创造良好的物质生活基础…………………………………（216）
　　二　维护基本的社会公平正义…………………………………（218）
　　三　强化大众传媒的正向引导…………………………………（220）
　　四　营造良好的生态环境条件…………………………………（221）
　第二节　学校维度：开展幸福教育……………………………………（222）
　　一　优化课堂教学………………………………………………（223）
　　二　开展校园活动………………………………………………（225）

三　增强心理素质 ………………………………………（225）
　　四　把握教育契机 ………………………………………（226）
第三节　家庭维度：构筑幸福港湾 ……………………………（227）
　　一　营造和谐的家庭氛围 ………………………………（227）
　　二　提供良好的家庭教育 ………………………………（230）
　　三　发挥家庭的主导力量 ………………………………（232）
　　四　创建和睦的邻里关系 ………………………………（233）
第四节　个体维度：提升幸福能力 ……………………………（233）
　　一　察知幸福 ……………………………………………（234）
　　二　体验幸福 ……………………………………………（235）
　　三　追求幸福 ……………………………………………（236）
　　四　创造幸福 ……………………………………………（237）
结　语　在实现"中国梦"进程中实现青年的"幸福梦" ……（239）
参考文献 ………………………………………………………（241）
附录一　当代中国青年幸福观及其培育调查问卷 ……………（255）
附录二　从相悖到一致——德福关系的哲学思考 ……………（260）
附录三　苏轼的人生哲学对提升现代人幸福感的启示 ………（271）
后　记 …………………………………………………………（277）

第一章

导　论

　　社会哲学的最高目标，也无非是希望每个人都可以过着幸福的生活。如果有一种社会哲学不认为个人的生活幸福是文明的最后目标，那么这种哲学理论是一个病态的、不平衡的心智的产物。

——林语堂

　　获得幸福的秘诀，并不在于为了追求快乐而全力以赴，而是在全力以赴之中寻出快乐。

——纪德

　　创造，或者酝酿未来的创造。这是一种必要性：幸福只能存在于这种必要性得到满足的时候。

——罗曼·罗兰

　　千百年来，幸福是个人追求的终极目标，也是人类社会的永恒命题。费尔巴哈说："生活和幸福原来就是一个东西，一切的追求，至少是一切健全的追求，都是对幸福的追求。"[①] 但"不幸的是幸福的概念是如此模糊，以至虽然人人都在想得到它，但是，却谁也不能对自己所决定追求或选择的东西，说得清楚明白，条理一贯"[②]。幸福既是深刻复杂的理论难题，也是永恒追求的人生实践。

第一节　研究背景和意义

　　我国历代领导人都重视青年群体。毛泽东同志曾把青年生动地比作早

[①] ［德］费尔巴哈：《费尔巴哈哲学著作选》，商务印书馆1984年版，第543页。
[②] 周辅成编：《西方伦理学名著选辑》下卷，商务印书馆1987年版，第366页。

晨八九点钟的太阳;邓小平同志认为青年一代的成长是我们的事业必定要兴旺发达的希望所在;江泽民同志强调"青年兴则国家兴,青年强则国家强";胡锦涛同志在"七一"重要讲话中深刻指出"青年是祖国的未来、民族的希望,也是我们党的未来和希望";习近平总书记曾多次强调"青年是社会上最有朝气、最富活力、最具创造性的群体"。赢得青年就赢得了未来,中国特色社会主义事业需要一代又一代有志青年接力奋斗。

幸福作为一个古老而具有现实意义的问题,常成为人们追问、争论、探寻的核心问题。那么,什么是幸福?这一问题从古至今一直延续,牵人心弦,但无论是哲学家、伦理学家、教育学家,还是经济学家、心理学家都很难清楚地回答。尽管如此,人们从未停止对幸福的追求。早在2000多年以前,哲学家们就已经将幸福定位为哲学研究的首要目标,哲学研究的目的就是帮助人们生活得更幸福。在探索幸福的旅途中,对幸福的理解各不相同,不同的研究领域对幸福的界定也不尽相同。从心理学的角度来看,幸福是人们的需要、欲望、目的得以满足所产生的一种主观感受。物质的或精神的,感官的或心灵的,享乐主义取向或奉献主义取向,都可以带来幸福感。从伦理学的角度来看,幸福是人的合乎道德的根本需要或总体需求在一定程度上得到满足时所产生的愉悦感。理论家皓首穷经,从各自学科的角度探讨幸福问题,虽然研究结论中对幸福的理解是多元的,有一点是共通的:幸福即是一种主观的积极的心理体验,同时也是一种客观的生存状态,离不开人生重大的需要、欲望、目的的实现,是主观形式与客观内容的统一。

幸福观是与幸福紧密联系在一起的一个概念,是人们对"什么是幸福"的根本看法和观念。它是人生观、世界观在对待幸福问题上的特殊表现,是人生观、世界观的重要组成部分。幸福观产生于一定的文化中,以一种主观的形态起作用,是深层次的价值选择体系,具有主观性、选择性、导向性和社会历史性,是产生并形成幸福感的关键。青年幸福观是青年在对待幸福问题时的根本看法、态度和观点。同样的刺激,对于不同的人,或对于在不同条件下的人,产生或不产生幸福感,或产生不同的幸福感,做出这种转换选择的正是人脑中的"中间变量",我们称之为"幸福观"。[①] 存在过的、存在着的幸福观的数量,表明了人们对幸福含义理解

---

① 刘次林:《幸福教育论》,人民教育出版社2003年版,第10页。

的数量。作为一种社会意识，幸福观由一定的社会物质生活条件决定。不同的历史时期、社会环境下的幸福观表现形式各不相同，并随着时间和地点等多种因素的影响而发生变化。

青年在现代社会中同时扮演各种角色，承载着来自工作、生活、学习等的竞争压力、信息压力和选择压力，更需要关注和建设其精神家园。身处社会转型期，目前的青年群体在社会分层结构中并不占优势，这一点既体现在收入、住房、财富等硬件方面，也体现在工作经验、人际资源、知识积累等软件方面。"蜗居""蚁族"等社会现象反映出一部分青年的生活状态和生存压力，他们对幸福生活具有较强的不确定感。"421"家庭时代的到来，养老及生活压力也给当代青年出了一道难题，使一些青年不堪重负。"人总是追求幸福的，如果这一判断是有不证自明的公理性，那必定意味着，对幸福的追求是人的宿命，人的天性。"[1] 在竞争和压力无处不在的现代社会，青年群体如何认识、理解和追求幸福是一个值得思考的问题。

幸福观对青年发展具有重要意义和价值。青年拥有正确的幸福观，不仅有利于青年自身的成长和发展，而且关系到社会的和谐与进步。当代青年自我意识强烈，重视个人价值，他们的幸福感更多地取决于个人的感受，但幸福问题关涉个人与他人、个人与社会的关系。正如马克思所言："人的本质不是单个人所固有的抽象物，在其现实性上，它是一切社会关系的总和。"[2] 个人的幸福离不开社会这个大舞台，在广阔的生活领域里，存在着人与人之间的多种多样的相互关系。幸福是个人幸福和集体幸福的有机统一。人们处在家庭生活、职业生活和公共生活等诸多关系中，个人的幸福离不开他人的、众人的幸福。只有全体人民各得其所、各尽其能，进而良性运行和协调发展的状况下，整个社会才能实现和谐与进步。

青年幸福观培育是当前思想政治教育工作的重要内容。在社会深刻变革、思想日趋多元、经济快速发展的时代背景下，合理合法地追求属于自己的幸福已经成为社会精神风貌的主流。但值得注意的是，受市场经济的挑战、西方个人主义幸福观的渗透、网络媒体的消极传播以及青年自身的特点影响，也存在诸如部分青年以自我为中心、对金钱盲目崇拜、追求感

---

[1] 罗敏：《幸福三论》，《哲学研究》2001年第2期。
[2] 马克思、恩格斯：《马克思恩格斯选集》（第1卷），人民出版社1995年版，第60页。

官刺激、价值理想虚无化等现象,阻碍了青年的全面发展,也侵蚀着社会的健康肌体。当前,我国正处于实现中华民族伟大复兴的历史新起点上,建设幸福中国,是每一位中华儿女的共同期盼。如何在纷繁复杂的经济文化背景下引导当代青年确立具有驱动功能和导向作用、拥有自我生长能力的正确的幸福观,既是关乎青年实际的现实问题,又是思想政治教育必须予以回应的理论课题。

第二节 相关学科研究成果综述

古今中外,每个人都对幸福有着各自独特的思考和追求,对幸福的理解和阐释亦是"仁者见仁,智者见智",不同的学科都从不同的视角来诠释幸福。

一 心理学视域中的幸福

随着科技的迅猛发展,人们的生活水平不断提高,"以人为本"的理念渗透到各个学科。幸福作为一种积极的心理体验,逐渐成为心理学的研究热点。20世纪末,在西方兴起的一个新浪潮——积极心理学,作为一股重要的心理学力量,是当代心理学的最新进展。积极心理学于1998年由美国前心理学会主席马丁·塞利格曼(Martin Seligman)倡导并推广,反映了心理学的研究取向从病态模式(ill-being)到发展模式(well-being)的转变[①],也就是从消极心理模式的研究向积极心理模式的研究转变。积极心理学倡导心理学研究的积极趋向,关注人类的健康幸福与和谐发展,试图以全新的理念研究人类的积极心理品质,以更开放的姿态诠释、实践心理学。追求幸福是人生的最终目的,是每个人所具有的天赋权利。"积极心理学的使命就是科学地探索如何缔造个体的幸福生活与和谐美好的社会。"[②] 积极心理学的代表人物马丁·塞利格曼、艾伦·兰(Ellen Langer)、格兰特(Grant)等人分别从人的主观幸福感、心理幸福

---

① Diener E., Subjective Well-Being: The science of Happiness and Proposal for National Index. *American Psychologist*, 2000 (1), p.7.

② [美] 卡尔:《积极心理学——关于人类幸福和力量的科学》,郑雪等译,中国轻工业出版社2008年版,第1页。

观、积极心理特质和自我实现等主题入手，提出了一些有关幸福心理的重要理论，开发了一系列测量工具。

西方幸福感的理论研究经历了描述比较、理论建构、整合模型三个主要的发展阶段。第一阶段，心理学对幸福的研究最初着眼于主观幸福感的外在影响因素，如宗教、收入、性别、教育等。幸福感研究主要集中在人口统计学的维度，描述与比较不同人群的幸福感。但研究表明，大多数外在影响因素对主观幸福感虽有影响，但影响不大。心理学对幸福的研究进而转向对内在影响因素的关注，如个体如何掌控环境、如何应对消极事件、如何设立生活目标等。第二阶段，以 Diener 撰写的《主观幸福感》为标志，重点研究幸福感形成的心理机制。心理学家从不同角度、不同侧面对幸福感形成的心理机制进行了理论解释，提出了认知理论、目标理论、适应理论、自我决定理论等众多的理论模型，促进了幸福感理论研究的深化。第三阶段，在早期幸福感测量发展的基础上，整合不同的概念框架，融合幸福感多元化的理论，提供多种理论框架支持的幸福感整合模型。现代幸福感测评显示出多方法、综合化的姿态。对不同测量模型进行比较分析，建构更为有效的幸福感测量指标，成为当代幸福感研究的新趋势。[①] 幸福感不仅是个人对生活满意度的主观评价，也包括其生命潜能和人生价值的客观实现。幸福感的研究成果为人们建构幸福生活、规划美好社会打开了新的视角，提供了有价值的科学知识。

在理论层面，国外研究幸福的主要成果有：Tal Ben-Shahar 著《幸福的方法》（2007），Alan Carr 著《积极心理学——关于人类幸福和力量的科学》（2008），David Lykken 著《幸福的心理学》（2008），Martin Seligman 著《真实的幸福》（2010），Daniel Nettle 著《追究幸福：微笑中的科学》（2010），Will Bowen 著《你可以幸福》（2013）等。另有一些相关主题学术论文发表在《美国心理学家》《人本主义心理学杂志》《心理学探究》等期刊上，增进了人们对幸福的产生与发展过程的了解。

随着经济全球化的不断加速，各国之间的联系日益密切，国内心理学界也开始关注积极心理学的进展，并开展了相关研究。国内心理学研究的幸福问题主要集中在幸福的概念、幸福的要素、幸福与快乐、主观幸福感

---

① 苗元江：《心理学视野中的幸福：幸福感理论与测评研究》，天津人民出版社 2009 年版，第 2 页。

及其研究状况、西方各种幸福理论和幸福观等。2000年郑雪出版《幸福心理学》一书，2010年清华大学召开"中国首届国际积极心理学大会"，同年北京师范大学也举办了"积极心理学与教育国际研讨会"。清华大学主办的中国国际积极心理学大会为中国国内积极心理学研究者交流提供平台，至今已举办五届。通过各类研讨会分享了国内外积极心理学领域研究的最新进展，拓展积极心理学研究的领域，推广和加强积极心理学在国民心理素质建设、国民个体幸福追求与构建和谐社会中的作用。随着研究的深入，国内关于幸福的论文和著作日渐丰富，涉及理论研究、应用研究、跨文化研究等诸多方面，旨在共同研究、探索和发现有关幸福的规律、方法和机制。国内也有学者对主观幸福感这个主题进行了研究。《主观幸福感研究综述》（陈姝娟等）、《30年来西方关于主观幸福感的理论发展》（吴明霞）、《主观幸福感概述》（段建华）、《幸福感：生活质量研究新视角》（苗元江等）、《影响主观幸福感的相关因素》（李儒林等）、《老年人幸福感及其影响因素》（刘仁刚等）等论文介绍了主观幸福感的含义、内容和特点，分析主观幸福感的影响因素，总结了主观幸福感的研究理论。苗元江的博士学位论文《心理学视野中的幸福》一文中，整合了主观幸福感与心理幸福感的概念模型与测评指标，提出幸福是主观与客观的统一、快乐与意义的统一、享受与发展的统一，呼吁心理学应该关注人类生存与发展，致力于研究人类积极品质，促进幸福感。

在实践层面，积极心理学的相关理念广泛应用于学校教育、企业组织管理、和谐社会建设等方面，为幸福研究的实践提供了土壤。为了让学生获得真正的幸福，对抗物质主义给社会带来的危害，英国顶尖的私立学校之一——威灵顿公学从2006年9月开始，为该校14—16岁学子每周上一节幸福课，而幸福课的基础就是"积极心理学"。幸福课受到了哈佛大学学生的欢迎，听课人数超过了王牌课《经济学导论》。我国在进行幸福教育理论研究的同时，这方面的实践探索也在积极进行，且成效初显。吉林一中确定了"为每一位学生的终生幸福奠基"的办学理念，并将幸福教育理念贯穿到学校工作的全过程。实施幸福教育工程，开发幸福课程、打造幸福课堂、营造幸福校园，完善幸福教育体系。实现学校教育教学的新突破，谱写幸福教育的新篇章。临江林业局中小学开展"知福、感福、创福、思福"四福教育活动。东营市胜利第四小学学校秉承"幸福教育"的办学理念，持续追求教育的民主化、生态化、现代化，让每一位教师幸福地生活，让每一个孩子拥有幸福童年和幸福人生，把学校打造成人人向往的幸福家园——中国的巴学园。国内大学也纷纷开设"幸福课"。目前，浙江大学、云南大学等知名高校纷纷仿效哈佛大学，给学生上起"幸福课"。据称，报名学生踊跃，反响热烈。

二 伦理学视域中的幸福

幸福问题是伦理学的经典命题。"幸福"一词吸引了古今中外众多伦理学家的关注，发表过无数相关的论述，但至今关于幸福的一些基本问题仍然众说纷纭。西方伦理学对幸福的关注有着相当长的历史，并且还积累了丰厚的思想资源。当代研究幸福观的代表人物及其作品有：凯瑟琳·曼斯菲尔德著《幸福》，弗格森著《幸福的终结》，阿兰著《幸福散论》，伯特兰·罗素著《罗素论幸福人生》《幸福之路》《快乐哲学》等。其中，英国学者弗格森在《幸福的终结》一书中，从宗教、信念、道德、激情、感官性五方面，分析了西方现代社会在宗教社会学层面上的幸福价值观，表达对幸福的崇高向往和仰视。著名的英国学者罗素在《幸福之路》一书中，从哲学和伦理学的角度，深入透彻地阐释了人类不幸的源泉：错误的伦理、心理和生活习惯；而人类幸福的来源是"善"，包括爱和知识两个方面，节制、外向和生活的统一性是获得幸福的重要途径。罗素根据东西方文化中不同的伦理道德与社会观念，总结出具有普遍适应性的获取幸福的原则。

我国伦理学关于幸福观的研究起步较晚。一直以来，人们更多的是讨论"世界观、人生观、价值观"，直到改革开放以后，幸福观研究才开始逐渐走进人们的视线。国内伦理学界研究幸福的代表人物及其著作有：陈根法和吴仁杰著《幸福论》，冯俊科著《西方幸福论》，江畅著《幸福之路：伦理学启示录》，高兆明著《道德生活论》，孙英著《幸福论》等。其中，冯俊科著的《西方幸福论》一书中，把西方幸福论的发展历史分为三个阶段，即古希腊罗马奴隶制时代、中世纪封建社会时代和近代资本主义时期，并论述了各个时期的幸福论思想。江畅著的《幸福之路：伦理学启示录》一书中提出，任何一种真正的伦理学都是一条通往幸福之路，进而全面分析了幸福与道德、享受与完善、义务与价值、利己与利他、目的与手段、动机与效果、他律与自律等一系列相关概念的关系，研究实现幸福的道路。高兆明在《道德生活论》中对幸福的内涵进行了论述，分析了高尚的道德生活与幸福之间的双向互动关系,进而阐述了实现个人幸福的社会条件。孙英的《幸福论》通过收集和梳理前人对幸福问题的观点和今人对幸福论的疑问,围绕"什么是幸福""为什么追求幸福""怎样实现幸福"三个问题,论证了幸福概念、幸福本性、幸福价值以及幸福规律、幸福规范等基本问题,构建了独具特色的幸福论体系。

三 教育学视域中的幸福

教育学承担着整合多学科力量、通过有效手段来引导人们获得幸福的重任。纵观历史和现实生活,我们可以看到,生命意识的敬畏、道德情怀的养成、积极品质的塑造、幸福生活的获得,都是与教育密切相关的。"与文学、心理学不同,教育学在以世俗之心来关乎人心的同时,主要任务不是解释灵魂,而是塑造灵魂,教育学要塑造的灵魂是一个具有强烈生命自觉的意识和强大自觉能力的灵魂。他相信,这个灵魂才会是一个幸福的灵魂,是一个在这个漂泊无定的俗世里可以依托的生命根基。"[①] 生命是具有可塑性和可能性的,这是教育学对人的生命持有的根深蒂固的观点。人从出生就开始接受家庭教育和社会教育,进而接受学校教育,在各种教育的长期影响下,人们求知、生活,在生命自觉中追求和获得幸福。正如苏霍姆林斯基告诉我们的:"在教学大纲和教科书中,规定了给予学生各种知识,但却没有给予学生最重要的东西,这就是:幸福。理想的教育是:培养真正的人,让每一个从自己手里培养出来的人都能幸福地度过一生。这就是教育应该追求的恒久性、终极性价值。"[②]

教育和幸福之间密切相关。首先,幸福需要教育。如果我们对幸福缺乏足够的认识和了解,则必然会妨碍我们对幸福的追求。虽然人人都向往和追求幸福,但并不是每个人都能体验和获得幸福。察知幸福、体验幸福、追求幸福与创造幸福都是一种需要磨砺和培养的能力。构成幸福的要素有很多,我们很难一一罗列,但不可否认的是,幸福观、幸福品质、幸福能力是构成幸福的重要因素。教育不仅提供给人们一个很好的机会来提

---

① 李政涛:《面向人类幸福的教育学——兼论教育学的基本价值》,《教育理论与实践》2008年第1期。

② [苏]苏霍姆林斯基:《给教师的建议》,张德广译,长江文艺出版社2014年版,第93页。

高对幸福的认识，还有助于人们提升追求幸福的水平。教育不仅能带来个人物质生活质量的提高，还能带来精神的愉悦和身心的和谐发展。就人的整个一生来说，受教育不仅仅是目的，也是获得幸福的手段之一。从整个人类社会发展的历史结果看，可以肯定的是，教育对于幸福，正效应是主要的（正强负弱、正长负短）。[①] 同样，教育也需要幸福。教育的过程本身应是幸福的，教育的结果要促进、引导师生能够更加幸福地生活，内心具有幸福感。幸福教育必须融入生活世界。幸福教育不仅要追求结果的幸福，还要注重过程的幸福。教育源于生活，最终又为生活服务，而生活与幸福是统一的，没有了生活，幸福就是无木之花、无根之水。教育本身就是一种特殊的生活方式，强调幸福教育要融入生活，也是要求教育要成为受教育者当下现实生活的一部分，而不仅仅是把教育视为通往未来美好生活的一种手段。

教育是引导人获得幸福的事业，幸福是教育所要实现的目标。尽管教育与幸福的关系如此密切，教育中却存在着大量背离幸福的现象。幸福问题已越来越引起教育学界的重视。近年来，国内外教育教学改革的状况和趋势都越来越强调人的情感向度上的突出地位。在我国正在进行的课程改革中，也越来越强调培养学生的情感态度。现在我国高校德育，与传统社会和改革开放之前相比，已大大加重了对人、对受教育者的关注。随着素质教育的提出和实施，幸福教育理念开始在德育研究中初见端倪。近年来，越来越多的学者感到幸福之于教育的重要性，他们提出了一些对幸福教育的见解，但对幸福教育的内涵尚未形成一致的看法，对幸福教育的途径也各有不同。在理论研究上，南京师范大学出版社出版了刘次林博士的学位论文《幸福教育论》，教育专家沙洪泽出版《教育——为了人的幸福》等，在理论界产生了一定的影响，这表明关于幸福的教育思想正逐渐成为越来越多的教育工作者的共识。2007 年 10 月 12 日到 14 日，中国教育学会教育学分会教育基本理论专业委员会第十一届学术年会在陕西师范大学召开，年会的主题为"教育与幸福"。在大会上，来自全国各地的参会人员达 300 人，与会者以不同形式，对幸福的概念、教育与幸福的关

---

① 傅红春、黄芝华：《教育的幸福效应：方向·力度·速度·跨度》，《华东师范大学学报》（哲学社会科学版）2015 年第 6 期。

系、幸福教育等问题，展开了热烈的讨论。① 教育学界学者从不同的视角对幸福开展研究。北京师范大学的檀传宝教授用两个命题来阐述幸福和教育的关系：命题一，幸福需要教育；命题二，教育需要幸福。② 刘次林博士认为，所谓幸福教育，就是以人的幸福情感为目的的教育，它要培养能够创造幸福、享用幸福的人。对"幸福教育"这个概念可能产生两种理解：一是把幸福作为一种有待于教、有待于学的情感内容；二是把幸福当作教育过程中师生双方的情感体验。而只有把这两方面结合起来，在幸福的感受中进行幸福内容、幸福观的教育，幸福教育才能取得完整的意义。③ 苗元江教授等认为，幸福教育作为一种教育理念，是教育对人的发展理解的深化与把握。幸福教育就是以人的情感培养为目的的教育，通过这种教育培养能够创造幸福、拥有幸福的人。④ 东营市胜利第四小学的高峰校长认为，幸福教育是一种人性教育的回归，它既是一种教育理想，也是一种教育实践。⑤

教育的最终目的是受教育者的幸福。人类一切活动的终极目的都指向幸福。教育作为人类一项重大的活动，其目的指向毫无疑问也应该是人的幸福，也就是受教育者的幸福。教育作为一种饱含着对人的生存状态和生活方式以人文关怀的领域，本身就具有伦理意义。如果它不关心学生的存在和生活的意义以及生命价值，那还能有什么更值得去关心、关注和关怀的呢？⑥ 著名的教育家乌申斯基说："教育的主要目的在于使学生获得幸福，不能为任何不相干的利益牺牲这种幸福，这一点是毋庸置疑的。"这句话给我们两个启示：一是通过教育，让学生获得幸福的生活；二是通过教育，让学生获得实现幸福的能力。随着现代知识迅速积累，社会对现代人参与社会生活的准备的要求也越来越高。即将从学校步入社会的这一代人，很多人在学校度过十余年的时光，占到整个人生的四分之一或者五分之一。在人生的这一个漫长的时间里，如果缺少幸福感，那么受这种体验

---

① 王卫东、董标：《教育与幸福——教育基本理论专业委员会第十一届学术年会综述》，《教育理论与实践》2008 年第 4 期。
② 檀传宝：《幸福教育论》，《华东师范大学学报》（教育科学版）1999 年第 1 期。
③ 刘次林：《幸福教育论》，人民教育出版社 2002 年版，第 119—200 页。
④ 苗元江、余嘉元：《试论幸福教育的起点、核心、目标》，《教育评论》2001 年第 5 期。
⑤ 高峰：《幸福教育：一种人性教育的回归》，《中国教育学刊》2007 年第 10 期。
⑥ 沙洪泽：《教育——为了人的幸福》，教育科学出版社 2005 年版，第 33 页。

和性格形成过程的影响，今后就较难拥有幸福的人生，或者要付出加倍的努力。教育生活对人生具有重大影响，对人生具有基础性的作用。教育生活应该是幸福的生活，教育的最终目的应该促进人的幸福。

四　经济学视域中的幸福

幸福既是一种主观的积极的心理体验，同时也是一种客观的生存状态，离不开一定的经济条件。经济学研究同样要回答人类如何获得幸福、避免不幸福的问题。经济学家纷纷从人口因素、经济因素、体制性因素等方面对幸福开展研究。他们不仅希望以最少的投入获得最大的产出，为人类创造最好的生产方式和资源分配方式，并且致力于让这种经济生活与人的尊严、自由紧密联系在一起。

18世纪，现代经济学之父亚当·斯密的代表著作《国富论》和《道德情操论》中，将以利己为本性的"经济人"和以自利为本性的"道德人"密切结合起来，论证了收入与幸福的关系，将更多的关注投向人类幸福的道德维度。他说："无论人如何被视为自私自利，但在其本性中显然还存有某些自然的倾向，使他能关心别人的命运，并以他人之幸福为自己生活所必需，虽然除了看到他人的幸福时所感到的快乐外，他别的一无所获。这就是怜悯和同情。"[①] 他认为，幸福来自积极的生活和适度的财富，既要追求个人的利益，也要为绝大多数人的自由与幸福着想。

19世纪初，英国经济学家威廉·汤普逊以功利主义为最高指导原则，认为生产并拥有大量财富是人类幸福不可或缺的条件之一，并主张从财富的使用和分配的角度来增进人类的幸福。他认为："对于一个社会来说，重要的不是仅仅拥有财富的问题，而是财富的正确分配问题……人要想快乐，便脱离不了享受的物质手段，这在一切文明社会里主要就是财富，但是人们可以在拥有较少财富的情况下达到前所未有的快乐境地，而在财富极为充裕的情况下，却仍可能非常痛苦。和社会利害攸关的主要是财富的使用和分配问题，而不是财富的多寡。"[②] 随着工业革命后生产力的高度发展，人类对幸福的追求片面理解为对物质财富的追求，大多数经济学家

[①] ［英］亚当·斯密：《道德情操论》，余涌译，中国社会科学出版社2003年版，第3页。
[②] ［英］威廉·汤普逊：《最能促进人类幸福的财富分配原理的研究》，何慕李译，商务印书馆1997年版，第15页。

理所当然地认为财富的增长会促使幸福的增长。经济学对幸福的关注失去了人性的光辉，取而代之的是一层硬邦邦的物质外衣。

1974年，美国南加州大学的理查德·伊斯特林教授就财富与幸福的关系展开研究，通过调查数据发现："通常在一个国家内，富人报告的幸福水平和快乐水平高于穷人，但如果进行跨国比较，穷国的幸福水平和富国几乎一样高。"① 由此，人们把幸福不随财富增长而增长的现象称为"伊斯特林悖论"，又称"幸福悖论"。"幸福悖论"的提出开启了幸福经济学研究，激发了当代经济学家对幸福问题的研究兴趣。西方幸福经济学经过数十年的发展，研究领域涉及经济生活的各个方面，取得了丰硕的研究成果。

20世纪80年代，幸福经济学被引进到我国，成为一个新兴的研究领域。幸福经济学最初围绕"幸福悖论"展开，并逐渐深入，因此关于幸福与收入关系的研究成果最为丰富。"学术界对幸福悖论的解释主要存在四种理论：定值理论、享乐水车效应、满意水车效应和社会水车效应。这四种理论分别从人的个性因素、享乐适应、期望水平和社会比较几个方面来解释幸福悖论。"② 当前幸福经济学还重点研究幸福的影响因素、测量工具等。改革开放以来，我国经济取得了长足的发展，但也付出了沉重的代价：环境恶化、群体性事件不断爆发、食品安全事件屡有出现……这些事实警示人们：经济的发展不能只强调数量和速度，还应兼顾质量和方向。随着"以人为本"发展理念的深入和完善，各级政府高度注重民生问题，民众幸福感成为衡量社会发展与进步的重要标准。幸福意识的增加使人们越来越重视生活质量的改进。幸福经济学的传播有助于中国社会朝着物质丰裕、精神充实、政治清明、生态舒适、社会和谐的方向发展。

五 青年幸福观相关研究成果

青年问题一直是研究的热点，虽然与青年幸福观间接有关的论文和调研报告较多，但尚未看到对青年幸福观的系统的大型调查及发表的研究专

---

① Easterlin R. A., Does economic growth improve the human lot? Some empirical evidence, P DAVID, M REDER. Nations and Households in Economic Growth. New York: Academic Press, 1974, p. 3.

② 任海燕、傅红春：《幸福经济学在中国：研究现状和未来发展》，《江海学刊》2012年第1期。

著。我国对青年幸福观的研究始于20世纪60年代，并多以"价值观"为研究重点，其中包含对青年幸福问题的分析和阐述。

国内外关于青年价值观的大型调查和研究专著，可以给青年幸福观的研究以启迪和借鉴。在国内，有关青年价值观研究的重大课题有：20世纪80年代中后期由社会科学院社会学研究所进行的"改革开放10年来当代中国青年价值观演变"的研究。20世纪90年代前期由该单位再次进行的"中国社会主义现代化进程中的青年问题"的研究。1996年中国青少年研究中心与中国青少年发展基金会共同完成的《中国青少年发展状况研究报告》。2005年，文萍、李红等学者运用罗克奇价值观调查表，针对南宁、桂林等全国7个城市千余名大中学生，进行了历时性研究，即将调查结果与20世纪八九十年代的调查结果进行比较，试图揭示在我国社会转型背景下，青少年价值观的变化特点。1996年香港青年协会出版《今日青年——五地青少年发展状况分析》一书，书中有关青年价值观的问题有专门章节的论述。2008年，中国人民大学王易对中国人民大学、北京大学、清华大学等高校大学生的价值观、社会公德、社会责任感、心理健康问题进行调研，引导大学生树立正确的"三观"，并出版专著《当代大学生价值观调查报告》。2013年，为全面了解当代中国青年的价值观现状，人民网在全国范围内展开调查，调查内容包括青年人的职业观、婚恋观和亲情观等，最终形成《当代中国青年价值观调查报告》。海外的研究机构和学者也进行过青年价值观的调查研究，较有影响力的有：20世纪60年代美国学者Morris用"生活方式问卷"对青年价值观进行分类测量，用13种价值尺度对应青年所喜欢的生活方式类型，通过青年的选择折射出他们的价值取向。70年代初另一学者Rokeach提出了价值调查表，其包含终极性价值和工具性价值两个量表，为当代世界青年价值观的实证研究打下了基础。1972年日本总理府青少年对策本部与日本青少年研究所进行的"世界青年意识调查"，实际上是一项全球青年价值观的比较研究。1981年欧洲价值体系研究小组在欧洲九国进行的"欧洲价值体系调查"曾就青年的闲暇、劳动、生活意义、道德、宗教、家庭和政治七大部分等280个问题作了调查研究。20世纪80年代以来，欧洲各国的专家每隔9年对本土国民（包括移民）的价值观进行跟踪调查，并对青少年数据进行单独处理与解读。2014年5月，第四届欧洲公民价值观调查的青少年版正式出炉，对欧洲乃至世界青少年发展有一定的参考价值。

为进一步了解国内学者在"幸福观"研究方面的总体状况，笔者在中国知网数据库中，查询以"幸福观"为篇名的文献，截至2020年6月，共检索到2200篇。其发表年度（篇数）分布如下：2020（62）、2019（175）、2018（143）、2017（129）、2016（126）、2015（170）、2014（187）、2013（253）、2012（249）、2011（218）、2010（113）、2009（69）、2008（86）、2007（49）、2006（37）、2005（25）、2004（12）、2003（17）、2002（14）、2001（9）、2000（11）、1999（3）、1998（1）、1997（3）、1996（3）、1995（3）、1994（2）、1993（2）、1992（3）、1991（1）、1990（2）、1989（3）、1988（2）、1987（1）、1986（1）、1984（1）、1983（5）、1979（1）、1966（1）、1965（2）、1964（5）、1963（1）。从检索中可以看出，我国最早的幸福观研究开始于20世纪60年代，中国知网中最早记载的文章是1963年谷方的《学习雷锋同志的幸福观》一文。自2000年起，幸福观相关研究不断增多，2010年后呈现出迅猛增加的发展状况。研究内容涉及马克思主义幸福观、中国传统文化中的幸福观、西方文化中的幸福观、大学生等特殊群体幸福观、幸福观教育等。

为了解目前国内学者对"青年幸福观"研究方面的总体状况，笔者在中国知网数据库中，查询以"青年"并且"幸福观"为篇名的文献，截至2020年6月，共检索到50篇。其发表年度（篇数）分布如下：2020（3）、2019（7）、2018（6）、2017（2）、2016（3）、2015（3）、2014（6）、2013（2）、2012（5）、2010（1）、2009（1）、2008（1）、2006（2）、2002（1）、2000（1）、1993（1）。研究内容主要涉及青年幸福观的影响因素、特点、培育条件和途径等。

近年来，对青年所做的幸福观研究多侧重于围绕大学生群体等特殊群体展开。笔者在中国知网数据库中，查询以"大学生"并且"幸福观"为篇名的文献，截至2020年6月，共检索到425篇。其发表年度（篇数）分布如下：2020（10）、2019（26）、2018（24）、2017（29）、2016（34）、2015（36）、2014（53）、2013（64）、2012（44）、2011（23）、2010（23）、2009（14）、2008（10）、2007（12）、2006（7）、2005（3）、2003（3）、2002（3）、2001（2）、2000（3）、1999（1）、1989（1）。这些文献数量较多，研究内容涉及大学生幸福观现状、困境、归因、路径、对策等，可见大学生群体的幸福观研究是当前的一个热点问题。大学生是当代青年中具有代表性的一个群体，他们肩负着为实现中华民族伟大复兴的重大使命，是中国特色社会主义事业的建设者和接班人。其幸福观不仅关系到大学生自身的全面发展，也关系到民族的未来和国家的命运。

我国学界对青年幸福观的相关研究起步较晚。随着青年群体的社会地位不断上升，社会作用不断凸显，而来自工作、生活、学习等的竞争压力、信息压力和选择压力却让不少青年感到迷茫焦虑、缺少幸福。因此，青年幸福观逐渐引起学界的关注。通过对以上文献检索结果进行分析，我们发现，目前学者们在青年幸福观研究领域取得了一些研究成果，主要表现在：

（1）青年幸福观的相关概念界定。目前，学术界一般认为，幸福观归属于人生观，是人生观"内容的具体表现"或"具体表现"。[①] 也有学者认为，"从幸福观对人生观的作用看，幸福观应成为人生观的重要内容，是人生观形成的基础"。[②] 不同的人生观使青年具有不同的幸福观。青年幸福观是青年对什么是幸福、如何才能幸福的根本看法。

（2）青年幸福观的现状。对青年幸福观现状所做的研究多侧重于围绕特殊群体展开。如学者们对大学生这一群体的幸福观尤为关注。吉林大学《关于大学生对于幸福观理解现状及对策研究》课题组对吉林大学行政学院、电子科学与工程学院400多名大学生进行问卷调查。调查显示大学生感到最幸福的前四项内容依次为：能够帮助别人（84.5%）、家庭美满（79.8%）、学业优良（69.1%）、别人对自己道德方面的评价（66.7%）。调查中也暴露出一些问题：相当一部分大学生陷入了价值观的误区，出现了价值主体的个人主义倾向、价值标准的拜金主义倾向、价值取向的实用主义倾向、价值实现的庸俗主义倾向，不能不引起我们的重视。[③] 柴素芳在《全国七所高校大学生幸福观现状的调查与分析》一文中从"需要与幸福""道德与幸福""能力与幸福"三种关系对来理解幸福，调查得出"多数大学生对于幸福含义的理解是比较客观、全面、理性的"。调查显

---

① 檀传宝：《学校道德教育原理》（第2版），教育科学出版社2003年版，第111页。
② 冯光：《简论"幸福观是人生观的基础"》，《嘉兴学院学报》2011年第2期。
③ 佟多人、张丹竹：《当代大学生幸福观嬗变的思考》，《思想理论教育导刊》2002年第9期。

示,"大学生感到幸福的主要因素"是:身心健康(79.24%),家庭美满(62.29%),有尊严、有价值(62.10%),生活富裕(62.90%),有理想目标(58.29%),人际关系协调(46.29%),有良好品格(25.14%),国家越来越强大、人民生活质量越来越高(19.62%),乐于助人(7.62%),其他(3.05%)。在对大学生实现幸福的途径的调研中,认为应该"靠自己努力创造"的大学生占66.48%,认为"靠机遇"的占19.24%,"靠父母、社会力量支持"的占8.95%,说明大部分学生认可实现幸福的主要途径是"靠自己努力创造"。[①]

(3)青年幸福观的特点。学者对青年幸福观的特点已有涉猎。如齐英艳通过对"90后"大学生的幸福认知与影响因素研究,认为当代青年的幸福观具有现实性、个体性、精神性与过程性的特点。具体来说,关注未来但更注重现实,关心集体但更偏重个人,注重物质但更倾向精神,在意结果但更享受过程。[②] 吴冬梅认为,目前国内青年群体幸福观的特征有时代性、主观性和稳定性,即青年群体的幸福标准观、幸福模式观、幸福传播观具有较强的时代性;青年群体对生活环境的反映、对幸福的认识具有较强的主观性;青年群体的外在刺激渠道、内在驱动因素、社会环境具有较强的稳定性。[③]

(4)青年幸福观的影响因素。青年幸福观的影响因素研究大致分为两类:一类是从主观因素和客观因素两方面进行分析。主观因素包括认知模式、归因方式、人格特质、情绪因素等。一般而言,积极正向的认知模式、归因方式、人格特质、情绪因素能使青年更容易感受到幸福。客观因素包括经济条件、家庭环境、教育背景、社会支持等。另一类是从社会、学校、家庭和个人四个方面的因素进行分析。社会因素包括经济发展水平、政治制度、文化环境等。学校因素包含教育理念、教育方式和教育环境等。家庭是青年生活和成长最长久的环境,不仅满足他们生理、心理的需求,还给予他们生命传承和文化依托。个人因素包含一个人的价值观念、目标追求、人格特质、归因方式等。

[①] 柴素芳:《全国七所高校大学生幸福观现状的调查与分析》,《思想理论教育导刊》2012年第1期。

[②] 齐英艳:《青年幸福观影响因素研究》,《中国青年研究》2015年第10期。

[③] 吴冬梅:《马克思主义幸福观的当代价值——兼论对当代中国青年幸福观形成的作用和启示》,《社会科学家》2012年第3期。

(5) 青年幸福观培育的重要性。学者们对青年幸福观培育的重要性均予以肯定。李敏认为，处于大发展、大变革、大调整的新时期，青年具有符合时代需求的现代幸福观显得尤为重要：社会的和谐与进步，要求青年具备符合社会价值取向的幸福观；市场经济的健康发展，要求青年培养物质幸福与精神幸福相统一的幸福观；当代青年的自我完善和全面发展，要求青年树立消费性幸福与创造性幸福相统一的幸福观。① 孙丹薇认为，青年幸福观培育依赖于正确的价值引导，要特别关注理性、进取、平衡、爱与责任等价值内容，其价值引导既要包括物质生活条件的不断改善和提高，也要包括人们在对物质文化的追求中所获得的长久的意义体验。②

(6) 青年幸福观培育的具体措施。关于青年幸福观的培育途径和措施，专家们也提出了一些思考。刘春辉认为，首先要认清个人幸福和社会幸福的统一问题；其次，要正确引导当代青年对不幸的认识；再次，在塑造正确的幸福观的同时，也要加强对道德人格的塑造；最后，还应当在全社会大力开展人文素质的教育。③ 钟万林认为，由于受到市场经济负面作用的影响，部分青年在幸福观问题上出现了偏差，形成了与无产阶级幸福观相背离的幸福观。在培育正确幸福观过程中，必须以马克思主义世界观、人生观和价值观来对青年进行教育，使青年认清个人幸福和社会幸福的统一问题，正确引导当代青年对不幸的认识，加强对道德人格的塑造，并在全社会大力开展人文素质的教育。④

综上所述，关于青年幸福观这个议题，学者们的研究从不同角度、不同群体进行探索，这为本研究提供了基础和素材。尽管如此，目前的研究未系统梳理当代青年幸福观的历史演变，没有从宏观上把握青年幸福观的发展脉络与趋势，这种局限导致人们在研究中国青年幸福观时缺乏历史纵向的对照。目前的研究对当代中国青年幸福观培育的相关理论，如中国青年幸福观的形成条件、过程及规律等研究成果还很少见，对当代中国青年

---

① 李敏：《当代青年幸福观的时代诉求及培养》，《山西青年管理干部学院学报》2012 年第 6 期。
② 孙丹薇：《青年幸福观教育中的价值引导》，《上海青年管理干部学院学报》2012 年第 1 期。
③ 刘春辉：《培养当代青年正确幸福观的条件和途径》，《达县师范高等专科学校学报》2006 年第 7 期。
④ 钟万林：《如何培养当代青年正确的幸福观》，《经济与社会发展》2006 年第 2 期。

幸福观培育的重要性及存在的问题和提升对策的研究成果论述较少，将青年幸福观的理论研究与实证研究相结合的更少。本研究在总结前人成果的基础上，以幸福观的内涵、特征、评价等为切入点，结合当代青年的基本特征和群体概况，总结出当代青年幸福观的形成过程和规律，从理论层面梳理了中西方幸福观的思想精髓，探究了马克思主义对幸福观问题的科学阐释。进而对当代中国青年幸福观进行历史考察，通过实证调查了解当代中国青年幸福观的现状和问题。根据时代发展的要求，结合青年自身的特点，本研究提出了当代青年幸福观培育的内容，对培育过程中要把握的原则、方法、路径等方面进行了较为深刻和系统的研究，为切实加强当代中国青年幸福观培育提供有益参考。

第三节 研究的主要内容和基本框架

根据"研究背景—基本问题—思想借鉴—发展历程—现实审视—培育内容—原则方法—培育路径"的逻辑框架，本书共分八章，主要思路及内容如下：

第一章：导论。本章在认真学习和研读经典文本和已有成果的基础上，分析了本研究的背景和意义，综述心理学、伦理学、教育学、经济学等相关学科视域中研究幸福的成果，提出本研究的研究思路、基本框架、研究方法与创新之处。

第二章：当代中国青年幸福观的基本问题概述。本章对当代青年幸福观的基本问题进行了阐述分析。从幸福观的内涵入手，指出幸福观的性质，明确幸福观的评价，进而分析了当代中国青年的时代特征和群体分布，在此基础上概括出当代青年幸福观的类型、层次与特征，总结出当代青年幸福观的形成过程和形成规律。

第三章：当代中国青年幸福观培育的思想借鉴。本章从理论层面梳理了中西方幸福观的思想精髓，剖析不同流派幸福观的基本观点和理论局限，探究了马克思主义对幸福观问题的科学阐释。马克思主义幸福观是科学的、全面的、崇高的幸福观，也是开展当代中国青年幸福观培育的理论指南。

第四章：当代中国青年幸福观的发展历程。本章旨在回溯新中国成立以来，特别是改革开放40余年来中国青年幸福观演变的历史事实，其间出现的代表性人物和观点，探索青年幸福观的演变轨迹，从整体上把握中国青年幸福观的发展历程。

第五章：当代中国青年幸福观的现实审视。本章通过选取全国不同地区、职业、类型的青年作为实证调研对象，采用调查问卷和个案访谈两种实证调研方法，结合观察法和文献法，全面梳理当代青年对幸福的理解、幸福目标取向及幸福感、实现幸福的途径等现状，并对当代青年幸福观培育的现实情况进行审视和反思，深刻剖析当代青年幸福观存在的问题及原因，旨在说明开展当代中国青年幸福观培育的重要性和紧迫性。

第六章：当代中国青年幸福观培育的基本内容。本章围绕当代中国青年幸福观现状的实证调研，指出当代中国青年应着力培育以人为本导向的主体幸福观、以实践为特征的劳动幸福观、以和谐为取向的生态幸福观。在培育过程中，要处理好"实然与应然""贵生与乐生""个人与社会""物质与精神""劳动与休闲""现实与未来"之间的关系。

第七章：当代中国青年幸福观培育的原则与方法。本章遵循青年思想政治教育及其幸福观形成的客观规律，提出在当代青年幸福观培育过程中，要始终遵循主导性与多元化相契合、继承性与创新性相结合、平等性与参与性相融合、整体性与层次性相整合的原则，采取理论教育法、实践参与法、典型教育法、自我教育法、情感教育法、心理疏导法等有效的培育方法，将科学幸福观的内容和精髓转化为当代青年的群体意识。

第八章：当代中国青年幸福观培育的主要路径。当代青年幸福观培育是一个系统工程，本章拟从社会、学校、家庭和个人四个维度提出幸福观培育的实现路径。社会层面须引领幸福导向，学校层面应开展幸福教育，家庭层面要构筑幸福港湾，个人层面当提升幸福能力。通过社会、学校、家庭、个人"四位一体"的相互促进，使当代青年真正树立并自觉践行科学幸福观。

第四节 研究方法

本书既非从理论到理论的纯思辨性研究，也非在大型问卷调查基础上作纯实证性研究，而是集改革开放以来各学科中青年幸福观研究领域中的成果，广泛吸取，从内在逻辑上梳理这些成果，通过实证调查提供现实依据，提出应对策略。研究方法主要有：

一是文献检索、词频研究的方法。

本书以马克思主义经典文献和党的文献为依据，查阅国内外有关幸福观的研究成果，查阅描绘新中国成立以来与青年幸福观有关的文献资料，对其进行整理加工。通过对幸福观相关问题的研究，考察历史，把握现状，尝试找到新的研究视角和研究内容。如对《中国青年》进行词频研究，通过系统地梳理《中国青年》与幸福观相关的内容，从几次大讨论中穿针引线，探寻青年幸福观演变的轨迹。

二是问卷调查、访谈记录的方法。

观察和分析现实生活中涉及青年幸福观的案例，通过认真剖析，上升到理论层面。通过问卷调查和个案访谈等实证研究方法，掌握当代青年幸福观现状及问题，分析存在问题的原因，为培育当代青年幸福观提供针对性的应对策略。

三是归纳与演绎相统一、历史与逻辑相统一的方法。

本书以马克思主义理论为指导，对中国传统文化与西方传统文化幸福观等理论问题进行比较，通过挖掘古今中外的幸福元素，取其精华，结合青年幸福观形成过程的共性和幸福观发展过程的共性，归纳出当代青年正确幸福观的基本内容，并提出青年幸福观培育的原则、方法和路径。

第二章

当代中国青年幸福观的基本问题概述

当时青年人的生活包括三个要素：在他们的身后，是一个永远被摧毁了的过去，但所有陈腐僵化的东西仍在废墟上蠢蠢欲动；在他们的前面，是一个在广阔地平线上呈现的黎明；在这两个世界之间有着某种类似海洋的东西。

——阿尔弗雷德·德·缪塞

你的第一责任是使你自己幸福。你自己幸福了，你也就能使别人幸福，因为，幸福的人愿意在自己周围只看到幸福的人。

——费尔巴哈

拥有乐观向上的禀赋，比拥有财富更为重要。年轻人应当懂得，这样的性格是可以培养的，心智可以像身体一样，从阴暗的角落移到明媚的阳光里。

——安德鲁·卡内基

本章对当代中国青年幸福观的基本问题进行了分析阐述。首先，从幸福观的内涵入手，分析幸福观的性质，明确幸福观的评价，进而分析了当代青年的时代特征和群体分布，在此基础上概括出当代青年幸福观的类型、层次与特征，总结出当代青年幸福观的形成过程和规律。

第一节 幸福观的基本问题解析

长期以来，人们关于幸福问题莫衷一是的解读和回答显示出幸福内涵的多样性。幸福观是与幸福紧密相关的一个概念，是人们在对待幸福问题时的表现。幸福观作为一种较稳定的内心尺度，为人们自认为的幸福体验提供充分的理由，浸透于每个人的个性之中，支配着人的行为、态度、信念、理想等。

一 幸福观的内涵

幸福是人类的永恒命题，也是个人追求的终极目标。费尔巴哈说："生活和幸福原来就是一个东西，一切的追求，至少是一切健全的追求，都是对幸福的追求。"① 那么，什么是幸福？这个问题从古至今一直延续，千百年来人们不断地追问、争论、探寻，但无论是哲学家、伦理学家、教育学家，还是经济学家、心理学家都很难清楚地回答。古希腊哲学家亚里士多德就曾提出这样的疑问："究竟什么是幸福，人们对此的看法却不一致，而且一般民众和有智慧的人的意见迥然不同。一般大众所理解的幸福是某种抓得着、看得见的东西，例如快乐、财富或荣誉。但究竟是哪一个，这个人说是这个，那个人说是那个，甚至同一个人有时说它是这个，有时说它是那个。生病时，说健康就是幸福；贫穷时，说财富就是幸福。而在感觉到了自己的无知之后，又羡慕那些高谈阔论、说出一些超出他们理解力的东西的人。"② 德国哲学家康德也发出这样的感叹："幸福的概念如此模糊，以至于虽然人人都在想得到它，但是，谁也不能将自己所决意追求或选择的东西说得清楚明白，条理一贯。"③ 诚然，"幸福"一词虽频繁出现在人们的日常生活中，但要给幸福概念给出一个规范性的界定却并非易事。因为任何规范性的界定都意味着一种稳定性和相对确定性，而幸福的内容是具体的历史的，并且会随着时代的发展而发生变化。不同时代的人们持有不同的价值取向和生活意义，对幸福的理解也就不同。

尽管如此，人们从未停止对幸福的追求。从人类总体来看，"人总是追求幸福的，如果这一判断是有不证自明的公理性，那必定意味着，对幸福的追求是人的宿命，人的天性"。④ 早在 2000 多年以前，哲学家们就已经将幸福定位为哲学研究的首要目标，哲学研究的目的就是帮助人们生活得更幸福。在探索幸福的旅途中，对幸福的理解各不相同，不同的研究领域对幸福的界定也不尽相同。从心理学的视角看，幸福是人们的需要、欲

---

① ［德］费尔巴哈：《费尔巴哈哲学著作选》，商务印书馆 1984 年版，第 543 页。
② ［古希腊］亚里士多德：《尼各马可伦理学》，邓安庆译，人民出版社 2010 年版，第 43—44 页。
③ 周辅成编：《西方伦理学名著选辑》（下卷），商务印书馆 1987 年版，第 366 页。
④ 罗敏：《幸福三论》，《哲学研究》2001 年第 2 期。

望、目的得以满足所产生的一种主观感受。物质的或精神的，感官的或心灵的，享乐主义取向或奉献主义取向，都可以带来幸福感。从伦理学的视角看，幸福是人的合乎道德的根本需要或总体需要在一定程度上得到满足时所产生的愉悦感。从经济学的角度看，幸福虽然表现为人的主观体验，但一个人能否获得幸福必然取决于一定的经济基础等客观条件。从教育学的角度看，幸福是教育所要实现的目标，教育是引导人获得幸福的事业。理论家皓首穷经，从各自学科的角度探讨幸福问题，虽然研究结论总对幸福的理解是多元的，但有一点是共通的：幸福既是一种主观的积极的心理体验，同时也是一种客观的生存状态，离不开人生重大的需要、欲望、目的的实现，是主观形式与客观内容的统一。

同样的刺激，对于不同的人，或对于在不同条件下的人，产生或不产生幸福感，或产生不同的幸福感，做出这种转换选择的正是人脑中的"中间变量"，我们称之为"幸福观"。[①] 幸福观是人们的世界观、人生观和价值观在对待幸福问题时的根本看法、态度和观点。幸福观所指向的内容应包括三个方面：什么是幸福？为什么追求幸福？怎样追求幸福？这三个方面是有机联系、相互结合的一个系统：认识到了什么是幸福，就是把握了幸福的本质问题；明白为什么要追求幸福，就是把握了幸福的价值问题；明确了怎样追求幸福，就是找到了实现幸福的根本途径。

幸福观与幸福感密切相关，幸福观是人有无产生幸福感、产生什么样的幸福感的关键所在。不同的幸福观所产生的幸福感在强烈程度、持久程度上都有所不同。例如，享乐主义幸福观的人把吃喝玩乐等尽情享受带来的感官快乐视为幸福，无视劳动、创造的价值，一味追求轻松愉悦的生活方式。集体主义幸福观的人重视集体的价值，把为集体、社会、国家作出贡献视为幸福。我们提倡正确的幸福观，旨在使人们在正确幸福观的指引下，为其获取幸福生活找到理论和现实的支撑，进而实现其人生的意义和价值。

二 幸福观的性质

人们对幸福观这一概念的理解，往往容易认为其仅仅属于认知的范畴，事实上，它也充满着情感和意志的色彩。人与动物不同，动物只能适

[①] 刘次林：《幸福教育论》，人民教育出版社2003年版，第10页。

应环境，在生存本能支配下进行纯粹重复性的活动，而人不管从事什么职业，"生活的本意在于创造幸福感"。① 边沁在他的代表作《道德与立法原理导论》一书中开宗明义地讲道："自然把人类置于两位主公——快乐和痛苦——的主宰之下。只有它们才指示我们应当干什么，决定我们将要干什么。"② 人除了能认识世界，还能改造世界，不仅知道是什么、为什么和怎么样，而且知道应该要什么、做什么和选择什么，认识和找到使自己的人生快乐和幸福的方法，追求人生价值和意义，去获取属于自己的那份福乐。这些都是由每个人的幸福观所支配的。

幸福观具有以下四个性质：

一是主观性。由于幸福本身带有很强的主观色彩，幸福观虽然作为一种相对稳定的观念系统，也不可避免地受到主体的认知、心理、意识等影响，带有明显的主观性。幸福是主客观的统一，表现为主体对客体的对象化关系。作为主体的个人对于客观存在的客体，都是依据自身的需要对其意义进行评价，所以每个人对幸福有不同的感悟和体会，每个人的幸福观都与他人不完全相同。可以说，存在过的、存在着的人的数量表明了存在过的、存在着的幸福观的数量。

二是选择性。幸福观并非与生俱来，而是个体出生后随着社会生活实践的扩展而逐渐萌发和形成的。人虽然一生下来就进入社会，但其社会本质是在后天的社会性活动中逐渐获得的。在个人的幼年时期，其社会关系主要以家庭为主，这一阶段的"幸福观"具有明显的感性色彩，通常是通过父母和亲人言行的模仿而形成的。年幼的个人在父母和亲属身边，在天地、山川、草木、虫鱼、鸟兽的感性自然界中，过着无忧无虑的生活。叔本华曾用散文的笔调描绘这一发展阶段："春天来临时，树上的嫩叶不仅颜色相似，而且形状也一样；在生命的初始岁月，我们每个人都彼此相像、和睦协调。"③ 因此，儿童期还未真正形成幸福观，其"幸福观"只能称为幸福感，这种感受是原始的、直接的。青年期，随着社会实践的增加，自我意识逐渐成熟，个体开始有意识地对幸福作出自己的解读，从而形成个人特有的幸福观。对于特定的主体来说，影响幸福观形成的因素，

---

① 赵汀阳：《论可能生活》，生活·读书·新知三联书店1994年版，第20页。
② [英] 边沁：《道德与立法原理导论》，时殷弘译，商务印书馆2000年版，第57页。
③ [德] 叔本华：《叔本华论说文集》，范进等译，商务印书馆1999年版，第205页。

既包括主体所处的社会生产方式、经济地位、教育水平等，也包括网络、电视和报刊书籍等宣传媒体的观点以及父母、老师、朋友和公众名人的行为。当然，除了这些外界环境，幸福观的形成还依赖于主体在外界环境条件下的具体生产和活动。幸福观是人们在环境、教育的影响下，随着认知能力和实践能力的发展而逐步培养起来的。

三是导向性。幸福观是思想意识的本质体现，正确的幸福观，有助于实现个人和群体的生存发展之完满。不同利益群体的幸福观之间经常会出现不一致甚至相背离的现象，个体幸福观与群体幸福观之间往往有其相同之处，但也不完全吻合。宏观上看，幸福观作为社会核心价值体系的重要组成部分，代表着社会对什么是幸福、怎样追求幸福的导向性判断。微观上看，幸福观是人们对幸福问题的深层次的思想认识，一旦形成，往往不易改变，具有相对稳定性，在人们追求幸福的实践中发挥着认知评价、情感激发、行为导向的作用。社会和群体的幸福观总是在制约并引导着个体幸福观的形成和发展。幸福观具有的这种导向性，往往以道德规范、法律法规等形式表现出来，通过教育、宣传、舆论等方式，提醒人们该做什么、不该做什么，使之成为一种行为规范，为人们追求幸福提供强大的精神动力。

四是社会历史性。作为一种社会意识，幸福观是生活在一定的社会物质生活条件下的人对幸福的深入性思考。在特定的时间、地点、条件下，人们的合理而迫切的需要是具体的、现实的而非抽象的、超现实的，并通过幸福目标、幸福手段、幸福途径和幸福效果等多种方式表现出来。幸福观所反映的内容和实质离不开客观实践，具有内在规定性。受社会物质条件的影响和制约，不同的历史时期、不同社会环境下形成的幸福观是不同的。由于环境的改变、经验的积累、知识的增长，人们的幸福观也会随着时间和地点等多种因素的影响而发生变化。

三　幸福观的评价

每个人作为自己幸福的主体，都有权享有幸福生活，没有人可以垄断对幸福的解读权。在不违反法律和道德的前提下，一个人根据自己的理解去追求幸福，他人就不能专横地加以干涉，命令其应该这样或不应该这样。当今社会，利益差别性多元化，幸福观领域呈现出多元并立的现象。那么，是不是每一种幸福观都可以获得无条件或"自足"的合理性辩护？

这是一个值得思考的问题。幸福观问题在本质上是一个价值取向问题，而任何价值取向都有一个是否正当、是否合理的问题。价值的绝对性决定了幸福观有正确与错误、合理与畸形之分。因此，个人与社会有权对不同的幸福观进行审视、比较与评价。

对多元并立与竞争的"幸福观"的社会评价与比较不仅是不可避免的，而且是必要的。① 现实生活中，由于人们所处的政治、经济、文化、社会地位的差异，其幸福观往往不同。每个社会成员常经意或不经意地谈论身边的人和事，其中难免渗入主体意识，折射出对不同幸福观的不同评价。我们在对幸福观进行评价时不能随心所欲、凭空想象。

那么，如何评判幸福观是否科学合理呢？我们要找出衡量幸福观的标准尺度，合理的幸福观应符合以下两点：

首先，从社会关系的视角看，合理的幸福观不仅要有利于个人的生存和发展，而且应有利于他人及社会的生存和发展。马克思指出，在阶级社会，"人们自觉或不自觉地，归根到底总是从他们对阶级地位所依据的实际关系中——从他们进行生产和交换的经济关系中，吸取自己的道德观念"。② 因此，对人们所持幸福观的价值取向是否合理的问题，也应从人们的社会关系的视角去审视。幸福的问题不只是个人的事，它还关涉个人与他人、个人与社会的关系。对幸福的评价大体上包括自我评价、他人评价和社会评价。个人对幸福的追求不能建立在他人痛苦的基础上，也不能与社会历史发展的客观必然性相违背。否则，他人和社会就有权对其作出否定性评价，这种否定性评价不仅是合理的，而且是应当的。人的社会本质决定了正确的幸福观应与人类社会历史发展相一致，人的社会性之目的是个人自己的自由，社会过程的最终目的仍旧是个人的善。杜威指出，共同关系的作用就在于使个人间达到相互合作和社会性，但"即便是共同关系也只能是工具性的，它的建立和服务目的只是个人的发展"③。幸福观的评价标准，不应局限于个体需要得以满足所获得的愉悦感，还应考虑个人在获取幸福的过程中所创造的价值是否有利于他人和社会的生存和发展。

---

① 林剑：《幸福论七题》，《哲学研究》2002 年第 4 期。
② 马克思、恩格斯：《马克思恩格斯全集》（第 20 卷），人民出版社 2002 年版，第 102 页。
③ 万俊人：《现代西方伦理学史》（下卷），北京大学出版社 1992 年版，第 297 页。

其次，从历史作用的视角看，合理的幸福观不仅符合现实的需要，而且符合事物的发展规律。幸福观作为一种观念，反映的是人们的需要、欲望、目的。观念一旦形成，就会对人们的行动产生指导。符合事物的发展规律、合乎历史的前进方向的行为是进步的，阻滞事物的发展规律、背离历史的前进方向的行为是退步的。所以，我们可以根据幸福观的历史作用来对幸福观作出评价。幸福观的正确与否不仅仅体现在个体层面，也体现在群体甚至社会层面。列宁曾说："我们直到现在还常常这样议论：资本主义是祸害，社会主义是幸福。但这种议论是不正确的，因为它忘记了现存的各种社会经济结构的总和，而只从中抽出了两种成分来看。""和社会主义比较，资本主义是祸害。但和中世纪制度、和小生产、和小生产者散漫性联系着的官僚主义比较，资本主义则是幸福。"[①] 尊重自然和社会发展的规律是人类整体获得自由的根本途径。所以，我们要对幸福观作具体的、历史的评价。

第二节　当代中国青年的基本特征和群体分布

"青年"一词并非自古就有，它的出现，是人类社会不断发展的产物。世界上不同的国家和地区对青年有多种叫法，我国对青年人也有"后生""郎"等不同的称呼。五四运动后，我国逐渐用"青年"一词来形容年轻人。当今中国正在发生广泛而深刻的变革，把握当代青年的基本特征和群体分布，是进一步深化研究青年幸福观的前提和基础。

一　当代中国青年的基本特征

分析当代中国青年的基本特征，首先要掌握青年的概念和年龄界限。这有必要对青年概念的出现及其变迁有一个历史的了解。纵观人类历史，青年这个概念是社会发展的产物，并非伴随人类的诞生之日起就有。早在远古时代，由于生产力水平低下、物资极度匮乏，人的寿命普遍不长，完整的人生被划分成儿童期和成人期，尚未划分出青年期。在古代，尽管人们为跨入成年的男女举行冠笄之礼，表达一种认同和期待，但青年这样一个社会群体并没有进入人们的社会意识。随着生产力的快速发展，特别是

---

① 列宁：《列宁选集》（第4卷），人民出版社1995年版，第525页。

工业革命以后，生产方式不断变革，生活方式趋于现代化，传统社会向现代社会转型，社会条件、家庭结构随之发生显著变化，人生的发展跨度逐渐延长，阶段性更加清晰。人类对自身认识不断深化，将生命发展的特定阶段进行区分，把生命过程中从不成熟到成熟的发展阶段称为青年期。"青年"概念的产生是"伴随着近代社会大工业生产和教育的发展，产生青年群体之后而来"[①]。

长期以来，对"青年"的描述显得五花八门，呈现出"多面体"的形态。生理学从人的身体发育为依据，把个体性成熟的过程称为"青春期"，认为青年是处在生殖能力成熟阶段的人。心理学从人的心理发展的角度，以人在生理成熟的基础上出现的个性形成、自我意识、性心理等一系列心理机制的完善为依据，认为青年是处于心理成熟过程中的人。教育学从教育的角度，认为青年是从接受中等教育开始至就业、结婚、独立生活为止的这段时期的人群。社会学从社会化的角度，认为青年是进入成人社会、承担社会义务的人。各个学科从各自的角度对青年的不同侧面进行分析和归纳，认识到青年的特有属性，概括出不同的青年概念，这符合人类思维的辩证过程和逻辑规律。

通常，人的一生可分为儿童、青年、中年与老年四个阶段，人们形象地用春、夏、秋、冬四个季节来比喻人生的这四个不同阶段，青年是其中的一个重要阶段，充满活力、热情洋溢的夏天就代表着青年阶段。到目前为止，虽然学术界对青年这一特定群体作了多维的解读，但还没有形成一个完全明确的定论。根据青年的基本内涵，我们在对青年进行幸福观研究时，可以作这样的解读：青年是在一定社会经济形态下由儿童向成年过渡、发展的社会群体，他们是以身体发育成熟为前提，以感觉、记忆、思维、意识等一系列心理过程迅速发展为基础，以实践活动为中介，不断扩大社会生活范围，积累知识并形成幸福观，逐步建立和完善自身的各种社会关系的人。

关于青年的年龄界限，是青年研究一直在讨论的话题。年龄与时间相关联，时间赋予了年龄可理解的形式，具有可量化性。年龄给如何界定青年提供了可以被广为接受的客观标准。然而，关于青年的年龄界限众说纷纭，各行其是，难以统一。目前，世界各国、国际组织都尚无明确统一的

---

① 赖广昌：《"青年"一词的由来》，《文史博览》2011年第9期。

划分。其中，联合国于1985年首次将青年定为15—24岁之间的人；联合国科教文组织把青年界定为14岁至34岁的人；联合国世界卫生组织把青年界定为14岁至44岁的人；联合国人口基金把青年界定为14岁至24岁的人。① 联合国对青年年龄的划分，并不作为通用的世界标准使用，亦无损于会员国各自的定义。联合国认为世界各国可以根据本国的具体情况，作出符合该国实际的年龄划分。事实上，不同的国家和地区对青年年龄的下限、上限和年龄跨度的界定各不相同。如美国及北美大陆是12岁至25岁，德国和波兰是15岁至25岁，俄罗斯是14岁至30岁，罗马尼亚是15岁至29岁，日本是12岁至25岁，新加坡是15岁至30岁，中国是14岁至28岁。② 即使是同一个国家或地区，在界定"青年"的年龄范围时，也存在着参差不一的标准和观点。

"青年"年龄的划分，关键要看划分的依据。不同的划分依据所界定的年龄段也就不同。有学者认为，随着社会的进步与发展，人们的学习、成才时间相对延长，如当进入博士阶段的学习，很多人到了二十八九岁还处于在校学习的阶段。同时随着人均寿命的增加，人的社会活动时间相应延长，在很多领域，如经济领域和学术领域，40岁以后方进入人生事业的辉煌阶段。所以，青年的年龄界限可在14岁至40岁。"以14岁至18岁这个年龄的青年为低龄青年；18岁至28岁为中间层次的青年，28岁至40岁以下为大龄青年。"③ 也有学者认为，青年的年龄界限应始于平均性成熟年龄，结束于青年定位的完成。根据这个标准来划分，当代青年的年龄界限可以划在14岁至35岁。"可将青年期的22个年龄，分为青年前期、青年中期、青年后期。青年前期约在14—22岁，大致相当于青春发育期和完成中高等教育；青年中期约在23—28岁，主要为就业选择和接受生活经验时期；青年后期约在29—35岁，此时身心及社会生活经验方面均趋于成熟，并逐渐进入成年期。"④ 还有学者认为，基础义务性教育的完成和初始就业的形成，是界定青年年龄下限的依据。初婚标准是衡量青年开始完全经济独立的依据，可以成为界定青年上限年龄的依据。我国

---

① 吴烨宇：《青年年龄界定研究》，《中国青年研究》2002年第3期。
② 黄志坚：《谁是青年——关于青年年龄界定的研究报告》，《中国青年研究》2003年第1期。
③ 李光奇：《青年年龄划分标准管见》，《青年研究》1991年第5期。
④ 冷熙亮：《14岁至35岁：当代青年的年龄界限》，《中国青年研究》1999年第3期。

实施九年义务教育制度，一个人完成国家规定的基础义务教育的年龄基本在16岁。"综合基础义务性教育的结束和初始就业的形成这两项基本指标，16岁应视为青年的下限年龄。""21世纪初期我国人口的初婚年龄将基本维持在25岁左右。据此，25岁应视为青年的上限年龄。"① 根据这一依据，青年年龄的界限可在16岁至25岁。由此可见，对青年年龄的阶段不宜过于拘束，应区别对待。

对青年年龄的划分，不论是各国之间还是一国之内，都存在较大差异。青年年龄的划分在社会上引起不同的理解和认识，其中一个重要的根源在于，赋予青年意义并限定青年年龄界限的差异不仅包含自然的因素，更取决于社会的因素。不同的地区、不同的民族、不同的个体，存在很大的差异。不可否认，青年的确存在某种特定的生理特征和心理活动，但这些生理特征和心理活动，也是在"社会化"的过程中被建构起来的，并不是一个纯粹的自然发生过程。从年龄这一时间的维度，我们获得了青年概念的一个非常重要的标识。但时间具有可延续性，生命的成长也就有了一种前后依存的渐变性。人生各个阶段之间是有规律的，但其界限是模糊的，并不是清晰可辨，它不像性别界限，非此即彼。在人的生命的自然过程当中，青年处于发展性的中介，与其他生命阶段的人之间的差异也并不像"天地、生死、黑白"那样鲜明。以年龄来划分青年的界限时，要想找到一个适合所有情况的标准答案是几乎不可能的。年龄界限总是相对而言，具有很大程度的模糊性。青年概念在年龄界限上的这种模糊性和年龄所具有的量的确定性是不可调和的矛盾。青年的年龄界限一旦确定，就会把一部分人划入囊中，同时不可避免地把一部分人拒之门外。出于制定政策或实际工作的需要，对青年年龄的界限只能确定一个相对合理的界限，不可能逐一辨别政策对象的实际情况。

在实际研究中，青年的年龄划分标准是根据具体的研究情况而定的。"我国现行的青年年龄界定14—28周岁，是来自对青年的整体认识，基本符合我国社会的实际。其中，14周岁这个下限年龄目前仍可维持不变；28周岁这个上限年龄有必要依据改革开放以来我国社会的新变化，适当

---

① 吴烨宇：《青年年龄界定研究》，《中国青年研究》2002年第3期。

延伸到30周岁。21世纪中国青年的年龄界定应为14—30周岁。"① 从整体上看，青年具有自然属性和社会属性，性成熟是一个人生理成熟的主要特征，职业确立、经济独立和家庭建立三个方面是衡量一个人社会化完成的公认标准。为便于研究，依据生物学理论来界定青年下限年龄，依据社会学理论来界定青年上限年龄，故本研究选取14周岁到30周岁之间的中国青年为研究对象。这一年龄段的青年虽然不能涵盖全部中国青年，但这一时期的青年从自然属性和社会属性角度看都具有典型代表性。

当代中国青年是指在我国改革开放不断深入和市场经济不断发展的背景下成长起来的新一代青年。认真研究当代青年的基本特征，有助于我们深入探讨青年关于幸福的思想和观念，有的放矢地开展幸福观培育工作。分析当代中国青年的基本特征，可以从横向和纵向两个基本的角度出发。横向角度分析是在静态时间截面中把当代中国青年与同时代的中国其他群体相比较；纵向角度分析是指在历史动态时间链条中把当代中国青年同改革开放以前成长起来的青年群体相比较。从这两个角度出发，可以看到当代中国青年在生理心理、思想意识、行为方式、群体形象等方面具有明显的特征。

当代青年的基本特征首先体现在生理心理方面，这是形成当代青年其他方面特征的前提和基础，也是当代中国青年与当代中国其他群体相比较最基本的特征。青年是现代社会区别于儿童、中年以及老年的一个特定的年龄阶段群体概念。如前文所述，学术界关于青年所处的具体年龄段有多种不同的意见。本书所指的是14周岁至30周岁之间的青年，其生理和心理方面都经历着急剧的变化。首先，在生理方面，青年经历从生长发育期向生长稳定期的过渡。"青春期的变化可以分为两大类型：一是身体的一般发育；二是性特征的成熟。"② 从青年初期开始，身高、体重、胸围、骨盆、肩宽等生理形态显著增长，肌肉力量、神经系统、肺活量等身体机能明显增强，耐力、速度、灵活性、感受性等身体素质不断提高，生殖器官及性功能逐渐发育成熟，各种激素增量显著，身体内部的各个器官、系

---

① 黄志坚：《谁是青年——关于青年年龄界定的研究报告》，《中国青年研究》2003年第1期。

② [美]劳拉·E.伯克：《伯克毕生发展心理学：从0岁到青少年》，陈会昌译，中国人民大学出版社2014年版，第390页。

统趋于成熟和稳定。青年生理发育的基本完成，为青年人适应各种环境变化，从事学习和工作而付出繁重的体力和脑力劳动提供了物质基础。其次，在心理方面，青年的心理特征比较明显。一是敏锐的认识能力。认识是人的基本心理活动和首要的心理功能，认识活动的核心是思维。到了青年期，人的思维能力经历了质的飞跃，认识活动处于一生中最活跃、最敏锐的时期。随着知识的积累和实践的增加，青年的辩证逻辑思维迅速发展，抽象概括能力逐渐提高，开始把握外在事物发展的过程和规律。青年对新问题敏感性强，并且乐于接受新事物。他们已不满足于书本或前人的结论，开始用怀疑、探索、批判的眼光看待周围的人和事，并提出一些新奇的想法。随着思维能力的提高，青年表现出强烈的自我意识，对自身的内心生活和内心世界越来越感兴趣。他们对自身的价值和作用日渐关心，开始重视自己的社会地位，希望得到肯定和认同，在人格上表现为强烈的自尊。当然，由于青年的知识和经验尚且不足，其认识活动的可塑性比较大。二是丰富的情绪情感。情绪情感作为一种内心体验，是一个人的需要是否得到满足的体验。青年强烈的独立性需要与其自身所具备的认识水平、能力发展以及个体经验的薄弱所呈现出来的发展不平衡状态，常使青年的情绪呈现出两极性的特点。青年的情绪既有活泼向上的积极倾向，也有悲观颓废的消极倾向，既容易出现高强度的兴奋、激动、热情，也会出现极端的愤怒、悲伤、绝望。值得注意的是，青年早期的逆反心理较强，情绪容易激化。"与成人相比，年龄在 12—16 岁之间的青少年情绪不稳定，经常大起大落。"① 青年心理发展的这种不平衡性有时还会导致一些冲动性的行为，给青年带来困扰。青年的情绪体现在理智感、道德感和审美感上，具有明显的社会性。三是日渐形成的意志品质。意志是人决定达到某种目的而有意识地调节和支配自己行为的心理过程，是人的能动性的表现。青年步入社会后，面对现实社会的种种挑战，他们需要以社会标准和社会要求支配、调节、规范自己的行为，从而使自身越来越接近成人社会的标准。社会对青年的现实要求，使青年不得不"追求实际的东西，演变出某种特殊的才能，在社会上站住足的人在这些才能中发现了真正的自

---

① ［美］劳拉·E. 伯克：《伯克毕生发展心理学：从 0 岁到青少年》，陈会昌译，中国人民大学出版社 2014 年版，第 395 页。

身"。① 青年心理的逐渐成熟为他们履行成年人的义务和责任奠定了思想意识基础。

青年的成长总是留下时代的烙印。一代社会环境造就一代青年的时代特征。"中国社会处于急剧的变迁过程中，而中国改革开放的社会历史既形成了这一代青年特定的人生经历，同时也展现出这一代青年特有的现象和问题。"② 随着改革开放的不断深入发展，经济全球化势不可当，科学技术迅猛发展，多元文化相互碰撞，信息革命风靡全球。中国社会发生着的巨大变化，塑造了当代青年特有的时代特征。

在思想意识领域，当代青年与以往青年相比具有明显的特征，主要体现在：第一，思想活跃，个性鲜明，主体意识和创新意识明显增强。"种种思潮与现象都说明，青年是思想最为活跃、求知欲最为强烈的一个社会群体，他们的认知正处于从幼稚转向逐渐成熟的重要阶段。"③ 不同于父辈所生活的集体主义至上的年代，当代青年所处的时代思想更加多元，环境更加开放。社会主义市场经济体制使人摆脱依附性的存在状态，凸显出人的独立性和自主性。这一特征不仅局限于经济活动领域，而且延伸到主观意识领域，进一步促进青年的主体自我意识、独立自主意识、创新意识的发展。观念意识层次的变化又反过来推动着人的自主、独立的实践，从意识内化到行为外化的循环，促使青年作为独立的个体在市场经济体制条件下的生存和发展。第二，反对形式主义，注重实际利益。在社会主义市场经济环境下，受追求效益思想的影响，当代青年注重实际实效，追求奉献与索取的基本平衡，多数青年对形式主义充满逆反和厌弃态度。第三，思维意识更加现代开放，全球意识增强。当代青年大多接受过正规系统的国民教育，青年群体普遍熟练掌握了互联网等新媒体技术，可以突破地理限制认识世界。随着全球化进程的加速，中西文化交流碰撞，跨国界的商务活动日益频繁，身处现代社会的青年群体渴望在全球化舞台上开阔视野，增长才干，有所作为。

当代青年在行为上的特征主要体现在以下几点：在生活方式方面，他们崇尚时尚，更加依赖网络。网络已成为现代青年的一种生活方式。在信

---

① [美] 马斯洛：《人的潜能和价值》，林方译，华夏出版社1987年版，第53页。
② 风笑天：《社会变迁中的青年问题》，北京大学出版社2014年版，第1页。
③ 顾保国：《论青年人的担当与社会认知》，《中国青年社会科学》2016年第3期。

息技术的带领下，现实世界和虚拟世界交错融合，共同构成了青年的生活世界。当代青年的生活方式发生了很大变化，网络交往已经成为现代青年的一种新型交往方式。青年通过网络进行信息沟通、购物消费、娱乐休闲等，内容丰富多彩。青年网络交往以迅猛的态势持续发展，不仅带来了人际交往模式的变革，还参与和推动着社会的发展。在选择需求方面，他们张扬个性，重视实现自我价值。他们强烈地关心自己个性的成长，从衣着到谈吐，从消费到娱乐，都散发着个性的气息。他们要求独立地发展自我，自主处理自己的学习、婚恋、消费和工作等。在社会参与方面，他们积极热情，参与形式多样。当代青年群体具有务实进取、勤奋踏实的人生态度，广泛参与政治、经济、社会、文化、生态等各个领域。青年对国家、对社会的责任感，不再停留在慷慨激昂的言语和标新立异的口号上，而是通过实实在在的行动得以体现。可以说，当代青年社会参与的广泛性程度、个人发展的自由性空间、享有权利的丰富性程序、意愿选择的自主性范围都是前所未有的。

伴随着全球化与信息化的现代步伐，青年的角色和价值日益彰显。青年不仅仅是一个年龄的载体，同时也是一种社会建构的需要，一种思想、理念、制度寻求变化的需要。"青"字从字面理解，含有不成熟之意，如"青黄不接"的"青"就是指还没有成熟的庄稼。"青涩"的原义是指果子未熟时的苦涩味，"青年"也含有"尚未成熟的年龄"之意。人们在谈到"青年"一词时，通常会强调"应当为"和"应当是"的价值规范和期待。青年作为人生中的过渡阶段，是一个从尚未成熟走向成熟的过程。青年作为一个客观存在的既定现实，在历史的发展过程中进入社会意识的视域，在社会转型时期，存在着两种截然不同的关于当代青年的社会形象：问题形象与创造者形象。

一方面，当代青年常被看成是社会不适应者、麻烦制造者、叛逆者，他们身上问题重重，需要引起理论界、舆论界特别是教育界的极大关注。例如，青年驾车导致的交通事故不断，屡屡成为社会关注的焦点。从杭州70码飙车案，到北漂青年醉酒驾驶的长安街英菲尼迪车祸案，再到大学生药家鑫案，青年俨然成为罪恶、残忍的代表与象征，向生命价值和法律底线发出挑战。青年还以多种极端的方式表达对生命的诠释。富士康"十二连跳"的悲剧将新生代农民工的心理危机暴露无遗，高考落榜生自杀事件频发令人何等震撼，高等教育大众化趋势下大学生"毕业即失业"的窘境令人反思。青年的一些言论在网络媒介日益发达的背景下，依靠媒介的强大传播功能，将或隐或显表达的些微价值标准或取向无限放大和夸张，引来公众的关注。一些电视节目里的女嘉宾在选择自己未来的另一半时，表示"我的男友就是要 20 万月薪才行"[①]，引来批评和谩骂。一些青年过早地成为功利主义的仰慕者和拜金主义的追随者，自身又深陷信仰迷失的无助和情感亵渎的挣扎。由于青年正处于人生中最动荡不安的时期，在错综复杂的社会生活面前，他们常感到困惑、迷茫，迫切需要得到社会的指引和教导。

另一方面，青年又被称颂为是未来，是希望，是肩负历史使命和社会建设的一代。正如习近平主席在联合国教科文组织第九届青年论坛开幕式上的贺词中指出："世界的未来属于年轻一代。全球青年有理想、有担当，人类就有希望，推进人类和平与发展的崇高事业就有源源不断的强大力量。"[②] 青年精力旺盛、富有朝气、积极进取、富于创新，代表着生机和活力。在每一次革命浪潮中，青年都是革命的重要组成部分。特别是 19 世纪以来，青年开始成为创新、革命、改革等理念的实践主体，青年炙热的激情和呐喊给予大众以信心，成为当时群众运动的带头人。[③] "五四青年"作为"青年"的理想形象，不断被各种各样的社会势力赋予其意义。"新青年"从"救国"的需要出发，在批判儒家理论的基础上，追求真理，力图救国，改造社会。青年所具有的这种意识形态的特性从一开始便引人注目，渗透着人们对青年的认识：青年应该是真理的追求者，是革命的斗士，是国家、人民根本利益的代表者。在中国，"五四运动"后，青年对国家命运须承担的责任、使命作为一种天职，这一"天职"是社会各界对于"青年"角色的期待，一直得到广泛的承认。在和平年代，青年也是社会建设的主力军，广泛地参与社会生产生活的各个方面。在当今社会的一些领域，如 IT 行业、高科技领域等，当代青年已经成为中坚力量。他们走在科学技术发展的前沿，深刻地影响着其他年龄群体的思想观念和生活方式。随着科技的发展，当代青年在推动经济、文化、生

---

① 《电视相亲奇葩盘点》，《内蒙古日报》2013 年 11 月 11 日。
② 《习近平主席在联合国教科文组织第九届青年论坛开幕式上的贺词》，《人民日报》2015 年 10 月 27 日。
③ 吴端：《青年的崛起与近现代文明的形成》，《当代青年研究》2011 年第 3 期。

态文明的发展过程中，均起着不可替代的作用。

需要指出的是：青年群体的"问题形象"抑或"创造者形象"，都是社会现实中某些和青年相关的社会现象的部分表达。这些"问题"和"创造者"特征在青年群体中的确存在，但却并不是青年的客观本质，也不是青年的客观形象。它不是属于青年的"专利"，其他年龄群体的人身上也能找到它的影子。对青年缺之不可的某种特征以规定其本质的寻找是徒劳的，正如当代西方著名的跨学科的学者哈拉维所言："剥开洋葱的表层，其中心没有任何东西。"① 因此，青年常常被界定为不稳重、不成熟、不适合承担社会责任，同样，青年又常常被界定为富有热情的、具有创造力，是革命者与建设者。无论是哪种群体形象，当代青年都需要得到正确的教育和引导。

二 当代中国青年的群体概况

中国青年是一个规模巨大的群体。据全国第六次人口普查资料显示，青年人口总数为46459.90万，占总人口比重为34.80%。2013年全国1‰的抽样数据未经加权的估算显示，14—35岁青年人口占全国总人口的33.03%，比上年降低0.5个百分点；青年人口约为44940万，比上年减少468万。② 虽然与前几年相比，我国青年人口总量和占总人口比重都有所下降，但青年人口的绝对数量还是占有很大的规模。

当代青年的整体文化素质有了很大的提高。国家对教育的投入持续增长，城乡全面实施九年免费义务教育。与此同时，教育体制的深化改革，教育公平建设不断推进。在素质教育和高等教育大众化进程中，适龄青年的受教育面扩大，青年群体受教育程度普遍提高。据2016年4月7日由教育部发布的《中国高等教育质量报告》指出：新世纪以来，中国高等教育实现跨越式发展，2015年在校生规模达3700万人，位居世界第一；毛入学率40%，高于全球平均水平。另外，我国职业教育和职业培训体系不断完善，规模不断增大，为满足一部分青年的就业需求，进而推动社会生产力的发展提供了条件。经济的全球化带来了教育的全球化。近年来，

---

① Constance Penley, Andrew Ross, Cyborgs at Large: Interview with Donna Haraway, *Social Text*, 2000 (8), p.10.

② 邓希泉：《中国青年人口与发展统计报告》，《中国青年研究》2015年第11期。

我国出国留学人员数量和来华留学人员数量都持续增长。当代青年整体文化素质的提高，有助于他们树立科学正确的幸福观。

当代青年的就业分布在各行各业。随着我国现代化进程的加快，青年群体的分类越来越细化。当前，根据职业身份的不同，可以把青年群体分为青年工人、青年农民、青年农民工、青年大学生、青年职员、青年创业者等。青年就业问题是社会头等大事情。我国历来有成家立业的传统观点，青年人到了一定年龄阶段就要面临就业的压力。不同于以往的是，当代青年在进行就业选择时，不再局限于某一行业或某一领域，而是结合自身的兴趣、性格、能力、价值观等特点进行多方面的考虑。近年来，我国政府坚持实施积极的就业政策，市场化导向的就业制度初步形成，经济持续增长，这给青年提供了大量就业岗位和多样的就业方式，当代青年广泛分布在农林牧渔业、制造业及其服务业中。随着互联网技术的发展，青年创业活动日趋活跃。这些都对社会的进步和经济的发展产生了深远的影响。需要注意的是，近年来，经济增长对青年就业的拉动有所放缓，青年就业中的结构性矛盾依然突出，就业刚性需求强烈，就业形势依然严峻。这在一定程度上不利于社会的和谐稳定，也对青年正确幸福观的形成带来阻碍。

身体健康是青年生存和发展的前提和基础。从总体上来看，改革开放以来尤其是进入21世纪以来，青年膳食结构及营养状况明显改善，青年卫生保健水平不断提高，青年生长发育水平稳步提升，青年心理健康教育和青年心理健康不断取得进展。[①] 总体来说，青年群体是整个社会中相对最健康的群体，青年阶段是个体人生经历中处于身体生理最佳状态的时期。然而，当代青年的身体健康总体状况中也有一些令人担忧的现象和问题，值得引起注意。科学技术的发展和经济水平的提高，给人们带来了优裕的物质生活。然而现代化社会中激烈的竞争、环境的恶化、不良家庭环境的负面影响以及个体不健康的生活方式造成的亚健康问题，使当代青年的体质和健康出现了下降趋势。当代青年的"亚健康"状态表现为：耐力、速度、爆发力运动素质持续下降，营养过剩导致部分青年超重与肥胖，视力不良居高且日益低龄化，职业病患病人数大幅增加，吸烟嗜好低

---

① 安国启、邓希泉：《新世纪中国青年发展报告》，光明日报出版社2012年版，第55—56页。

龄化，心理素质脆弱，长期高强度、超负荷劳动导致的心力交瘁等①。"调查表明，大部分城镇青年的工作时间超标。"② 健康关系到个人的发展、家庭的幸福、民族的兴旺。当代青年的亚健康状态不仅严重影响其生活质量，对个人健康产生危害，而且不利于家庭的和睦，是社会发展的制约因素。特别是近年来社会转型给青年带来的挑战和压力，当代青年群体的亚健康问题应引起社会的广泛关注。

第三节 当代中国青年幸福观的类型、层次与特征

青年幸福观是青年在对待"什么是幸福""为什么追求幸福""如何获得幸福"等有关幸福问题时的根本观点、看法和态度。每个人的幸福观都与他人不尽相同，这使幸福观具有复杂性的一面。

一 当代中国青年幸福观的类型

幸福的实现离不开人生中重大的需要、欲望、目的的实现，人的需要的多样性导致了幸福观形式的多样性。马斯洛的需要层次理论，是被人们普遍认同的关于需要的理论。按照这个理论，人的需要从低到高顺次排列为七个层次：生理需要、安全需要、归属和爱的需要、自尊需要、认识和理解的欲望、审美需要、自我实现需要。③ 马斯洛认为人的需要总是由低级向高级发展，呈现"金字塔"状的排列顺序。当低层次的需要得到满足后，就会驱动主体追求更高层次的需要。但高层次的需要得到发展后，低层次的需要并不会消失，它依然存在，只是对行为的影响程度会减弱而已。受此启发，我们可以把人的一切需要归结为物质需要、社交需要、精神需要三大类型。物质需要包括生理需要和安全需要，社交需要包括归属和爱的需要以及自尊需要，精神需要包括认识和理解的欲望、审美需要、自我实现需要。这三种类型的需要有相应的等级，即物质需要是低级需要、社交需要是中级需要、精神需要是高级需要。

依据人的需要的类型，幸福观可以相应地分为物质幸福观、社交幸福

---

① 邓希泉：《新世纪中国青年发展报告》，《中国青年研究》2012年第4期。
② 邓希泉：《中国青年人口与发展统计报告》，《中国青年研究》2015年第11期。
③ [美] 马斯洛：《动机与人格》，华夏出版社1987年版，第40页。

观和精神幸福观。对青年而言，物质幸福观即青年在实现物质性需要过程中表现出来的幸福观，主要反映的是人与物之间的关系，主要体现在人为了生存所必需的吃穿住行等基本需求。为了生存，人首先要解决吃穿住行等问题，这是人们的最基本也是最常见的追求。近年来，伴随着快速的城市化进程，我国城市的商品房价格普遍上涨且维持在较高价位，普通青年群体的实际购房能力有限，难以拥有自己的住房，"蚁族""房奴""蜗居"等社会问题不断出现。长期身处劣势的青年，经由个人处境的恶劣化，容易产生焦虑、抑郁及对社会的仇视乃至成为报复社会的房怒族。① 对于陷入生存压力旋涡的青年，更应培养独立的人格，树立正确的幸福观，在人生道路上不盲目、不盲从，合理规划，处理好欲望和现实之间的关系。社交幸福观即青年在社交过程中表现出的幸福观，主要反映的是人与人之间的关系，主要体现在父母、子女等家庭之内的社会关系以及朋友、情侣、同事等家庭之外的社会关系。社会由一定人际关系的人群组合而成，是"人们交互活动的产物"②。社会交往是青年进行个性塑造、才能发挥、个人事业和成就获得的重要条件，良好的人际关系是产生幸福感的重要源泉。随着社交媒体的发展，青年获取资讯更便捷，生活更高效，社会交往的范围不断扩大。不少青年把社交媒体作为"晒幸福"的渠道，比如美食、旅途中的美景、萌宝宝等。③ 值得注意的是，一些青年在微信、抖音、微博等社交平台上秀名牌、显豪宅，以各种方式炫富、显富、斗富，企图通过引来他人的羡慕获得虚荣心的满足。炫富即不成熟幸福观，需要加以引导。④ 精神幸福观即青年在获得精神方面需要的过程中表现出的幸福观，主要反映的是人与自我之间的关系，主要体现精神领域的创造潜能，如自我实现。正如法国文学家罗曼·罗兰借用哲学家笛卡尔的著名句式说："我创造，所以我生存。"⑤ 青年对知识、智慧的渴望，对真善美的精神追求，丰富了精神幸福观的内容。

---

① 胡小武：《青年的住房压力与社会稳定的探讨》，《中国青年研究》2014 年第 10 期。
② 马克思、恩格斯：《马克思恩格斯选集》（第 4 卷），人民出版社 1995 年版，第 532 页。
③ 《中国人爱用社交媒体晒幸福》，《中国青年报》2014 年 2 月 7 日。
④ 《炫富即不成熟幸福观》，《人民日报》2015 年 9 月 24 日。
⑤ [法] 罗曼·罗兰：《罗曼·罗兰文钞》，孙梁辑译，商务印书馆 1985 年版，第 207 页。

二　当代中国青年幸福观的层次

幸福观作为一种思想体系，具有层次性。对青年而言，处于其幸福观最高层的是人生观，即幸福与人生目的、人生意义、人生价值问题。这是青年对于人生的整体观念，人为什么要追求幸福，如何理解生活的意义，如何理解自己和他人之间的本质联系。一个人若主观上感到自己的人生没有价值和意义，那么，不论其人生的客观实际如何，他都不会感到幸福和快乐。弗兰克把"认识和找到人生的意义"作为自己开展心理咨询的座右铭："人的寻求意义与价值可能会引起内在的紧张而非内在的平衡，然而这种紧张于心理健康是不可缺少的先决条件。我要大胆地说，这世界上并没有什么东西能帮助人在最坏的情况中还能活下来，除非人体认到他的生命有一意义。正如尼采充满智慧的名言：'参透为何，才能迎接任何。'这句话都可以作为座右铭。"① 可以说，人生观统摄其他层次幸福观的形成。这一层面的幸福观主要分为个人主义幸福观和集体主义幸福观。个人主义幸福观把人视为独立的存在，生活的目的就是促进个体利益的最大化，社会成员之间的联系是工具性的或者是偶然的，人只需关注自己的利益，实现利己的目的。集体主义幸福观认为人是社会动物，其幸福的实现都是与社会和他人合作的结果，促进人类整体的幸福才是生活的最高价值。而追求大多数人的最大幸福本身会给人们带来真实的快乐。正如穆勒所言："凡我所仰慕的人们，都以为对人类表示同情的愉快、为他人谋幸福的感情，尤其是为大多数人类谋幸福的感情以及生存的目标，都是最伟大的与最确实的快乐的泉源。"② 青年马克思在其中学毕业论文《青年在选择职业时的考虑》中曾经写道："如果我们选择了最能为人类福利而劳动的职业，那么，重担就不能把我们压倒，因为这是为大家而献身；那时我们所感到的就不是可怜的、有限的、自私的乐趣，我们的幸福将属于千百万人，我们的事业将默默地、但是永恒发挥作用地存在下去，而面对我们的骨灰，高尚的人们将洒下热泪。"③ 人是自我价值和社会价值的统一体。这一层面的幸福观的重心是如何处理个人幸福和社会幸福的关系问

---

① ［奥地利］弗兰克：《活出意义来》，生活·读书·新知三联书店1991年版，第109页。
② ［英］穆勒：《穆勒自传》，商务印书馆1935年版，第118页。
③ 马克思、恩格斯：《马克思恩格斯全集》（第1卷），人民出版社2002年版，第459页。

题，它们直接影响着青年对于自己生活轨迹的选择。

青年幸福观的第二层次体现在青年的主要生活方面对幸福的基本认识和判断依据。这一层面的幸福观包括青年的就业幸福观、家庭幸福观、消费幸福观等。这些幸福观由处于核心地位的人生观决定，是人生观在基本生活方面的具体表现。正因如此，一个人的诸种幸福观之间存在着内在一致性。持有相同或相近人生观的人们，也会由于社会生活经历、所处环境的不同，在具体生活方面持有不同的幸福观。

青年幸福观的第三层次是关于幸福实现途径的观念认识。这一层次的幸福观具有明确的指向性和目的性，直接驱动主体的具体行为。当这一层次的幸福观在指挥行为的过程中遭遇了负面情况，就会把这一信息反馈给高一层次的幸福观层面。例如有人认为有钱就是幸福，那么在具体的行为中就有可能会唯利是图。若其唯利是图的行为遇到了谴责，那么他就会对这一幸福观进行反省，并作出改变。这种动态的结构也使各层次的幸福观都具有调整的可能。

三 当代中国青年幸福观的特征

当代中国青年群体的幸福观与其他年龄段群体的幸福观有什么区别？当代中国青年的幸福观与历史上不同时期特别是改革开放以前的青年的幸福观有什么区别？当代中国青年中不同群体的幸福观有什么区别？对这些问题的思考，可以概括出当代中国青年的幸福观的主要特征。

首先，当代中国青年幸福观的特征体现在阶段性。人作为有意识的实践主体，从个人成长的角度看，人的一生中要经历发育、成长、成熟、衰退的曲折过程，并在这一过程中使自己的本质力量得到一定的对象化。纵观人生各个阶段，不同时期的幸福观呈现出不同的特点。

儿童对幸福的理解单纯且朴素，涉及的范围较窄。童年是意识发生期，在这一阶段，儿童依赖父母，通过自身身体状况或环境的刺激来感知幸福。儿童的幸福根植于其对生活的实然感受。[①] 在儿童的心目中，对幸福的理解等同于他们在现实生活中实际感受到的快乐、高兴等积极情绪体验。他们会根据生活中经历的具体的开心快乐的事件来理解幸福，如跟着父母出游、收到喜欢的礼物、吃到美味的大餐等，涉及的范围主要集中在

---

① 史瑾：《儿童幸福之比较研究》，《当代学前教育》2008 年第 6 期。

家人、朋友、教师等生活中经常接触到的人身上。在生理需要得到满足后，儿童还常常希望和父母在一起，这给予儿童安全的需要，继而发展出爱和归属的需要。爱之于儿童，就如同维生素之于健康一样不可或缺，缺乏爱的滋养，儿童的成长就会受到抑制。儿童渴望家庭成员的陪伴和好朋友的关心，希望自己参加并融入某个组织，在一种健康、热情的爱的关系中得以成长。儿童满足于当下的生活，特别是年幼的儿童，他们缺乏对幸福的期待，较难想象未来，也没有具体的目标。儿童常把家人贴心陪伴、朋友一起玩耍等开心快乐时刻看作现实生活中的幸福。童年期的这种体验并非稍纵即逝，而是对他们今后的成长产生持续深远的影响。

进入青年期后，随着个体的自我意识发展进入新阶段，青年对幸福的理解从感性认识上升到理性认识。在这一阶段，"个体面对这样一个事实，必须承认并接受那些自己感到陌生，与自己不同的东西为自己生活的一部分，把它们当作'又一个我'"。[1] 青年思想活跃、思维多变，青年时期是幸福观形成的关键时期。这个时期青年的一些关于幸福的见解和观点，将成为其成熟幸福观体系的主线和重要基石。随着青年所掌握的文化知识逐渐丰富，人际关系不断深化，自我提高、自我完善、自我实现成为青年的强烈愿望。社会对青年的现实要求，也迫使青年不断自我监督，以独立的人格发展出才能，去获取社会的认可。维纳斯女神开始支配青年，使其成为爱与美的追求者。追求、奋斗、创造、开拓等词语常被视作是青春的代名词。青年为自身的人生目标、现实选择而努力拼搏，"事业成功""有一个温暖的家""有知心朋友"常被青年列为人生幸福之最。

中年人的幸福，更多的是建立在别人幸福的基础之上，掺杂的是一种责任感。人越走近中年，社会地位越发巩固，个人态度也越稳定。人到中年，作为一家之主，上有日渐老去的父母，下有尚未独立的儿女，不仅要肩负照顾老人的重任，还要面对两代人幸福观的冲突和职场缺乏上升空间的尴尬。他们的幸福，往往体现在父母安享晚年的满足、儿女健康成长的笑靥、工作得到认可的踏实、家庭团结和谐的温馨。身体健康，收入稳定，夫妻和谐，天伦叙乐……这些点点滴滴传递出中年人的幸福观。

与儿童期遥相呼应的老年期，常被喻为是"照亮自身"的阶段，"把

---

[1] ［美］马斯洛：《人的潜能和价值》，林方译，华夏出版社1987年版，第55页。

自己的光明慷慨地赐予世界之后，太阳收起光线，以照亮自身"。① 老年人作为一个社会群体，他们一生辛苦劳作，繁衍后代，照顾孩子，创造了大量的物质财富和精神财富。如果说一个人前半生的主要目的在于抵制外部世界的伤害，努力实现个人的发展，是人的自然本性使然，那么后半生的主要意义应更符合人的文化本性，享受自己所创造的幸福生活。健康程度、生活水平、社会活动参与状况、宗教信仰等因素，对老年人幸福观的影响较大。虽然老有所为会给老年人带来幸福感，但竞争、奋斗等词语显然已不再适用于这个阶段。对于大多数老年人来说，健康、平安、和谐是最重要的，他们认为拥有健康的身体、平安的环境、和谐的关系的人才会幸福。

其次，当代中国青年幸福观的特征体现在时代性。历史唯物主义认为，社会存在决定社会意识，社会意识是社会存在的反映。青年处于一定的社会关系之中，其幸福观体现了鲜明的时代特征。由于青年群体是社会中最富朝气和生命力的群体，他们总是站在时代的前列去感受时代气息，探索时代变化，迎接时代要求，青年幸福观总是留下深刻的时代烙印，呈现鲜明的时代特征。

在古代，受小农经济和宗法观念的影响，"多子多福""不孝有三，无后为大"等观念根深蒂固，传递出人们把人丁兴旺看成是幸福的显著标志。家族"香火"的旺盛是青年肩负的家族使命，也是个人幸福的体现。到了近代，中国饱受列强侵略，在救亡图存成为时代主旋律的历史条件下，不少青年把探索国家的独立富强之路视为终身幸福而奋斗。新文化运动以来，随着国门打开，西学东渐，自由、民主、平等等思想宣传开来，青年对幸福的理解显得更为饱满和多维，他们希冀自由、平等地追求婚姻、学业、事业等自己所渴望的东西。抗日战争和解放战争时期，革命青年爱国热情高涨，不断发起反分裂、反割据的爱国运动，他们的幸福观就是践行爱国之志，渴望和平发展，希望战争早日取得胜利，实现全中国解放，走上和平建设大道，开创中华民族复兴的伟业。在新中国成立初期，国际国内阶级斗争形势严峻，百废待兴，百业待举，又赶上国家的三年困难时期，生产力水平低下，全国大面积缺粮。粮票、布票、油票、豆腐票等票证是那个时代的记号。这一时期青年的幸福观就是吃饱穿暖、有教育

---

① ［美］马斯洛：《人的潜能和价值》，林方译，华夏出版社1987年版，第61页。

的机会。到了"文化大革命"时期，知识青年上山下乡运动发展至高潮，"广阔天地，大有作为"这一口号在全国广大知识青年中高喊并流传开来，成为当时一代热血青年的自觉行动。在这一时期，唱着红歌干革命成为广大青年的幸福观。① 人们普遍接受幸福与物质追求相分离，"越穷越革命，越穷越光荣"成为广大青年的口头禅，以大老粗为时尚，把知识看成一种罪恶，特殊的历史时期所特有的这些奇谈怪论，不得不令人扼腕叹息！

改革开放以来，当代青年的幸福观与实现个人价值紧密相连。随着市场经济体制的运行，人们的主体意识明显加强，生产力水平大幅提高，为人们追求物质生活的幸福提供了基础和保障。当代青年具有较高的知识储备和信息整合能力，在法律和道德允许的情况下，他们可以自由选择生活方式，追求幸福生活。当代青年重视个人价值的实现对于幸福生活的意义，而政治日渐昌明、经济不断发展的社会环境也为青年的个人发展创造了良好的机遇和条件，提供了他们通过奋斗而实现自身价值并感受到幸福的可能性。值得注意的是，一些青年的幸福观有世俗化的倾向，他们把财富的多寡看作幸福与否的标准。过度注重物质生活幸福是幸福观趋向世俗化的表现形态之一。② 某电台婚恋交友节目上一位女嘉宾的言论"宁愿坐在宝马车里哭，也不愿坐在自行车上笑"，成为一时流行语。这一观点中弥漫着的物质主义倾向幸福观，透露出当今一些青年对于现实物质生活幸福的渴望，也说明一部分青年在物质享受与获得幸福的关系问题上出现了认识上的偏差。物质生活享受若没有精神生活之根扎于土壤，幸福之花就不会开放。相反，个人对真正幸福的追求将南辕北辙，难以实现。

最后，当代中国青年幸福观的特征体现在多样性。从总体上看，青年群体呈现出一些共有的特征，如思想解放，充满活力，爱国热情和现代意识较强，积极投身改革开放，乐于接受新鲜事物，渴望拥有事业，注重物质利益，追求个人价值和社会价值的实现等。但不同的青年群体，由于每个人的成长背景、经历境遇不同，兴趣爱好、性格修养各异，其需求和价值取向不同，对幸福的看法和理解也存在很大的区别。根据观察和思考，我们可以把改革开放以来的青年群体进行分类，分析探讨其多样的幸福观。

---

① 谭畅：《60年代幸福观：唱着红歌干革命》，《小康》2012年第11期。
② 孙春晨：《改革开放以来中国人幸福观分析》，《思想政治工作研究》2011年第1期。

青年学生群体是青年群体的重要组成部分。青年学生群体提高了整个青年群体的文化水平，他们求知欲强，追求理想，乐于创新，热心公益。同时，应试教育制度下的学业负担过重让中学生青年产生烦恼，就业形势日渐严峻大背景下的就业难问题也让大学生青年面临压力，部分家庭经济困难的青年学生还存在生活和学习费用过高等问题。多数大学生感到幸福的因素集中在与个人利益相关的方面，身心健康、家庭美满和有尊严有价值成为引发大学生幸福感的主要条件。[1]

白领青年群体是指具有较高学历、素质和技能，主要从事脑力劳动，具有较高的经济收入和社会地位的青年群体。他们通常在办公大楼或写字楼内工作，靠知识技能服务于文化、教育、科技、政治、经济、司法等领域，是社会发展的生力军和社会时尚的引领者。然而，伴随着较高收入的同时，他们也面临着竞争压力大、工作时间长、生活节奏快等问题，有的还存在身体健康透支过度、大龄青年择偶困难等情况。白领青年群体的幸福观大都围绕成家立业展开，他们重视生活的质量、职业的成就、良好的教育、心情的愉悦和精神的享受。

青年工人群体主要是指国有企业、民营企业、"三资"企业和股份制企业中，有城市户籍的以体力劳动为主的青年工人，有些专家学者又把他们称为蓝领。[2] 他们是社会稳定的重要基础。由于现代社会普遍存在对体力劳动的轻视，一度被称为"工人老大哥"的产业工人的社会地位持续下降。社会激烈的竞争，加上房价、物价增长过快，使起跑线就相对落后的蓝领工人备受压力，"渴望离体面工作更近些""渴望自己不是这个城市的过客""渴望老有所依、少有所养"等愿望[3]，反映了他们的幸福观。

外来务工青年群体是指由于农村产业结构调整而从农村流入城市，主要从事低技术工种和体力劳动的青年。他们从事的劳动强度大、时间长，但却很少甚至没有得到养老、医疗、失业保险和住房公积金等社会保障和福利。他们强烈要求规范劳动力市场，依法保护自身权益，付出劳动后获

---

[1] 柴素芳：《全国七所高校大学生幸福观现状的调查与分析》，《思想理论教育导刊》2012年第1期。

[2] 闵小益：《改革开放与青年群体的发展变化》，《上海青年管理干部学院学报》2009年第1期。

[3] 邵爱国、闫国军：《压力与困惑：新生代蓝领工人如何稳定就业》，《中国就业》2011年第9期。

得应有报酬。随着外来务工青年整体素质特别是受教育程度的提高,他们对幸福的理解不再只停留在谋求生存,而是在社会认可、平等尊重、融入城市化生活方式等方面多了一份向往和企盼。

农村青年群体是指在农村从事农业和农副产品养殖加工,以及在乡镇企业工作的青年。农村青年整体上还是社会弱势群体,他们的生存、发展环境和其他青年群体相比要差很多,社会地位几乎处于底层。近年来,党中央在减免农业税收、增加农村基础建设、发放种粮和养殖补贴等方面做了很多实事。农村青年希望更多地开展技能培训、扶持创业等政策脱贫致富。他们的幸福观开始向家庭和自我回归,追求家庭安全、个人收入提高和舒适的生活。

民营工商界青年群体包括在家族经营的企业中任职的青年和自主创业的青年。他们为社会增加税收,提供就业岗位,维护社会稳定。这一群体在发展的过程中,特别渴望得到政府政策和资金上的支持,在法律、技术等方面给予力所能及的帮助和引导。

待业、下岗青年群体是一个特殊的群体。这一群体或因毕业后尚未找到工作而待业在家,或因经济结构调整而失业下岗,他们往往社会竞争意识不强,竞争能力较差。社会和政府须对这一青年群体中的新问题和新变化加以关注,帮助其提高劳动技能,预防行为偏差,使之正常地融入社会。

第四节　当代中国青年幸福观的形成过程

青年经由儿童、少年阶段发展而来。儿童和少年的观念和态度主要是在生活环境的影响下由模仿和灌输得来,由于此时个体心理发展的水平和程度尚处于较低阶段,对人生和社会没有自己深刻的理解和体验,他们对幸福的感受单纯而朴素。这些感受非常具体,容易多变,虽然这种体验可能对他们的成长产生影响,为今后的幸福观留下蛛丝马迹,但此时尚处于幸福观形成的潜意识模仿阶段。大约在一个人进入青年阶段后,人的自我意识分化程度和思维发展水平不断提高,幸福观开始形成。正如法国作家莫罗阿所言:"任何人都得去经历人生的一切阶段;思想与年龄必得同时演化。"[①] 青年时

---

① [法]莫罗阿:《人生五大问题》,傅雷译,生活·读书·新知三联书店1986年版,第57页。

期作为人生中独特的一个阶段，不同个体以及同一个体在不同的时期都存在差异。纵观青年发展的全过程，在众多有关幸福的思考中加以分析和综合，可以看到青年幸福观的形成大致要经过萌芽、发展、确立三个阶段。

一 幸福观的萌芽阶段

幸福观的萌芽出现在青年初期，一般在一个人的 14 周岁至 18 周岁左右。这一时期的个体在生理上走向性成熟，心理上经历"心理断乳期"，在社会适应上，从由成人抚养教育所制定的规范生活逐步走向能够开始自主从事各种活动的更大范围的社会，逐渐成为一个真正的人。由于青年处在从儿童向成人的过渡时期，他们时而表现出成熟的一面，时而又有其幼稚的一面。在这一时期，他们的思维能力和情感体验都有了飞跃式的发展，开始对自己的现状和前途产生种种困惑和疑问，也开始对社会和人生的诸多问题进行思考。这些思考推动了青年主体自我意识的发展，为自我实现奠定了基础。正如苏联学者科恩所描绘的那样："自我认识的生命功能不是单纯给个体提供关于自己的准确信息，而是要帮助形成积极有效的生活取向，包括对自己本体的可接受性、整体性和自尊的感觉。"[①] 尽管这一时期的青年对生活的意义和人的价值开始了一些疑问和思考，但这些思考是模糊的、朦胧的、不清晰的，有时甚至带有幻想的成分。

青年幸福观的萌芽主要体现在两个方面。一方面，他们开始对幸福的人生进行探索。由于家庭、学校和社会的教育，青年了解掌握了越来越多的价值标准和行为规范，开始对自身的社会角色和未来道路进行探索。他们不由思考：人生的目的是什么？如何才能拥有幸福的人生？如何使自己的人生变得富有意义和价值？……这是青年对幸福的人生进行理性思考的最初阶段。另一方面，他们开始对幸福的人生进行准备。对人生的积极探索和对更好生活的本能追求，使青年思考如何具备以及提高自己的综合素质的途径和方法，以获得幸福。他们渴望通过自己的努力，获得美好的未来。但这一时期青年对人生的准备尚处于他人意愿主导阶段，他们通常根据父母的经验和意愿、社会的惯性思维等影响，或努力学习，或认真实践。

---

① [苏] 科恩：《自我论》，佟景韩等译，生活·读书·新知三联书店 1986 年版，第 380 页。

青年幸福观的形成和确立，在一定程度上受制于他人对自己的角色期待和自己的角色知觉。青年在社会生活中，在生活环境尤其是早年经历的影响下，结合自身生活经验，开始形成特有的归因风格。归因（Attribution）是指人对自己、他人的行为或事件的结果进行原因归结和解释说明的过程。归因方式是一个人所具有的归因认知方式以及由此产生的特有的归因倾向。① 当人们对一个事件或一个行为做归因时，经常遵循三大线索：一是外部归因，即把所发生的事归结为外在情境因素，如天气情境、生活条件、社会舆论等；二是内部归因，即把事物发生的原因归结为个人内在的因素，如能力水平、人格特质、努力程度等；三是综合归因，即把事物发生的原因归结为内、外因素相互作用的结果。当人们把成功的结果作内部归因时，就能体验到自信、自豪、幸福等积极情绪；反之，若把失败的结果作内部归因时，就会体验到挫折、失望、悲伤等消极情绪。社会心理学家发现，人们在归因时存在两种倾向：一是个体倾向于把自己的成功作内部归因（如自己的能力、努力等），把自己的失败作外部归因（如任务太难、运气不好等）；二是在解释别人的行为时，把别人的成功作外部归因，把别人的失败作内部归因，别人的成功是由于运气好，而别人的失败则是由于努力不够等。不同的归因方式，使同一性质的事件在不同个体看来，产生完全不同的情感体验，从而对个体的幸福感产生影响。归因风格并不是一经形成就永远固定的。对大部分青年来说，总是自觉选择有利于自身成长的归因方式，有些出于内部归因，有些出于外部归因。不论何种归因，都有可能影响青年进入社会的方式，通过幸福感为中介间接影响青年的自我价值感。

二 幸福观的发展阶段

当一个人进入青年中期，即18周岁至24周岁左右时，伴随着生理和心理的日益成熟，其自我意识进一步分化，抽象思维和逻辑思维能力不断完善，创造性思维显著发展，对人生和社会问题的思考也更加深入频繁。这一时期是青年走向社会或进入高等院校学习的重要阶段，他们所参与的社会生活范围不断扩大，所要承担的社会责任日益增多。青年初期萌芽的

---

① 张婕等：《归因方式和幸福感在心理治疗中的作用》，《医学与哲学》（人文社会医学版）2009年第4期。

一些关于幸福的观念和态度在这一时期得以巩固和发展,并开始产生一些较稳定的、较本质的幸福观。

青年幸福观的发展伴随着人生抉择和人生定位而展开。随着交往的拓展、阅历的丰富,青年对所接触的事件和经历,总喜欢从是否符合幸福人生的角度加以衡量和评价,有时甚至进行争论。面临理想和现实的矛盾,青年往往更多地从现实出发去思考人生和社会,这也说明其幸福观开始产生和发展。这一阶段的青年必须面对很多人生课题并进行选择,如学业、职业、友情、爱情、家庭、休闲等,这些课题构成了青年个人对幸福人生发展历程的理解,对这些课题的抉择决定了青年将如何实现自己的人生追求。一系列的抉择周而复始,逐步上升到对自己的人生定位。这个阶段的青年内心时常充满矛盾和冲突,他们对自身没有确定的认识和评价,对人生的看法和幸福的理解也容易变化。虽然此时青年对幸福的理解由他人主导向自我选择转变,但尚不稳定,容易受到外界环境和周围人评价的影响而改变,既可以向正确的方向发展,也可能形成错误的幸福观。

值得注意的是,青年对幸福的单纯而过度的追求,有时反而会阻挠幸福的降临。若把幸福的生活单纯理解为感觉良好、没有压力和烦恼的生活,逃避责任和义务,那么青年的人生定位就会发生偏差。正如高清海先生所言:"只有人才超越了本能生命,确立了人格自我,能够有意识地主宰和驾驭自己的生命活动去实现自我的意志和目的,进而把有限生命引向永恒和无限的意义世界。"[1] 可见,人的独特之处,就在于其对意义的追求。追求有意义的生活方式,更能提升青年的幸福水平,因为真正的幸福总是与真、善、美等价值追求联系在一起的。生命的意义既来自于个体不断满足自身需要的过程,也来自个体不断超越自我、服务他人和社会的过程。青年在生命意义的探索中,对苦难的体会、对责任的承担、对他人的关爱,理应成为追求幸福生活的应有之义。

三 幸福观的确立阶段

青年后期是青年承担责任、奉献社会的人生阶段,一般是指 24 周岁至 30 周岁左右。在这一时期的青年,不管是已经走上就业岗位,还是继续在高等学府深造学习,他们所承担的工作内容或所掌握的专业知识,在

---

[1] 高清海:《人就是"人"》,辽宁人民出版社 2001 年版,第 18 页。

社会生活中的地位和意义都比较明确。这对青年确立和稳定其幸福观具有重要作用。

尽管不同的青年对幸福有不同的解释方式和参照标准，但都遵循着一定的价值取向。青年处于社会生活之中，社会现实以各种特定的方式影响着青年，青年也以各自的体验感受着生活经历。任何一种幸福观的最终根源在于现实生活本身。青年在与社会大环境交互作用中，逐渐形成稳定的、综合的认知过程、行为表征和价值观念。

构成青年幸福观的价值取向一般包括四个维度：

第一个维度是社会取向维度。中国文化中历来重视个人对社会的责任与义务，把个人对社会的贡献视为评价幸福的首要标准，鼓励牺牲小我，成全大我，主张大我幸福是小我幸福的先决条件。在个人的利益与集体利益出现矛盾时，提倡为了集体利益而放弃个人利益，甚至为捍卫集体利益而献身。在幸福的体验上，伦理本位的国度重视人与人之间的关系，强调在与家庭、团体和他人的共情中获得幸福体验。青年通过将自身价值融入社会、丰富社会角色的方式，获得幸福感；并期望承担更大的对社会有益的责任和义务，在努力和奉献中，对他人更具吸引力和凝聚力，获得更多的幸福感。

第二个维度是个人取向维度。在该维度上，个人利益的满足、愿望的达成是幸福的首要标准。个人对幸福的体验建立在个人欲望、物质需要、情感需求等的满足上。青年通过个人行为创造幸福，如个人利益和集体利益出现矛盾时，坚守个人利益，忽视集体利益，其行为有随意性、利益性等特征。在追求个人利益、愿望最大化的过程中，以期获得更多的幸福感。

第三个维度是主动取向。在幸福观上拥有主动取向的青年，通过不懈努力、积极进取来追求幸福。他们不断设立目标，合理管理时间，拥有积极的心理品质。他们强调在陶冶情操、积累知识、培养志趣中去体验幸福，提高生活质量，丰富生活内容。在积极追求幸福的实践中，他们注重接纳自我、主动调节心态、勇于创造机会、容忍挫折失败，并与环境保持良好的接触。他们期待在不断努力、追求的过程中，寻找自我发展，创造自我价值，开发自我潜能，提高生活质量。

第四个维度是被动取向。在幸福观上持被动取向的青年，他们缺乏追求幸福的人生目标，认为散漫随心、安逸享受即为幸福。他们把感官刺激、物质享受、满足身体快乐甚至不劳而获视为幸福的先决条件，在即时机遇而非追求过程中体验幸福。他们把追求幸福视为可遇而不可求的事，缺乏主动追求、迎难而上的信心和勇气。他们习惯于消极等待，被动渴求，逃避困难，安于现状。消极取向的人往往持有悲观的幸福宿命观，认为人的生命短暂，要及时行乐，避免劳顿，无须努力，不必积累。

当代青年幸福观的价值取向，既有社会取向的，也有个人取向的。被誉为"当代李向阳"的侦察英雄隆志勇，其爱情际遇颇为波折。在边防前线，他随时有流血牺牲的可能，其女友写了绝交信："作为侦察员，你是千万中的一个，而要作为我的丈夫，你是唯一的一个，与其将来'实际'些，莫如现在就'实际'些。"对此，隆志勇是怎样理解的呢？他说："生活一定是要有人去奉献，不可能大家一起去享受，改革需要有一个安定的环境，那就要有人去保护它。为自己的信念做出牺牲，实际上是一种幸福。"① 这个案例展现出来的，不仅仅是爱情观的不同，而是泾渭分明的两种幸福观价值取向。为维护统治秩序，个人的幸福观常被赋予很多社会取向的内容，引导和强化个人以社会的特定目标作为人生幸福的主要甚至全部内容。从青年幸福观演变的过程看，外在教化和塑造的力量已不能完全引导他们的价值取向，从青年的真实意愿来看，他们不再把社会主导观念视为人生幸福的唯一价值评判参照奉行。只有经过他们自己的加工、整理和储存，才能内化成自身价值观念的一部分。社会教化和个体内化都应遵循客观规律，方能达到预定的目的和要求。

当然，主动取向和被动取向不能简单地一概而论。看待任何一个问题，都不能局限于单一的角度，而要从多方面地观察、思考，才能做出正确的判断；反之则会有失偏颇。人生始终都处于选择之中，而选择就意味着取舍，在占有的同时也在放弃。消极与积极并不是绝对的，由于参照的角度不同，标准也会随之改变。若从青年本身的幸福观形成来说，被动取向并不意味着完全的消极，主动取向亦不意味着完全的积极。"及时行乐"曾被看成是"腐朽的资产阶级幸福观"，在人生享受是否正当的争论中，当代青年远离了传统的关于"享乐"对人生意义的限定范围，在一定程度上接受了"正当享乐"的观念。尽管每一代青年都有自己的选择和判断，但是与时代同步伐、与祖国共命运、与人民齐奋斗，才能实现人

---

① 周殿富：《论当代青年自我实现的特点、成因与效果》，《青年研究》1989年第2期。

生的美好理想,这是青年成长的基本规律。

青年幸福观的确立过程可以看成是其自我意识中"主体的我"与"社会的我"有机统一的过程。一方面,社会总是根据时代的需要,把人类的幸福同改造世界的现实任务结合起来,提出符合时代要求的幸福目标、幸福取向和幸福规范。社会的需要使得青年有计划、有目的地改造自我、健全自我,以期在社会中得以更好地发展,收获幸福。青年有意识地构建自己的认知和行为,力图全面、客观地评价自我和他人,逐渐承担起家庭、社会、国家的各种责任,在这一过程中,他们的幸福观逐步走向成熟。可见,社会需要对青年幸福观的产生、发展和稳定起到一定的催化和推动作用。另一方面,幸福观的确立和成熟,使青年更加深刻地理解所从事的专业和工作的社会意义,进而成为创造性劳动的主体,以自己的聪明才智和辛勤劳动奉献自己的人生,向社会辐射能量,为国家建设添砖加瓦。当然,强调青年作为创造性劳动的主体,并不意味着青年的任何活动都必须具有创造性。事实上,青年在特定的与实现其人生追求有关的领域外,例如在日常生活领域,其行为通常是平凡的、非创造性的。在特定领域的实践中充分发挥自己的创造能力固然能带来幸福,简单的日常生活领域同样可以是幸福的来源。

第五节 当代中国青年幸福观的形成规律

关于规律的内涵,列宁曾经指出:"规律就是关系……本质的关系或者本质之间的关系。"① 规律是事物内在的必然联系,青年幸福观的形成规律是幸福观形成过程中的本质联系和必然秩序。充分认识和掌握青年幸福观的形成规律,对培育青年树立科学正确的幸福观具有重要的理论和实践指导意义。

一 青年幸福观形成以社会环境为条件

社会环境既包括所处时代中整体的社会风气、生活方式、思想观念等,也包括个体生活的家庭环境、工作环境等。人是环境的产物,幸福观的形成受多种社会环境因素的制约,并随着社会环境的变化而作出相应调

---

① 列宁:《哲学笔记》,人民出版社1974年版,第161页。

整。在一定的社会历史条件下，青年所处的社会政治环境、经济环境和文化环境等交互作用，共同影响着其幸福观。首先，社会政治环境对青年幸福观的形成具有核心制约作用，占统治地位的阶级和政党总会形成某种特定的政治价值观念，来代表一定阶级、阶层或集团的根本利益，并凭借其政治优势倡导和推行，进而统一人们的思想和行为。其次，经济环境为青年的生存和发展提供了物质基础，其对幸福观形成的作用不言而喻，因为生存发展之完满是幸福最深刻、最根本的客观内容。文化环境是幸福观形成的精神基础，文化总是通过传统习惯、风土人情、社会舆论、内心信念等形式，潜移默化地影响和改变着人们的思维特征和价值取向。

可见，幸福观的形成和发展过程是在社会客观规律的基础上，根据客观现实的需要，使个人的行为适应社会环境，更好地改变生活环境，最大限度地满足自己需要和愿望的过程。幸福观具有历史性和阶级性，不同历史时期、不同阶级地位、不同社会制度的人，其幸福观是不同的。幸福观的形成与社会环境密切相关。无论一个人生活在哪个历史时期，拥有何种阶级地位，处于何种社会制度，其幸福观都是对其特定的社会环境的反映，由其特殊的社会条件决定，并随着社会环境的变化而发生改变。只有符合了历史的、社会的客观发展规律的幸福观才是正确的。

二 青年幸福观形成以个人实践为基础

马克思主义认为，在实践基础上的主体对客体的能动反映，构成了人类的认识活动。正是在实践过程中，人不断展现和占有自身的本质，并不断推动社会的发展。"环境的改变和人的活动或自我改变的一致，只能被看作是并合理地理解为革命的实践。"[①] 幸福观作为人类认识活动的重要组成部分，不是凭空、抽象地产生的，其形成离不开实践。实践作为人的存在方式，是人的本质规定。凭借着实践的超越本性，人不断扬弃自身和对象的规定性，在超越自在世界的同时，重构着自身本质和人类世界，实现了客观物质性和主观能动性的统一。在实践过程中，青年改变着环境，也改变着自己。外界环境对一个人的成长固然重要，但青年幸福观的形成，最终还是依赖于其在外界环境条件下的具体生产和实践。

实践作为青年追求幸福的活动，却往往并不直接指向幸福的实现。一

---

① 马克思、恩格斯：《马克思恩格斯选集》（第1卷），人民出版社1995年版，第55页。

个人所参与活动的性质、与他人交互实践的内容，对其幸福观的形成和发展具有重要意义。"实践是一个十分复杂的运动系统和曲折过程，是一个多侧面、多环节、多变性、多向性的活动体系、活动过程。"① 只有当自由与自觉统一于人的实践活动，人的本质力量才能得以绽放，幸福才得以可能。作为人类追求幸福的实践活动，不仅表现在它是人与自然对立统一、和平共处的基础，还表现在它是人类一切社会关系的基础。物质资料的生产实践作为人类社会生活的基础，总是建立在与他人交互的基础之上。幸福观形成的内容，与人们适应和改造生活环境的活动是一致的。幸福观的正确与否，与人们积极开展社会实践有着直接关系。主体的自觉实践是青年幸福观形成过程中内化与外化的统一。"人的个别性行为只有变成经常性行为，成为一种习惯，行为所蕴涵的价值意义才能最终成为主体的内在自觉追求，也就意味着这一方面的思想道德品质的形成。"② 在认识世界、改造世界的过程中，青年不断与他人交往互动，由此才逐渐掌握各种事物对自己及他人的价值和意义，深刻理解自己与他人、与社会的本质关系，产生真实的幸福体验，不断升华幸福情感，进而确立了自己的幸福观价值体系。

三　青年幸福观形成以自教自律为结点

人是幸福观形成的主体。我们前面提到，青年幸福观的形成遵循年龄渐进的规律，大致要经过萌芽、发展、确立三个阶段。个体的生理技能和思维水平的成熟程度是幸福观形成的内在基础。除了具备健全的生理基础外，幸福观的形成过程还有其内部生成的主观能动性和主动的自我塑造机制。追求人生理想的实现和人生价值的体现，是青年的基本权利和自由。青年总会根据自身需要，结合自己的能力、个性特点和社会地位等，对外界事物作出价值认识和价值评价，青年幸福观是经由自我调节、自我教育、自我约束形成的。

自我教育、自我约束、自我调节在青年幸福观的形成和发展过程中，

---

① 徐堃：《论自由自觉的活动是幸福的真正源泉》，《毛泽东邓小平理论研究》1990年第3期。

② 平章起、梁禹祥：《思想政治教育基本理论问题研究》，南开大学出版社2010年版，第165页。

发挥着重要的作用。当一个人对外在生活和主观世界有了一定认识后,他就开始自觉地确立自己的价值目标,选择合适的生活方向,同时保持一定的自律,认真对待自己的思想和行为,不断丰富充实自己,并自觉地与利己主义、享乐主义、拜金主义等不良意识形态做斗争。如果一个人意识到自己的某些关于幸福的思想观念、价值目标不符合社会要求、不利于个人发展时,就会主动加以调整,甚至彻底废弃,建立新的幸福观。幸福观的形成和发展,是人主动适应环境、积极自我改造的循序渐进、逐步深入的过程。科学幸福观的形成意味着一个人能科学地解答什么是幸福、为什么追求幸福、通过什么样的方式实现人生幸福等问题,从而为追求幸福的活动开辟了广阔的发展空间。

第三章

当代中国青年幸福观培育的思想借鉴

如果我们选择了最能为人类福利而劳动的职业,那么,重担就不能把我们压倒,因为这是为大家而献身;那时我们所感到的就不是可怜的、有限的、自私的乐趣,我们的幸福将属于千百万人,我们的事业将默默地、但是永恒发挥作用地存在下去,而面对我们的骨灰,高尚的人们将洒下热泪。

——马克思

幸福的人需要身体的资本和外界的物资,比如财富……为的是不受牵制……有些人说:十分痛苦或陷入极度不幸的人只要善良便拥有幸福。不论刻意与否,他们是在胡言乱语。

——亚里士多德

为天地立心,为生民立命,为往圣继绝学,为万世开太平。

——张载

幸福是个人追求的终极目标,也是人类社会的永恒命题。人类的发展史就是一部对幸福的追求史,是一部不断探究人的存在意义、存在方式、存在内容的反思史。古往今来,不同国度里的圣贤哲人都对人的幸福观给予了高度的关注。东西方幸福观在比较、融合中前进,意在寻觅一条全面、协调、可持续发展的和谐路径。在广阔的文化背景下,当代中国青年树立正确的幸福观应以马克思主义幸福观为指导,同时采用批判继承的方法,在中西方的优秀文化遗产中寻找资源和借鉴。

第一节 扬弃中国传统文化中的幸福观

中国是有着五千年历史的文明古国,经过五千年的积淀,我国传统文化博大精深、内涵丰富，其中包含许多关于幸福的精神资源。历代哲人贤士著书立说，探讨人生，向世人指示幸福的途径。然而，在究竟"什么是幸福"以及"如何实现幸福"等问题上，不同的学派、不同的思想家，提出了不同的观点和看法，形成了风格各异的幸福思想。讨论中国传统文化在幸福观问题上的观点和思想，对当代中国青年树立正确的幸福观具有重要的参考价值。

一 儒家的幸福观及其扬弃

儒家文化在中国传统文化中占有重要地位，其所倡导的幸福观思想丰富深刻，对中国人追求幸福生活产生了极其深远的影响。儒家人生哲学创始人孔丘，记录其思想的《论语》一书中虽然很少直接谈到幸福，却较多地谈到了"乐"。如"饭蔬食，饮水，曲肱而枕之，乐亦在其中矣"；"发愤忘食，乐以忘忧，不知老之将至也"；"知之者不如好之者，好之者不如乐之者"。其实，儒家文化中"乐"的概念与幸福含义极为接近，"乐"作为主体的一种自我内在精神的充实感和愉悦感，是幸福的另一种表达方式，达到人生乐境无疑是幸福的最高目标。

在中国文化中，以孔孟为代表的儒家，虽不以人的物质性的欲望为人的天命之性，但亦不随便抹杀它。故孔子曰："富而可求也，虽执鞭之士，吾亦为之。如不可求，从吾所好。"[①] 儒家幸福观认为，在世俗生活中，生活的基本需求得到满足，是幸福的基础。"饮食男女，人之大欲存焉"[②]。在基本的物质、情感得到满足之后，则有更进一步的性情之乐。"暮春者，春服既成，冠者五六人，童子六七人，浴乎沂，风乎舞雩，咏而归。"[③] 那么，幸福与人们外在的物质生活条件以及内在精神状态有何关系？孔子曰："君子谋道不谋食，君子忧道不忧贫。"[④] "君子坦荡荡，小人长戚戚。"[⑤] "内省不疚，夫何忧何惧。"[⑥] "一箪食，一瓢饮，在陋

---

① 语出《论语·述而》。
② 语出《礼记·礼运》。
③ 语出《论语·先进》。
④ 语出《论语·卫灵公》。
⑤ 语出《论语·述而》。
⑥ 语出《论语·颜渊》。

巷，人不堪其忧，回也不改其乐。贤哉，回也。"① 以"孔颜之乐"为典范的人生境界，是儒家一种崇尚安贫乐道的德性幸福。这一幸福观强调德性精神对主体的幸福体验发挥着关键的作用。

儒家幸福观认为道德与幸福内在融于一体，主张德福一致。儒家重视个人品行的修炼，强调人格的升华和德行的完满。儒家认为人与禽兽的分别就在于人有道德，圣贤君子与凡夫俗子的分别就是圣贤君子有崇高的道德操守。孟子曰："生，亦我所欲也；义，亦我所欲也。二者不可得兼，舍生而取义者也。"② 可见，当物质欲望与仁义道德发生矛盾时，儒家选择放弃前者而从后者。儒家这种对个人道德品行的重视，造就了无数人"穷则独善其身，达则兼济天下"的道德操守和"富贵不能淫，贫贱不能移，威武不能屈"的铮铮铁骨。张载提出的"为天地立心，为生民立命，为往圣继绝学，为万世开太平"这一观点，是儒家人士追求现实幸福的人生目标与不竭动力。

儒家幸福观主张"仁"为核心的幸福准则，追求"自我独乐不如与民同乐"的幸福境界。"仁"即二人，意指人与人之间彼此关爱。孔子把儒家的核心思想定位为"仁"，其理想人格为笃行仁道的君子，并认为力行"中庸之道"才能处理好人际关系，符合仁的道德标准。战国中期的孟子继承了孔子的学说，并把"仁""义"结合起来，作为人生哲学的根本，主张通过"思诚""养气"加强自我修养。孟子谈及幸福时，除了观照主体自身心性，还引导人们把幸福的思维触角伸向社会，勾画出一幅丰衣足食的社会理想蓝图。"五亩之宅，树之以桑，五十者可以衣帛矣。鸡豚狗彘之畜，无失其时，七十者可以食肉矣。百亩之田，勿夺其时，数口之家可以无饥矣。谨庠序之教，申之以孝悌之义，颁白者不负戴于道路矣。"③ "有三乐，而王天下不与存焉。父母俱存，兄弟无故，一乐也；仰不愧于天，俯不怍于人，二乐也；得天下英才而教育之，三乐也。"④ "修身、齐家、治国、平天下。"⑤ "老吾老以及人之老，幼吾幼以及人之

---

① 语出《论语·庸也》。
② 语出《孟子·告子上》。
③ 语出《孟子·梁惠王上》。
④ 语出《孟子·尽心上》。
⑤ 语出《礼记·大学》。

幼。"① 孟子的思想让我们看到社会幸福与个人幸福的端倪，并强调了后天的学习和道德修养对追求幸福的重要性。战国末年儒家思想的集大成者荀子对德福问题有了更深刻的认识，认为决定个人的祸福的因素包括社会安危治乱、个人的道德品行以及时命的机缘巧合三个方面。社会安定是个人幸福的前提，一个人修养德行可以促进幸福，但也要正视人之祸福的偶然性因素。荀子从"性恶论"出发，认为人性本恶，人若要修身以期获得幸福，就要用"化性起伪"的方法来发展人的善性。"君子博学而日参省乎己，则知明而行无过矣。"② 荀子认为教育可以提供变恶为善的有利因素，使人们通过理智来调节和控制情欲，矫正人恶之本性，博学积善而化性。

儒家的幸福观重视精神、不重物质，重视奋斗、轻视享乐，充分体现出日常生活的简约之美和精神世界的德性之美。儒家幸福观中重视加强自身修养、强调个人利益与集体利益的统一等思想，对当前个人自身和社会的完善，引导人们不断趋近心目中的幸福都有着积极意义。对德性幸福的追求无疑是极其重要的，但必要的生活资料不仅是人发展的条件，也是获得幸福的基础，然而，儒家未能全面认识到构成幸福的客观基础，认为如果没有这些基本的物质条件，亦可通过修身养性，发展理性之乐，获得幸福。这种弱化甚至否认物质条件对幸福生活的价值、认为道德可以超越甚至取代其他的幸福条件的观点，有其历史局限性，应辩证分析，合理对待。

二 道家的幸福观及其扬弃

道家文化作为一种古老的思想价值体系，是构成中国传统文化的一大支柱，其思想深邃悠远。道家如何理解人的幸福？以老子与庄子为代表的道家，以自然无为的思想逻辑主线为切入点，主张效法自然、清静无为、"见素抱朴"的幸福观，认为合乎于道、顺从自然才能到达真正的幸福。老子和庄子所生活的年代，社会动乱不安，残酷黑暗。当时的社会危机与生存压力让人们无暇他顾，只有老子庄子等极少数思想家关注着幸福这个问题，他们从"道"的角度进行了深入的考察，提出了许多关于幸福的

---

① 语出《孟子·梁惠王上》。
② 语出《荀子·劝学》。

思想，并进行了广泛的实践，为传统中国人的幸福生活做出了重大贡献。

道家幸福观主张合道的生活方式。道家认为，合道是天下万物之根本。人和社会在内的天地万物，都是由"道"化生出来，并遵循着"道"的规律运动变化。"道生一，一生二，二生三，三生万物。"①"道"虽无形，却是天地万物产生的本原和存在的根据。"道生之，德畜之，物形之，势成之。是以万物莫不尊道而贵德。"② 意思是说，道生成万物，德养育万物。各种事物呈现出不同的形态，在不同的环境中成长起来。故此，万事万物都尊崇道而珍贵德。"道者，万物之所由也，庶物失之者死，得之者生；为事逆之则败，顺之则成。"③ 天地万物，合道顺道则生，如果不遵循道的规律，甚至悖道、逆道而行，事物则必然灭亡。根据道家的认识，幸福的生活应是合道顺道的，即根据人和物的本质规律来安排各种活动。合道的生活方式才可能是惬意的、幸福的；反之，则会对人带来伤害，导致人身心痛苦。"夫明白于天地之德者，此之谓大本大宗，与天和者也；所以均调天下，与人和者也。与人和者，谓之人乐；与天和者，谓之天乐。"④ 判断一个人是否享有幸福，不在于他是否拥有地位、知识和财富，而在于他是否顺应自然，遵循规律，与万物和谐相处。

道家幸福观重视和谐的身心状态。道家提倡重身贵生，积极关怀人的生命，认为幸福生活的一个基本前提就是身与心的健全、身与心关系的和谐，并提出要顺应人体之道来实现身心和谐。"夫形者，生之舍也；气者，生之充也；神者，生之制也。"⑤ 形、气、神三者构成人的生命，形是生命的物质寄托，气是充盈形体的细微物质，神是生命的主宰。"一失位，则三者伤矣。是故圣人使人各处其位，守其职，而不得干。故形者非其所安也而处之则废；气不当其所充而用之则泄；神非其所宜而行之味。此三者，不可不慎守也。"⑥ 形、气、神三者缺一不可，各守其职，各处其位。若一方出现失误，则三者俱伤。从中可以看出，道家不压抑自己的需要和本性，顺应和满足各类自然生理、心理需求，按照保持形、气、神

---

① 语出《道德经·第四十二章》。
② 语出《道德经·第五十一章》。
③ 语出《庄子·渔夫》。
④ 语出《庄子·天道》。
⑤ 语出《淮南子·原道训》。
⑥ 语出《淮南子·原道训》。

和谐统一的本质来处理各类问题，安排人的学习、工作等日常生活。同时，在满足人体的各种身心的正常需要时，反对性情上的过度放荡，避免身心的过度耗损。"五色令人目盲，五音令人耳聋，五味令人口爽，驰骋田猎令人心发狂，难得之货令人行妨。"① "罪莫大于可欲，祸莫大于不知足；咎莫大于欲得。故知足之足，常足矣。"② 道家认为人的欲求是天生的，所以不是要人们离欲绝欲，而是要使欲求遵循天道。反之，欲求就成了养生之害，应予以否定，远离贪欲。这一观念是对以追求享乐、嗜欲无厌为人生乐趣的鞭挞。在道家看来，重视贵身养生，不被欲望左右，懂得知足常乐，保持身心和谐，这是幸福生活的应有之义。

道家幸福观提倡逍遥超脱的价值追求。道家认为，物质生活的基础对生活幸福固然重要，但更重要的是一个人对生活本身的感受，个人对幸福的感受最终依赖于价值评判。道家的价值体系以"道"为最高追求，主张自然无为、逍遥超脱。"圣人处无为之事，行不言之教。"③ "无为"不是教人无所作为，而是始终遵循客观规律，顺应自然，让规律发挥作用。"是以圣人之治，虚其心，实其腹；弱其志，强其骨。常使民无知无欲，使夫智者不敢为也。为无为，则无不治。"④ 道家幸福观主张用自然平和的方式来处理各类社会问题和矛盾，反对通过与他人的竞争把社会资源占为己有作为人生目标。"祸兮，福之所倚；福兮，祸之所伏。"⑤ 道家辩证地看待祸福，表明祸与福相互依存、互相包含。

道家幸福观所倡导的顺其自然、逍遥超脱、淡泊名利、宠辱不惊的心态，对于我们调节心理状态，处理好人与自身、人与人、人与自然的关系，即要重视人的内在精神追求、要追求人际关系的和谐、要重视人与自然的和谐，建设幸福生活仍有着一定的启发意义。然而，面对现实的残酷性和人生的局限性，道家描绘出一个极乐天堂——神仙世界，把得道成仙、来世逍遥视为幸福的目标，这使道家的幸福观带有某种虚幻性和欺骗性，应予以舍弃。

---

① 语出《道德经·第十二章》。
② 语出《道德经·第四十六章》。
③ 语出《道德经·第二章》。
④ 语出《道德经·第三章》。
⑤ 语出《道德经·第五十八章》。

三 佛教的幸福观及其扬弃

佛教文化发源于印度，传入中国后，经过长期传播发展，与儒道文化冲突融合，形成了具有中国本土化特色的宗教。佛家用超脱的眼界，站在人生之外看人世间，提出苦、集、灭、道四圣谛。佛家在揭示人生悲剧性根源的同时，构建了一个瞬间永恒、亦真亦幻的极乐彼岸世界，给人们的心灵提供了一片皈依的净土。

佛教幸福观重视精神境界的提升，重视心灵修养。佛家以信仰为出发点，秉承"缘起性空"的根本教义，其基本精神是"空"，其生命力在于"不执着"。从一定程度上讲，佛教是一种追求出世的宗教。《心经》曰："色不异空，空不异色；色即是空，空即是色。"《华严经》曰："所言一切法者，即非一切法，是故名一切法。"空是本体，色是空产生的现象。佛家认为，现象变幻莫测，万象丛生。"诸法因缘生，诸法因缘灭。"一切事物的存在和败坏，由因缘决定，没有独存、不变的存在。一切烦恼、痛苦和罪恶的根源是对自我的执着，所以佛家呼吁人们开发自心，向内探求，寻找和开放自己内心的善良品质。佛门经典偈语有云："佛在灵山莫远求，灵山自在汝心头，人人有座灵山塔，心向灵山塔下修。"可见佛教重视"心"的力量，把一切事物看作是心识的作用。在当下的经济大潮中，现代人普遍出现焦虑、浮躁等情绪，在繁忙的世间事物中能保持内在的一片"清净心"，使人的心灵获得滋养，保持身心的和谐，是实现人生幸福的必由之路。

佛教幸福观主张通过修行消障来实现幸福。佛家以慈悲普度、利他济世为宗旨，信奉因果报应、生死轮回，认为善有善报、恶有恶报。佛家提倡人们行善积德，广种福田，通过积极的行善来消除业障，改善社会，创造幸福。佛家提倡"以善求福"，即幸福来源于善行，反对人们摒弃道德，用非法的手段获得幸福。佛家劝诫世人要多修福行多做善事，才能获得福报。告诫世人以慈悲为怀，没有福报就没有幸福的人生。佛语里说的"福不唐捐"，意思是一个人做的点点滴滴的好事不会白白丢掉，最终会惠及于人自身。幸福是一个动态的创造过程，点滴修福积德的行为，都会带来福报，收获幸福。

佛家幸福观把智慧看成是幸福人生的前提。《大般涅槃经》中讲"慧是一切善法根本，佛菩萨母之种子也"。《华严经》上说："见苦恼人，当愿众生，获根本智，灭除众苦。"佛家认为世间充满了因欲望而产生的各种苦，"迷""执""贪""嗔""痴"是人们获得幸福的主要障碍。人的幸福不能脱离世俗，空谈美好，但也不能限于世俗，消极处世。世俗的幸福要在智慧的引领下实现超越，修戒、修身、修心，克服种种障碍，修善事，得善业。佛家所倡导的"当下即时""舍得放下""知足常乐"等佛门智慧，引导人们以更精进的姿态融入生活、创造生活，在自利利他、自度度人中实现自身价值，获得人生幸福。

随着佛教的传播发展，中国禅师站在传统文化的土壤上，吸收并改造了印度佛教思想，形成了颇具创造性的成果——禅宗。禅宗在中国思想文化史上产生了巨大的作用和影响，获得了普遍流传，潜移默化中进入了平民百姓的灵魂深处。"禅宗把自心视为人的自我本质，认为苦乐、得失、真妄、迷悟都在自心，人生的堕落、毁灭、辉煌、解脱都决定于自心。"[1]自心，从实质上说是本真之心，也称本心、真心，也就是佛性、真性。禅宗以"自心"为禅修的出发点和根据，提倡离开语言文字"以心传心"，自证于心，自悟本性，以明心见性，顿悟成就佛果。禅宗强调佛从心生、自心创造成就佛，自心就是佛。为了追求解脱，实现超越，成就佛道，禅宗提供了种种途径与方法。如以"无生"思想来泯灭生死界定，超越生死的时间界限；通过无限扩张个体心灵的作用来摆脱个体生命的局限，进而消除有限与无限的矛盾；通过宣扬"本来无一物""本来无事"以消除产生烦恼与痛苦的根源。[2]

可见，佛教幸福观是一种以摆脱人生苦海的"生死轮回"的自我精神解脱为轴心的生命哲学。其包含的注重自身修行、消除贪嗔痴、劝人向善、明心见性、获得心灵自由等思想，对我们今天探索幸福之路仍有一定的借鉴作用。特别是在当前社会转型期，出现不同程度的享乐主义、拜金主义的倾向，一些人道德水准滑坡、价值取向失衡，若人们能吸取佛家幸福观的合理内核，无疑可以规范道德行为，端正价值坐标，提高精神境界。然而，佛家幸福观对物质生活和物质生产的消沉冷漠，对客观环境和物质世界的完全超越，对涅槃之乐和轮回幸福的极度追求，都与人类的物质需求相悖离，容易使人丧失进取之心和开拓精神。这样既不利于人生价

---

[1] 方立天：《禅宗精神——禅宗思想的核心、本质及特点》，《哲学研究》1995年第3期。
[2] 陈超：《禅宗精神及其对现代人生的意义》，《福建教育学院学报》2000年第3期。

值的实现，也会阻碍社会的进步和发展。

综观传统文化的儒道释三家，从不同层面论述了幸福，对世人进行劝导。由于我国长期处于封建社会，其农耕为主、自给自足的生活方式符合中国传统文化中以生命的长久和生活的安宁为主的价值取向，在一定时期内曾给百姓带来宁静、恬然的幸福生活。但若战乱频繁，天灾人祸，民众生存就极其艰难。在这样的生存环境中，争夺有限的生活资源取代了个人自由发展的空间。人们对幸福的体验也转而向内寻求，力图控制身体需求，追求精神上的满足，这使儒道释三家的幸福观在"反求诸己"的心性论上达到了统一，从而蒙上唯心主义的色彩。另外，儒家的"修身齐家治国平天下"、道家的"知足常乐"和佛家的"即心即佛"陈义过高，在现实生活中鲜有人能真正实现，这使幸福成为人们内心深处可望而不可即的空中楼阁。物质幸福若得不到应有的重视，精神幸福何以长久？个人幸福若得不到保障，社会幸福何以实现？儒道释三家的幸福观虽标榜着为大多数人的幸福而努力，但在现实生活中往往很少能实现民众和国家的幸福。因此，我们应采取扬弃的态度，通过对传统幸福观的合理剖析，批判继承，提取出有利于社会发展需求的现代价值，萃取精华，为我使用；剔除糟粕，为我所鉴。这对培育当代青年正确的幸福观不仅具有重大的理论意义，也具有一定的现实意义。

第二节　扬弃西方现代文化中的幸福观

在西方，对幸福的关注有着相当长的历史，并且还积累了丰厚的思想资源。其幸福观按不同时期和内涵分为理性主义幸福观、感性主义幸福观和宗教主义幸福观。

一　理性主义的幸福观及其扬弃

理性主义是西方哲学思想上的一个重要学派。苏格拉底、柏拉图、亚里士多德、康德等人是这一学派的杰出代表。理性主义哲学家在论述人类幸福的问题时，高扬人的道德品质，崇尚人的理性精神。他们认为人与动物的根本区别在于是否具有理性以及能否运用理性。在幸福观上，以理性思想为基础，他们关注人内在的精神追求，将幸福渗透到灵魂深处。在他们看来，人的感官需求和欲望是低级的，人的精神追求和理性才是高尚的。人生的意义就在于摒弃物质享受和感官满足，追求道德圆满和精神幸福。

西方理性主义幸福观的创始人是苏格拉底。苏格拉底将幸福与反思人生有机地自觉联系起来，明确将"认识你自己"作为自己的伦理要求，认为一个人要是认识了关于自己的一切知识，就会使自己免除灾难，得到幸福。苏格拉底提出了"美德即知识"的著名命题。他认为，人只有具备有关道德的知识，知道什么是善，如何行善，才会做善事，这样有德行的人就是幸福的人。善的知识是道德的充分必要条件。人之所以会做坏事是因为无知，把行恶当作行善，把不幸看作幸福。他强调："未经思考的人生是没有价值的人生。"① 所以人要通过不断提高自我认知，把人性中的"善"激发出来，有正确的认识和判断，过有德行的生活，获得真正的幸福。苏格拉底的幸福观遵循的是"知识——道德——幸福"的思维轨迹，知识是人们获得幸福的前提条件，道德是通向幸福的途径，幸福是知识和道德的目的。

作为苏格拉底学生的柏拉图继承并发展了苏格拉底的思想体系。柏拉图幸福观的理论基础是"理念论"。在其幸福思想中，至善是核心追求，和谐是最高境界。"真正的存在是某种能被智慧理解的无形的理念，而被感觉到的经验的物体、事物和现象则不是真的，因为一般说来它不属于存在，而属于某种易变的东西、属于形成。"② 柏拉图把世界分为事物世界和理念世界，事物世界由各式各样的事物组成，是人类可感的；理念世界由各式各样的观念组成，是人类可知的。与前者相比，后者是普遍、绝对和必然的存在。柏拉图将理念世界置于事物世界之上，将理性置于感性之上。在柏拉图的理念世界里，善的理念居于最高层次，是世界存在的最初原因和最后根据，是超越现实本质的第一原理。柏拉图坚持幸福取决于德性，在他看来，善是一切行为的目的，是人生的至高境界，也就是幸福。一个人要想获得真正的幸福，首先要克制自己的欲望和享受，用德行和智慧去追求至善和美德。柏拉图从"德性和智慧是人生的真幸福"这一前提出发，将追求幸福理解为对美德和智慧的追求。柏拉图还进一步指出，智慧也是一种德性，它必须同善结合起来，不然智慧对幸福不但无用，反

---

① 宋希仁：《西方伦理思想史》，中国人民大学出版社2004年版，第31页。
② [苏] 涅尔谢相茨：《古希腊政治学说》，商务印书馆1991年版，第134页。

而有害。

亚里士多德部分继承了苏格拉底和柏拉图的理性幸福思想，并开创了德性幸福论的先河。其提出的四个核心命题，在幸福与至善、幸福与德性、幸福与快乐、公民个体幸福与城邦整体幸福的关系上实现了突破。首先，幸福就是至善。不同于柏拉图超越事物世界存在于理念世界的"善"，亚里士多德坚持把"善"视为一种基于现实生活的、同具体行为密不可分的概念。"既然在全部人类行为中都存在某种目的，那么这目的就是可实行的善。"① 这种"善"是可以通过具体行为来实现的目的和价值，行为不同，与之对应的善也不尽相同。亚里士多德颠覆了柏拉图抽象、模糊的至善理念，强调了善的现实性和多样性。这是德性幸福观经久不衰的魅力所在：幸福不再存在于充满神秘主义色彩的道德领域，而是存在于强调现实生活和现实活动的真实世界。其次，幸福是符合德性的现实活动。一切事物都有功能，草木生长，鸟儿鸣叫，马群奔跑，事物通过功能的实现体现出德性，而人则必须进行理性的现实活动体现其德性。"人的善就是合乎德性而生成的灵魂的实现活动。"② 在亚里士多德看来，一个人的幸福并不在于他拥有或者具备某种东西，而是要看他是否在善的引导下，学习知识和技能，培养理智的德性，并不断实践，去实施现实的活动。幸福不是神的恩赐，也不能坐享其成。只有具备德性，知行合一，才能获得真正的幸福。这是亚里士多德德性幸福观的核心。再次，快乐是幸福的应有之义。亚里士多德认为，快乐虽不等同于幸福，但应是幸福的重要组成要素。幸福既然是符合德性的现实活动，那就需要外在条件和现实手段。根据其目的、来源、性质的不同，快乐可分为很多种。亚里士多德所指的快乐是正当的、高尚的快乐。"许多快乐是互相冲突的，那是因为它们不是在本性上快乐。只有那些对爱美好事物的人来说的快乐，才是本性上的快乐。这就是永远合乎德性的行为。……最美好、最善良、最快乐也就幸福。三者是不可分的。"③ 德性幸福观具有更强的合理性、现实性和整合性。最后，公民个体幸福与城邦整体幸福具有一致性。他说："所

---

① ［古希腊］亚里士多德：《尼各马科伦理学》，苗力田译，中国社会科学出版社1990年版，第10页。

② ［古希腊］亚里士多德：《尼各马科伦理学》，苗力田译，中国社会科学出版社1990年版，第14页。

③ 周辅成编：《西方伦理学名著选辑》，商务印书馆1964年版，第17页。

有的公民都应该有好公民的品德,只有这样,城邦才能成为最优良的城邦。"① 可见,个人的善和城邦的善是统一的。"一种善即使对于个人和对于城邦来说,都是同一的,然而获得和保持城邦的善显然更为重要,更为完满。一个人获得善值得嘉奖,一个城邦获得善却更加荣耀,更为神圣。"② 可以看出,德性幸福论重视城邦的整体幸福,强调城邦幸福要高于公民的个体幸福,突出了人的社会性。

作为德国古典哲学创始人的康德,在批判快乐主义幸福观的基础上,以人的自然性与理性的统一为目标展开对幸福的论述。康德认为,人作为感性动物,不可避免地具有各种欲望,但人也是理性存在者,理性使人控制自然欲望,获得意志自由。在现实生活中,德行和幸福未必体现在一个人身上,德行与幸福有时相脱离。"幸福,亦即对自己的状态的满足,只要人们确信幸福的持存,期望幸福和寻求幸福就是人的本性不可避免的。"③ 康德并不否认人类追求幸福的合理性,关键是如何实现道德和幸福的统一。面对德行与幸福相脱离的二律背反现象,康德提出"至善就是道德与幸福相统一"的崭新命题。至善是实践理性的终极目标,是一种处于最高境界的完满的善。康德用意志自由、灵魂不朽、上帝存在作为至善实现的假设条件,最终否认了至善在现实中的可能性,把它推到了来世生活和彼岸世界。

总结理性主义幸福观代表人物的主要思想,我们可以看出,理性主义幸福观高扬理性的旗帜,重视道德追求,强调精神幸福。理性论者大都重视追求知识、修养德性,把具备道德看作获得幸福的条件。他们善于用理性控制情欲,把理性的指导与幸福的获得结合起来,主张人们充分发展自己的理性能力,并运用理性去获取知识,按照理性规则生活和思考,发挥实践自身功能与价值,作为获得幸福的手段。然而,理性主义幸福观不重视正当的物质需要的满足,夸大了信仰、理念等精神的作用,成为统治阶级实行禁欲主义的理论支持。理性主义幸福观所主张的满足主要强调在精神方面,但物质需要的满足是生活的基本前提,若脱离现实生活中物质需

---

① [古希腊] 亚里士多德:《政治学》,商务印书馆1965年版,第121页。
② [古希腊] 亚里士多德:《尼各马科伦理学》,苗力田译,中国社会科学出版社1990年版,第4页。
③ 李秋零主编:《康德著作全集》(第6卷),中国人民大学出版社2007年版,第400页。

要满足的基础去追求幸福,其结果往往是缘木求鱼、事与愿违,严重的甚至扭曲或残害人性,其虚伪性可见一斑。

二 感性主义的幸福观及其扬弃

从古希腊开始,有不少哲学家和伦理学家从人的感性出发,深入探讨人生幸福中的感官需求和物质享受,提出了感性主义的幸福观。感性主义幸福观注重主观体验和现实生活,他们所提出的观点具体、生动,与我们的现实生活息息相关,易于为大多数人所接受。

西方思想史上最早的伦理自然主义代表德谟克利特是古希腊伟大的哲学家,被马克思、恩格斯誉为"希腊人中第一个百科全书式的学者"[1],其伦理思想是古希腊幸福论伦理思想的典型。

德谟克利特以"原子论"为核心认识和解释物质世界。他认为,原子是不可分割的最小的物质微粒,宇宙的万物由原子所组成,原子的组合、分解、运动,使事物不断地诞生和灭亡。在原子论的基础上,德谟克利特对人生进行深刻的思考。在德谟克利特看来,对快乐的追求是人固有的本性,幸福在于获得快乐而免除痛苦。他说:"快乐和不适构成了那'应该做或不应该做的事'的标准。"[2]"对人,最好的是能够在一种尽可能愉快的状态中过生活,并且尽可能少受痛苦。"[3] 德谟克利特认为正当的感官欲求和物质享受是快乐的应有之义,是幸福的组成部分,"一生没有宴饮,就像一条长路没有旅店一样"。[4]

在承认物质享受的合理性的同时,德谟克利特对快乐进行了区分,将快乐分为肉体快乐和精神快乐,并且强调了精神快乐的重要性。他说:"幸福不在于占有畜群,也不在于占有黄金,它的居处是在我们的灵魂之

---

[1] 马克思、恩格斯:《马克思恩格斯全集》(第3卷),人民出版社2002年版,第146页。
[2] 北京大学哲学系外国哲学史教研室编译:《古希腊罗马哲学》,商务印书馆1961年版,第107页。
[3] 北京大学哲学系外国哲学史教研室编译:《古希腊罗马哲学》,商务印书馆1961年版,第114—115页。
[4] 北京大学哲学系外国哲学史教研室编译:《古希腊罗马哲学》,商务印书馆1961年版,第118页。

中。"① 在德谟克利特看来，肉体快乐是短暂、易逝的，精神快乐是永恒、持久的。他说："对一切沉溺于口腹之乐，并在吃、喝、情爱方面过度的人，快乐的时间是很短的，就只是当他们在吃着、喝着的时候是快乐的，而随之而来的坏处却很大。对同一些东西的欲望继续不断地向他们袭来，而当他们得到他们想要的东西时，他们所尝到的快乐很快就过去了。除了瞬息即逝的快乐之外，这一切之中丝毫没有什么好东西，因为总是重新又感觉到有需要未满足。"② 对物质欲望和感官享受的无止休的追求，会妨碍人们对精神快乐的追求，不仅无法获得幸福，甚至会遭遇不幸。"生活的目的是灵魂的安宁，这和某些人由于误解而与它混同起来的快乐并不是一回事。由于这种安宁，灵魂平静地、安泰地生活着，不为任何恐惧、迷信或其他情感所扰。"③ "灵魂的安宁"是德谟克利特强调的一种泰然的处世态度。

要实现灵魂的安宁，德谟克利特指出"节制"和"适度"应成为人们行为的准则。无论是追求肉体快乐还是精神快乐，都要保持合理的度。过之或不及都不利于幸福的实现。在德谟克利特看来，"恰当的比例是对一切事物都好的"。④ "人们通过享乐上的有节制和生活的宁静淡泊，才得到愉快。"⑤ "节制使快乐增加并使享受更加强。"⑥ 因此，人对快乐的追求，应保持一种谨慎克制的中道原则。

总之，德谟克利特的感性主义幸福观建立在自然主义之上，强调了幸福的自然性、现实性。随着人生省察思考的深入，对理性认识和感性认识的相互关系的理解，他提出要对快乐和幸福作出理性的限制，既反对禁欲

---

① 北京大学哲学系外国哲学史教研室编译：《古希腊罗马哲学》，商务印书馆1961年版，第113页。

② 北京大学哲学系外国哲学史教研室编译：《古希腊罗马哲学》，商务印书馆1961年版，第118页。

③ 北京大学哲学系外国哲学史教研室编译：《古希腊罗马哲学》，商务印书馆1961年版，第97页。

④ 北京大学哲学系外国哲学史教研室编译：《古希腊罗马哲学》，商务印书馆1961年版，第111页。

⑤ 北京大学哲学系外国哲学史教研室编译：《古希腊罗马哲学》，商务印书馆1961年版，第115页。

⑥ 北京大学哲学系外国哲学史教研室编译：《古希腊罗马哲学》，商务印书馆1961年版，第116页。

主义，又反对享乐主义。理性的参与，更增加了其幸福观的合理性，中道原则的提出可以有效地指导人们的行为，对后世产生了深远的影响。但受所处时代的限制，德谟克利特并没有揭示出物质和意识的真正辩证关系。

费尔巴哈把感觉幸福论推向顶点。费尔巴哈猛烈抨击中世纪基督教道德生活方式对人的现实幸福生活的扼杀，以人本主义为理论基础，他建立了庞大的伦理思想体系，其幸福思想在《幸福论》中集中阐述。

首先，生命本身就是幸福。费尔巴哈认为，生命和幸福是不可分割的，生命是幸福的自然载体，没有生命，幸福就无从谈起；幸福是生命的本质要求，是生命的最高目标。在他看来，一切生物都"是对生命的爱、对自我保存的愿望、对幸福的追求"。① 他认为所有一切属于生活的东西都属于幸福，"因为生活和幸福原来就是一个东西。一切的追求，至少一切健全的追求都是对于幸福的追求"。② "幸福不是别的，只是某一生物的健康的正常的状态，它的十分强健的或安乐的状态；在这一状态下，生物能够无阻碍地满足和实际上满足为它本身所特别具有的、关系到它的本质和生存的特殊需要和追求。"③ "生命分界的地方和生命分界的东西，也就是追求幸福分界的地方和追求幸福分界的东西。"④ 生命的自然性决定了人不可能脱离自然本质而去追求超自然的虚幻幸福。

其次，幸福是道德的基础。费尔巴哈不仅强调幸福的自然性，而且强调道德的自然性和现实性。在批判宗教道德鼓吹禁欲主义和唯心主义的基础上，费尔巴哈提出道德必须以现实的感性生活为基础，它不具备任何超自然性的特征。康德、黑格尔等哲学家从"纯粹理性""绝对精神"中引申出道德原则，将道德与经验对立起来，把幸福排除在道德范畴之外，这种泛神秘主义的超自然道德哲学违背人的自然本性，不能实现真正的幸福。费尔巴哈的感性主义幸福观对人的自然本性做了详细的论证，认为幸福是需要满足后的状态，是道德的基础和源泉。道德的基础是人性，而人的本性就是追求幸福，所以幸福是道德的基本原则。"快乐的愿望是我们

---

① [德] 费尔巴哈：《费尔巴哈哲学著作选集》（上卷），商务印书馆1984年版，第536页。
② [德] 费尔巴哈：《费尔巴哈哲学著作选集》（上卷），商务印书馆1984年版，第543页。
③ [德] 费尔巴哈：《费尔巴哈哲学著作选集》（上卷），商务印书馆1984年版，第535页。
④ [德] 费尔巴哈：《费尔巴哈哲学著作选集》（上卷），商务印书馆1984年版，第544页。

一切思想和行为的准绳，一切的人都不停地追求幸福。"① 每个人都不是孤立的存在，而是生活在社会关系之中。费尔巴哈认为，人在追求自身幸福的同时，还要兼顾他人的幸福，不能妨碍和剥夺他人追求幸福的权利。否则，就是不道德的。为此，费尔巴哈主张任何追求个人幸福的欲望和行为都要符合合理利己主义的原则，即幸福的实现必须依赖他人，要兼顾他人的幸福。

通过西方感性主义幸福观的几个代表人物的主要思想，我们可以看出，感性主义幸福观承认人的感官欲求和物质享受，认为应充分发挥感觉、情感和经验的作用来满足个体的需要，追求快乐，获得幸福。在强调物质资料生活在人的幸福感觉中的至高无上地位时，感性主义者也并非完全无视人的理性。但在感性主义者看来，人首先具有自然性，因此人的理性不能超越其自然性。在幸福和道德的关系上，感性主义者认为幸福是人生的终极目标，道德是通往这一目标的桥梁和手段，幸福就是道德。这些观点批判了脱离现实世界的幸福观，具有一定的进步意义。但感性主义幸福观在强调人的自然性的同时，忽略了人的社会性，没有意识到精神幸福对于物质幸福的反作用，不能引导私有制条件下的劳动者把造成自身痛苦的社会根源挖除，并不是真正的、彻底的科学唯物主义幸福观。

三 西方基督教的幸福观及其扬弃

中世纪封建社会时期，西方基督教的幸福观得以宣扬，开始了其对欧洲长达千年的统治。无论是理想主义还是感性主义伦理学家们，他们或强调物质享受，或强调精神安宁，或是两者的结合，他们相信人可以选择自己的生活道路，通过自己的努力获得幸福。其幸福观充满着积极、进取的伦理精神，肯定了人的价值和能力。基督教神学家倡导一种以上帝为中心的幸福观。在宗教神圣的光芒下，幸福成了上帝的恩赐，不再是人通过努力可以达到的目标，追求永恒的来世成为人生活的目的。基督教幸福观的主要代表人物有奥古斯丁和托马斯·阿奎那。

奥古斯丁是欧洲中世纪基督教神学、教父哲学的集大成者。奥古斯丁通过反省个人的生活经历，对照地上之城和上帝之城的深刻不同，在批判

---

① ［德］费尔巴哈：《费尔巴哈哲学著作选集》（上卷），商务印书馆1984年版，第537—538页。

感性主义快乐论和理性主义德性论的基础上，建立了系统的基督教哲学体系。在奥古斯丁的幸福思想中，他认为，许多人把财富的集聚、名誉的获得、物质的享受、情欲的满足视为幸福，其实这些都是虚幻的幸福，容易让人失去操守，走向不幸的深渊。幸福的获得来自上帝的恩典，谁投入上帝的怀抱，谁就获得幸福。幸福来自对上帝的信仰。"谁拥有一个恩典的上帝，谁就是幸福的人。"① 世间的一切美好都源于上帝，唯有上帝才能去除尘世的罪与恶，给人类的幸福生活指明方向。人类寻求幸福的唯一途径就是归附对上帝的永恒信仰之中。

奥古斯丁号召人们不要沉溺于物欲和情欲，要重视精神和灵魂幸福的重要性，这一忠告是值得我们深思的。同时，爱与信仰的宣扬，对生活在中世纪严酷黑暗的社会条件下的人来说，确实给其带来情感上的依托和心理上的慰藉，使其在精神上有所依靠。但他将幸福的源泉锁定于上帝，不相信人类有克服困难、获得幸福的能力，否认尘世间的幸福生活，似一种麻醉剂将人们对现实社会的不满情绪消解，具有虚伪性和欺骗性，其荒谬是显而易见的。

托马斯·阿奎那是中世纪经院哲学的哲学家和神学家。阿奎那一方面继承了奥古斯丁的思想，具有浓厚的中世纪基督教情怀；另一方面又吸收了古希腊思想家亚里士多德的大量思想，在继承和批判的基础上进行整合，建立了庞大、精深的神学伦理学思想体系。

阿奎那提出了"两种幸福"的范畴。所谓的"两种幸福"，即指尘世幸福和天堂幸福。人具有肉体和灵魂双重本性。肉体本性决定了人要本能地满足各种生理欲求，趋乐避苦，追求尘世幸福；灵魂超越了人的自然本性，通过爱和追随上帝而达到幸福，实现天堂幸福。相比奥古斯丁把地上之城和上帝之城、尘世幸福与神圣幸福完全对立的态度，阿奎那看到了其无视尘世幸福、抬高神赋幸福的缺失，重新看待尘世和天堂之间的关系问题，实质上是承认了世俗生活的合法性和尘世幸福的合理性。但作为一种宗教神学幸福观，阿奎那在承认尘世幸福的同时，不可能将之置于天堂幸福平等的位置，而是有一个严格的逻辑前提——尘世幸福是达到天堂幸福的途径和手段，天堂幸福才是人生的最终目的。他说："人是能够依靠理智来认识普遍存在的善性并依靠意志来要求获得这种善性的，但是普遍的

---

① 张荣：《奥古斯丁的基督教幸福观辨证》，《哲学研究》2003 年第 5 期。

善只有在上帝身上才能找到。因此，除上帝之外任何东西都不能使人幸福并满足他的一切愿望。"① "人们在尘世的幸福生活，就其目的而论，是导向我们有希望在天堂中享受的幸福生活的。"② 由此可以看出，阿奎那对尘世幸福和天堂幸福持有不同的态度。

阿奎那又提出"两种德性"的学说，来阐述达到这两种幸福的方法和路径。阿奎那把德性分为"尘世德性"与"神学德性"。其中，尘世德性分为实践德性和理智德性，是人们在尘世生活中获得的德性，可以实现尘世幸福。实践德性包括"审慎""公正""节制""刚毅"等基本德目，理智德性则包括"智慧""学识""直观"等德目。这些道德规范作为实现幸福的手段，到现在仍影响深远。神学德性是超越了人的本性、分享了上帝的神性而获得的德性，是通往天堂幸福的必然途径。"信心""希望""慈爱"是神学道德的前提，唯有努力实践这三个德目，通过上帝的恩典和赐予，才能完成神学德性向天堂幸福的转化。

阿奎那用上帝这样一个抽象的、人格化的完美形象统摄尘世间的万事万物，试图通过对基督教上帝的信仰和爱来引领人们追求幸福。在中世纪的社会背景下，这种思想维护了基督教信仰和教会神权，其幸福观从本质上仍是一种基督教神学幸福观。但阿奎那把人性与神性统一起来，为尘世幸福的合理性争取了位置，调和了天堂和尘世的关系。在人与上帝之间，阿奎那搭建出一座桥梁，使人从敬畏上帝转向完善自身，实现了他律和自律的结合，具有重要的现实意义和价值。

我们看到，无论是以奥古斯丁为代表的教父哲学，还是以托马斯·阿奎那为代表的经院哲学，基督教幸福观深切关照人类社会的生活处境，希望给人们指出一条通往幸福的道路。其追求完满幸福的目标和崇尚信仰在获得幸福中的作用，都给我们以启示和思考。另外，基督教幸福观强调幸福的给予性，即给出自己的爱，注重个人幸福与他人、社会幸福之间的关系，这为人的自由而全面的发展提供养分，为当代和谐社会的构建提供了丰富的可借鉴的资源。但是，基督教幸福观宣扬并引导人们爱和信仰上帝，其实质是要人们放弃现世的快乐而寄希望于来世的幸福。幸福是上帝的恩典，只存在于彼岸的世界，不是人力所能至的目标，这种上帝赐福的

---

① [意] 阿奎那：《阿奎那政治著作选》，商务印书馆1963年版，第68页。
② [意] 阿奎那：《阿奎那政治著作选》，商务印书馆1963年版，第87页。

幸福观消极地让人们承认现状，甘于奴役，阻碍了人们去改造社会、创造幸福，是统治阶级利用宗教麻痹人们思想、禁锢人们头脑的精神枷锁。

西方历史上关于幸福的学说纷繁复杂、论说不一，远非上述几类幸福观可以概述。纵观中外思想史上对幸福的种种论述，我们可以看到对幸福的理解是如此之多，人类发展的每个阶段、每个时期中的每个人对待幸福都有自己独特的理解，并都按各自的方式去追求。学习先哲们如何教导人们认识幸福、追求幸福，取其精华，弃其糟粕，这丰富了我们关于幸福的思考，给我们提供了有益的启示。

第三节 以马克思主义幸福观为指导

在马克思主义理论体系中，幸福问题始终是一个重要的课题。马克思主义幸福观依据辩证唯物主义和历史唯物主义，科学地分析人类生活，从全人类生活实践中提炼而成，面向人的全面发展，以全人类解放作为最高的诉求目标，是科学的、全面的、崇高的人生幸福观，是构建当代青年幸福观的重要理论基石。

马克思主义认为，所谓幸福，"就是人们在创造物质生活条件和精神生活条件的实践中，由于感受和理解到目标和理想的实现而得到的精神上的满足"。[①] 幸福的基本条件是人的体力和智力的发展，幸福的表现形式是人能够自由自觉地发展和发挥其全部才能和力量。马克思主义幸福观所包含的丰富内涵，主要体现在"四个统一"，即主观和客观的统一、物质与精神的统一、个人与社会的统一、劳动与享受的统一。

一 幸福是主观和客观的统一

幸福是由主观和客观构成的统一体。从主观存在的维度上说，幸福是个人对生活状况和生命价值的体验过程，是一种感受或体验。一个人的价值取向和精神状况等都影响着其是否感觉幸福。就自身外在的表现形式来说，幸福属于主观意识范畴。但一切主观意识形式都由被它所反映的客观内容所决定的。因此幸福的这种主观感受，也是建立在一定客观环境和社会关系之中，有客观性的内容。幸福的外在表现、表层样态是主观的，其

[①] 唐凯麟：《简明马克思主义伦理学》，湖北人民出版社1983年版，第316页。

内在内容、深层根源却是客观的。幸福不仅具有主观性的特点，也具有客观性的特点。

马克思主义幸福观把实践作为人类追求幸福的基本方式，实现了主观和客观的统一。实践是人所特有的对象性活动，其主体是有目的、有意识的现实的人，其客体是包括人自身在内的客观世界。通过实践，人们认识客观世界，并改造、创造出客观世界所没有的能为我所用的东西。个体幸福的获得，归根结底建立在社会进步、经济发展的基础之上。它不是依靠某种外在力量的推动或给予，而是通过实践这一联系主体和客体的纽带，把人的一切本质理论发挥出来，认识和改造自身世界和人类社会。马克思说："全部社会生活在本质上是实践的。"① 人类对幸福的追求离不开"所欲"所指向的对象，人的实践活动是一种主体客体化和客体主体化的双向过程，在这一过程中，对主体欲望的满足以及客体的变化，表现为客体向主体的生成，也就是通过实践去改造客观世界，达到主观与客观的统一。在这种主观和客观的统一体中，客观性是具有决定意义的、主要的方面，主观性是被决定的、次要的方面。同时，主观性又具有相对的独立性，可以超越客观性而独立存在。人类实现幸福的实践活动应该是自由自觉的动态过程。实践活动不能简单等同于幸福的实现，"实践是一个十分复杂的运动系统和曲折过程，是一个多侧面、多环节、多变性、多向性的活动体系、活动过程"。② 人的实践不能脱离生物生存和发展的基本法则。一方面，人不同于其他生物，具有主观能动性；另一方面，人也是"受动的、受制约的和受限制的存在物"③，不存在绝对的自由。只有当自由和自觉存在并统一于人的实践活动中时，人的本质力量才能得以全面展现和绽放。

随着时代的发展和社会的进步，幸福的主观和客观因素也在发生着巨大的变化。特别是工业革命以来，人类社会的物质生活水平显著提高，一些之前被看作奢侈的消费方式和生活用品，已渐渐变成了常态和必需，人们对幸福的主观理解也随之发生改变。随着社会物质生活水平的提高，对

---

① 马克思、恩格斯：《马克思恩格斯选集》（第1卷），人民出版社1995年版，第56页。
② 徐堃：《论自由自觉的活动是幸福的真正源泉》，《毛泽东邓小平理论研究》1990年第3期。
③ 马克思、恩格斯：《马克思恩格斯全集》（第3卷），人民出版社2002年版，第324页。

精神生活的重视，人们对幸福的认识和理解会更加全面和深刻，人类幸福的内涵将不断充实、扩展和提升。

二 幸福是物质和精神的统一

马克思主义认为物质生活和精神生活是人类生活的两大存在形式，离开任何一方，人生都无法得到真正的幸福。

马克思主义的幸福观反对禁欲主义，重视人们正当的合理的物质利益，认为物质生活是幸福的客观基础，是人得以生存、活动和创造的必不可少的条件。"人类生存的第一个前提，也就是一切历史的第一个前提，这个前提是：人们为了能够'创造历史'，必须能够生活。但为了生活，首先需要吃喝住穿以及其他一些东西。"① 马克思认为，满足人们生存所需的物质需要，是人类存在的必要条件，也是社会得以发展的客观基础。人类满足自身生存和发展所必需的物质需要是其丰富和充实自己所不可缺少的条件。尽管物质条件与幸福与否不一定成正比，两者没有必然的联系，但物质生活的状况在很大程度上决定和影响着人们的精神生活，人们幸福的获得也与物质需要的满足有很大关系。正如恩格斯所言："追求幸福的欲望只有微小的一部分可以靠观念上的权利来满足，绝大部分都要靠物质的手段来实现。"② "忧心忡忡的穷人甚至对最美丽的景色都没有什么感觉。"③ 从这种意义上讲，人们追求物质的满足不仅是合理的，而且是必需的。缺乏这一前提条件，幸福就难以实现。

马克思主义幸福观在肯定物质条件的满足是幸福的必要条件的同时，并没有忽视精神生活在幸福中的重要地位。人既是物质存在，也是精神存在。"有意识的生命活动把人同动物的生命活动直接区别开来。"④ 一定的物质生活条件对幸福固然重要，但也不能把幸福与物质享受简单等同。幸福是人的主观感受，物质生活是其客观基础，二者密切相关，但却并非同一个东西。马克思反对把物质满足看成是人的全面幸福所在。"吃、喝、生殖等，固然也是真正的人的机能。但是，如果加以抽象，使这些机能脱

---

① 马克思、恩格斯：《马克思恩格斯选集》（第1卷），人民出版社1995年版，第79页。
② 马克思、恩格斯：《马克思恩格斯选集》（第4卷），人民出版社1995年版，第239页。
③ 马克思、恩格斯：《马克思恩格斯全集》（第42卷），人民出版社1995年版，第126页。
④ 马克思、恩格斯：《马克思恩格斯选集》（第1卷），人民出版社1995年版，第46页。

离人的其他活动领域,并成为最后的和唯一的终极目的,那么它们就是动物的机能。"① 人作为一种自然存在物,其有意识的社会活动是区别于其他动物的本质特征。追求物质的满足是人和动物所共有的,它绝不是幸福的唯一内容。除了维持生存的自然需要外,人还需要超越自身自然属性的束缚,追求高于自然生命的存在目的和意义,实现人生理想、人生价值等精神幸福。人需建立一种高尚的精神生活,只有精神幸福为人所独有。物质需要的满足所带来的幸福,是初级的、短暂的幸福;由精神满足所形成的幸福,才是高级的、长久的。马克思说:"如果音乐很好,听者也懂音乐,那么消费音乐就比消费香槟酒高尚。"② 在马克思看来,相比物质上的幸福,精神上的幸福更高尚,幸福的高楼必须以高尚的精神生活为支柱。一个人只有用科学的、高尚的精神生活指导自己的物质生活,才能领会到生活的真谛。

马克思主义幸福观更为强调的是,幸福是物质满足和精神满足的有机统一。物质生活为精神生活提供前提基础和必要条件,精神生活反作用于物质生活,并在生活中起着主导作用。两者相互作用、不可分割。片面地强调一方而忽视另一方,或任意地取消其中一方,都不能得到真正的幸福。恩格斯说:"人需要和外部世界来往,需要满足这种欲望的食物、异性、书籍、谈话、辩论、活动、消费品和操作对象。"③ 这种欲望既包含物质性的内容,也包含精神性的内容。只有把物质生活和精神生活相统一,幸福才会变得充实和丰富。

三 幸福是个人与社会的统一

幸福是个人利益和整体利益的统一。在《关于费尔巴哈的提纲》中,马克思指出:"人的本质并不是单个人所固有的抽象物。在其现实性上,它是一切社会关系的总和。"④ 现实的人是社会个体和社会整体相统一的存在,社会性是人类的本质属性。赖以实现其本质的活动是一种共同的社会活动,而不是一个人所进行的抽象活动。个人的存在和发展离不开社会

---

① 马克思:《1844年经济学哲学手稿》,人民出版社2000年版,第55页。
② 马克思、恩格斯:《马克思恩格斯全集》(第26卷),人民出版社1974年版,第312页。
③ 马克思、恩格斯:《马克思恩格斯全集》(第21卷),人民出版社1965年版,第331页。
④ 马克思、恩格斯:《马克思恩格斯选集》(第1卷),人民出版社1995年版,第1页。

的存在和发展，个人的一切行为都与社会联系在一起；社会的存在和发展同样离不开个人，离开了单个的人，社会亦不复存在。人的幸福既包括个人幸福也包括社会整体幸福。个体要获得真正的幸福，就要和社会联系在一起，把个人幸福融入社会发展的具体实践中。

社会幸福始终是马克思主义幸福观的灵魂和核心。在马克思看来，社会幸福包含着个人幸福，具有基础性。每个人一生下来，就处在一定的社会关系和社会环境之中。前一代人所创造的物质和精神财富，是每个人生存和发展的前提条件。不同时代的人所拥有的社会条件，决定了个人发展的程度。马克思始终强调社会幸福要高于个人幸福，个人幸福要服从社会幸福。马克思在青年时代就意识到："如果我们选择了最能为人类谋福利而劳动的职业，那么，重担就不能把我们压倒，因为这是为大家而献身；那么我们所感到的就不是可怜的、有限的、自私的乐趣，我们的幸福将属于千百万人，我们的事业将默默地、但是永恒发挥作用地存在下去，而面对我们的骨灰，高尚的人们将洒下热泪。"[①] 全人类的解放是个人幸福的最高境界。马克思号召人们为全人类的解放而奋斗，在这一过程中使个人的生命价值得到实现与升华。这是马克思主义幸福观时代性和先进性的表现。

马克思主义幸福观积极主张为实现正当的个人幸福创造条件。马克思主义强调集体幸福，但并不否定个人幸福，而是把个人幸福融于集体、民族和人类的整体幸福之中。整体利益是个人共同利益的集合，是个人根本利益、长远利益的体现，关注整体幸福就是在维护个人幸福的发展。如果视个人利益为一切行为的目的和归宿，则极易导致利己主义、个人主义。马克思主义反对凌驾于集体之上的个人主义幸福观。个人利益的一味追求必然会使私欲恶性膨胀，导致社会整体利益遭到损害，社会经济发展受到阻碍，甚至迷失方向。个人利益和整体利益两者共存共荣、相互促进。个人幸福必然依赖于社会关系来实现，社会要为个人正当的利益需求创造条件，在相互竞争、彼此发展的状态下，既最大限度地激发了个人的创造性和积极性，又在根本上为整体利益的发展注入了生机和活力，两者在终极意义上达到一致。正如马克思所说："每个人的自由全面发展是一切人的

---

① 马克思、恩格斯：《马克思恩格斯全集》（第40卷），人民出版社1982年版，第7页。

自由发展的条件。"① 个人幸福的一般意义是指个人的自我奋斗、个人自我目标的实现，但作为一种更高更深刻的幸福则表现为对社会和人类的无私奉献。

四　幸福是劳动和享受的统一

幸福是劳动和享受的统一。幸福不是一种既定的静态的存在，而是对现实世界的积极创造和实践，生活的需要满足和消费享受都包含在幸福之中。

任何幸福都不可能凭空产生，劳动是幸福的源泉和动力。首先，劳动把人和动物区分开来，创造了人和社会。在马克思看来，"劳动首先是人和自然之间的过程，是人以自身的活动来中介、调整和控制人和自然之间的物质变换的过程"。② 人们通过劳动，获得维持生存和发展的物质生活资料，进而推动社会发展。劳动是人类本质力量得以实现和展开的过程，使幸福具有现实可能性，不再存在于幻想之中。没有劳动，"就只会有贫穷、极端贫困的普遍化；而在极端贫困的情况下，必须重新开始争取必需品的斗争，全部陈腐污浊的东西又要死灰复燃"。③ 任何一个国家或民族，如果停止劳动，必定走向灭亡。劳动不仅创造幸福，劳动本身就是幸福。其次，劳动是人的本质力量的体现。在一定的社会历史条件下，个人通过积极地展开生命活动，与此同时形成各种能力，实现自身价值。"劳动生活是人的类生活的对象化：人不仅像在意识中那样在精神上使自己二重化，而且能动地、现实地使自己二重化，从而在他所创造的世界中直观自身。"④ 在劳动过程中，人的幸福通过自我生活状态的反映得以呈现。最后，劳动使幸福具有传承的基础。在不同的社会历史条件下，劳动都创造了宝贵的物质财富和精神财富，这些财富不仅能使当下的人享受到身心的满足感，激发对劳动的热情，而且为后代人的幸福提供了基础条件，劳动成为享受的前提，享受成为劳动的动力，由此实现劳动与享受的良性循环。

---

① 马克思、恩格斯：《马克思恩格斯选集》（第1卷），人民出版社1995年版，第294页。
② 马克思、恩格斯：《马克思恩格斯选集》（第2卷），人民出版社1995年版，第177页。
③ 马克思、恩格斯：《马克思恩格斯选集》（第1卷），人民出版社1995年版，第86页。
④ 马克思：《1844年经济学哲学手稿》，人民出版社2000年版，第58页。

马克思主义反对清教徒式的苦行僧生活，认为享受不是统治阶级的特权，批判资本主义私有制下极端享乐主义和利己主义。在旧式分工和私有制条件下，作为人类本质规定的劳动并没有给劳动者带来幸福。在资本主义条件下，无产阶级失去对生产资料的控制，劳动是维持生存的一种手段，勉强获得维持生存最低水平的物质生活资料，劳动者本身也产生了异化，劳动者在"在劳动中不是肯定自己，而是否定自己，不是感到幸福，而是感到不幸，不是自由地发挥自己的体力和智力，而是使自己的肉体受折磨，精神遭摧残"①。在这样的生存状态下，劳动和享受是分离的，这无疑是不幸的。幸福是人生而有之的权利，广大劳动者享受自己的劳动成果，是正当生活的一部分。劳动是幸福的源泉，是人的根本存在方式。幸福的获得需要人在自由自觉的劳动中得以实现，这就意味着人类幸福的实现需要彻底变革阶级对立的社会关系。人在自由全面发展的过程中逐渐实现对其社会属性的占有，通过努力劳动为社会尽一己之力，具备感悟幸福、创造幸福的能力，才能真正达到幸福的状态。

马克思主义幸福观辩证地对待各种流派的幸福观理论，汲取了传统幸福观的合理成分，从而完整而深刻地挖掘出幸福的具体内容和核心实质。马克思主义幸福观是一种更贴近现实的人生哲学，更能科学地理解人生价值和生活态度。马克思主义幸福观为青年群体的成长进步提供了精神动力和智慧源泉，是当代青年幸福观构建的重要理论基础。

综上所述，当代青年幸福观的构建，有着源远流长的历史渊源。要使青年树立起科学的、正确的幸福观，就应该以马克思主义的幸福观为指导，广泛吸收和发展中国传统文化和西方哲学思想中有关幸福思想的积极方面，取其精华、弃其糟粕，做到古为今用、洋为中用。

---

① 马克思、恩格斯：《马克思恩格斯全集》（第42卷），人民出版社1979年版，第91页。

第四章

当代中国青年幸福观的发展历程

  幸福的人需要身体的资本和外界的物资,比如财富……为的是不受牵制……有些人说:十分痛苦或陷入极度不幸的人只要善良便拥有幸福。不论刻意与否,他们是在胡言乱语。

——亚里士多德

  真理追求者之所以感到幸福,是因为他们的追求过程终于获得了成功,而不是因为他们终于拥有了真理。

——马克斯·普朗克

  作为一个词语,"活着"在我们中国的语言里充满了力量,它的力量不是来自于喊叫,也不是来自于进攻,而是忍受,去忍受生命赋予我们的责任,去忍受现实给予我们的幸福和苦难、无聊和平庸。

——余华

  在社会的价值判断系统中,幸福观影响和派生出一系列与学习、工作、婚姻等相联系的观念,是不同历史发展阶段的年轻人所面临的共同命题。青年是各个时代里思想最活跃的阶层,他们在认识中国国情的基础上,参与社会实践的具体活动,使自己的幸福观逐渐建立,并致力于推进社会的发展,把自己的命运和中华民族的前途和未来紧密相连。纵观历史,青年的思想空间中铺满对"个人与社会""理想与现实""享受与责任"等问题的思考,这些原本看似对立的主题似一股无形而巨大的力量,烘托出青年思想的丰碑。本章以《中国青年》词频研究为切入点,对当代中国青年幸福观的发展历程进行了梳理和考察。《中国青年》是中国大陆现存历史最悠久的杂志,也是共青团中央主管主办的历史最长的红色媒体。该杂志在内容、深度和侧重点等方面都以关注青年生存状态、服务青年成功人生为基本宗旨。本章试图通过系统地梳理《中国青年》与幸福观相关的内容，以新中国成立以来中国青年的思想变迁为线索，从几次大讨论中穿针引线，把握中国青年幸福观演进的脉搏。

第一节　新中国成立以来至改革开放前中国青年幸福观的演变

1949年10月1日，中华人民共和国成立。中国共产党带领全国人民经过28年艰苦卓绝的浴血奋战，实现了国家的自主独立。面对一个崭新的世界，人们热血沸腾的气势可想而知。"新中国成立后的文艺界呈现出一幅空前绝后的奇异景象：电影、文学、音乐、戏剧……各种不同的艺术形式，整齐划一地表现出同一个主题，也是社会唯一的艺术主题——歌唱新中国。"[①] 刚成立的新中国面临的首要任务，就是恢复千疮百孔的国民经济。新中国百废待兴，需要大批建设人才。新生国家特有的朝气蓬勃渗透到青年的血液，给了一代青年特有的激情。

一　激情燃烧——怎样才能在建设事业中发出更大的光和热

新中国激发起一代青年激情燃烧的同时，也为他们提供了施展才华和抱负的舞台。青年在欢欣鼓舞的气氛中捋起袖子，随时准备为伟大的无产阶级革命事业奉献所有的青春和才华。作为建设生力军的青年人，分布在不同的工作岗位上。"为新中国添砖加瓦""献身新中国建设事业"是这一代青年的流行语。对祖国的歌颂、对新世界的热爱、对领袖的崇拜以及对投身祖国建设的豪情，成为这一代青年身上独有的幸福观特征。

1949年第11期的《中国青年》杂志，刊登了一封来自北京工学院的名叫陈滨的来信，题目是《理工科学生和技术人员需要学习政治吗？》。文章发表后，各地的读者纷纷用自己各式各样的观点参与讨论。其中较典型有两篇文章，一篇是刊登于《中国青年》同年第18期的彭庆昭同志的《学习自然科学要用新观点》，另一篇是刊登于第21期《自然科学工作者需要学习政治吗》。经过数月讨论，大家一致认为理工科学生和技术人员必需学习政治。读者比较认可的观点是："如果不确立为劳动人民服务的

[①] 邱吉等编著：《轨迹——当代中国青年价值观变迁研究》，人民出版社2012年版，第4页。

人生观,他所研究的成果一旦为统治阶级所利用,不但不能造福人类,还有遗害人类的可能。""要做一个完整的技术人员和自然科学工作者,在政治方面,首先要建立为人民服务的人生观,要懂得社会历史发展的规律,要懂得中国当前的政治形势和任务,要懂得应该为谁服务。"在讨论过程中,这个问题由理工科学生扩大成为所有自然科学工作者、技术工作者和理工农医各专科的学生需要不需要学习政治的问题。答案自然是肯定的。这个问题对于当时的自然科学工作者、技术工作者和理工农医各专科的学生来说,实在是非常重要的。这一话题折射出的新中国成立初期青年"奉献一切为革命""全心全意为人民服务"的幸福观。

1950年第11期的《中国青年》杂志,在"问题讨论"栏目里刊登了《和一个做收发工作同志的谈话》一文。这篇文章的缘由是:当时国家实行计划经济,大学生毕业后由政府各部门统一分配工作。由于各种复杂原因,分配到的工作有令人满意的,也有不满意的。一位华北联大的毕业生,被分配从事收发工作,认为大学生做收发工作是大材小用,很不安心。文章强调:革命工作有分工,但无高低、等级或大小之分,任何平淡无奇的工作,只要认真、踏踏实实地去做,同样可以锻炼个人的意志品质,提高工作能力,因为每门工作都有学问,在哪个岗位都可以很好地为人民服务。很多读者来信,表示看了文章后深受启发,从此安心工作,也有读者发表了不同观点和补充意见。这一讨论持续深化,引申出另一场叫《怎样才能在建设事业中发出更大的光和热》的大讨论(1953年第12期)。新中国成立初期,面对仍在饥饿的死亡线上挣扎的劳苦大众,青年立志要为祖国奉献自己所有的光和热。在投入大规模经济建设的同时,不少青年认为在"新型的工业厂矿中工作"比"在农村、机关、学校或较小厂矿中工作",更能发挥出光和热,对祖国的建设能起到的作用更大。经过前后两个多月的讨论,近千篇读者来稿,这场大讨论接近尾声。对这个问题的解读,大部分人认可这样的总结:如果把国家经济建设比作一架机器,每个人的岗位就如同机器上的一颗螺丝钉。螺丝钉损害了或脱离了,机器就不能正常运转。同理,如果每个人不踏踏实实地做好自己的工作,认为太平淡、琐碎,那么"大规模建设"就无从谈起。这样的青年不管走到哪儿,前途都是一片漆黑。

由此我们可以看到,在新中国成立后的最初几年,我们一直倡导与奉行的是"全心全意为人民服务"的革命的幸福观。一代青年在报效祖国的狂热情绪中,其人生幸福的指向在于新中国的建设。国家的需要就是"我"的需要,国家的利益就是"我"的利益,这种"忘我"甚至"无我"的革命热情和冲天干劲,是这一代青年最大的荣耀和幸福。

二 偶像崇拜——青年应该有什么样的幸福观

每个时代都有属于那个时代的榜样或偶像,他们或经历血与火的考验、生与死的抉择,或忘我工作、无私奉献,为新中国的成长前仆后继。邓稼先、王进喜、焦裕禄、雷锋等人就是建设社会主义的楷模,他们是那个时代青年成长的重要参照系,影响了众多青年的人生观和幸福观,使之为开辟一个新天地而努力奋斗。

1960年,湖北一名叫肖文的读者来信,刊登于1960年第5期的《中国青年》杂志。当时,我国实行的第一个五年计划已于1957年顺利完成。信中认为:"现在我们的社会主义建设已经取得巨大胜利,就应该平平稳稳地革命,舒舒服服地建设,如果建设社会主义、共产主义只是为了别人,共产主义每天只是劳动和学习,把生活搞得干巴巴的,那还要建设社会主义共产主义做什么呢?"中青编辑部借此展开《什么是革命青年的理想生活?》大讨论,认为这关系到我们青年应该具有什么样的人生观、幸福观和愿不愿意做一个彻底的无产阶级革命战士等一系列根本问题。在接下来的读者与读者、读者与编者的讨论中,有支持和反对两种观点。支持方的观点认为个人生活应有其位置,希望生活安闲是人之常情。反对的观点则认为肖文注重生活的物质内容,忽略了更高尚的精神生活,因而是"可怜而危险的幸福"。"革命者认为,为人民服务就是最大的光荣,艰苦的本身就意味着甜蜜,今天的艰苦是为了明天的幸福,一人的艰苦是为了千万人的幸福。"(1960年第8期)这次热烈的讨论持续了三个月之久,共收到读者来稿14000余件。1960年第11期,编辑部刊登了时任河南省委第一书记的总结文章《论革命青年的理想生活》,文章认为,肖文对于"享受"和"幸福"的认识是根本错误的,因为"许多的快乐与幸福,是建立在为人类的幸福,为社会的改造,以及为自己的改造的极高尚的道德观念之上的。这是现代中国青年所需要树立的世界观的一部分,也是我们这个伟大的时代的青年所必须具有的道德品质"。虽然肖文的观念在当年被最后否定,但我们可以看到,需要注重物质生活的思想萌芽已经悄悄地出现了。

每个时代都有自己独具特色的英雄人物。雷锋这位解放军的好战士，就是在党的培养下成长为全国人民的好榜样。他爱憎分明、公而忘私、助人为乐、艰苦奋斗，把有限的生命投入无限的为人民服务之中。1963年3月，毛泽东在《中国青年》杂志上题词，号召"向雷锋同志学习"，全国迅即掀起了轰轰烈烈的学雷锋热潮。1963年第5期的《中国青年》杂志，展开了《青年应该有什么样的幸福观？——向雷锋同志学习应解决的一个重要问题》的大讨论。引导大家思考：青年应该有什么样的幸福观？应该怎样看待物质生活和精神生活？一个革命青年应不应该追求物质享受？紧接着，杂志刊登了多篇来稿的观点："自己辛苦点，多帮人民做点好事，这就是我最大的快乐和幸福。""我们的革命是为了大家都生活得更好，其中自然也包括我们自己和自己的妻室儿女、家庭在内。""成名成家才是幸福。""认为个人吃得好、穿得好、住得好就是幸福，这是资产阶级的幸福观。""人活着，是为了奋斗，是为了创造，而不是为了享受。"杂志社还邀请了各行业英雄模范谈自己对幸福的体会。代表们纷纷撰文，表达自己的幸福观。虽文字各异，但主题同一：强烈呼吁应当向雷锋同志学习，"为了党和人民的事业，不懈地工作，乃至献出自己宝贵的生命，作一个毫不利己、专门利人的真正的革命者"，"只有奉献的人生才是幸福的人生"，"全心全意为人民服务是最幸福的"（1963年第11期）。本次大讨论共收到来稿上万件，雷锋精神在全国青年中广泛传播，极大地促进了社会风貌的改变，也影响了新中国几代青年。时至今日，每逢三月，人们都会组织学雷锋的具体行动来纪念他。

生活的变化简单而直接，但其背后的思想变化却并不容易察觉。新中国成立初期，青年沉浸在"奉献一切为革命"的完全无我精神中，奉行和倡导的是革命的幸福观。随着国家建设进程的推进，青年开始意识到自我在工作中的地位和作用，继而急于见到革命成功的丰收果实，幸福观中有了享受概念，开始关注物质生活。但在全国思想高度统一的大背景下自我念头被压制，并最终走向十年"文革"开始狠斗私字一闪念。总而言之，这段时期青年的思想状况在幸福观上呈现出"无我状态——自我念头——压制自我"的大体脉络。

第二节 改革开放以来中国青年幸福观的演进

1978年12月8日，中国共产党召开了具有深远意义的十一届三中全会，会议扭转了"无产阶级下继续革命"的错误论断，决定把全党和全国人民的重点和注意力转移到社会主义现代化建设上来，开启了改革开放的新时期。青年群体对社会生活的变化具有很强的敏感性，因此，青年幸福观的变化，必然反映在对社会热点、焦点话题的关注和参与上。人生观、幸福观等问题，历来是青年一代普遍关注的问题，每一代青年都在这些话题前驻足思考。时代的变迁，社会的转型，以及西方文化思潮的冲击，使青年的幸福观不断出现困惑和震荡，他们不断思考人生的意义、价值和依据，并分析抉择，作出自己的回答。

一 潘晓讨论——人生的意义究竟是什么

幸福观作为世界观、人生观、价值观在幸福领域的集中反映，对一个人的价值观念和行为取向有重要的指导作用。人在追求幸福的过程中，开始思考、探索人生问题。1980年第5期《中国青年》杂志上，一封署名"潘晓"的读者来信《人生的路呵，怎么越走越窄》，引发了一场历时一年之久、范围波及全国的规模空前的人生观和幸福观大讨论。"潘晓"以一名23岁女青年的身份，反映自己人生历程的痛苦遭遇和对人生信念的困惑怀疑。信中交织着沉重、幽怨、激愤的情绪，也流露出坦率、真实、诚挚的情感。来信牵动了广大青年的心，引起强烈反响。

潘晓来信[①]

编辑同志：

我今年23岁，应该说才刚刚走向生活，可人生的一切奥秘和吸引力对我已不复存在，我似乎已走到了它的尽头。回顾我走过来的路，是一段由紫红到灰白的历程；一段由希望到失望、绝望的历程；一段思想长河起于无私的念头而终以自我为归宿的历程。

过去，我对人生充满了美好的憧憬和幻想。小学的时候，听人讲过《钢铁是怎样炼成的》和《雷锋的日记》。虽然还不能完全领会，但英雄的事迹也激动得我一夜一夜睡不着觉。我还曾把保尔关于人生意义的那段著名的话："人的一生应当这样度过：当回忆往事的时候，他不会因为虚度年华而悔恨，也不会因为碌碌无为而羞愧……"工工

---

① 署名"潘晓"，刊登于1980年第5期《中国青年》杂志。

整整地抄在日记本的第一页。日记本用完了，我又把它抄在第二个本上。这段话曾给我多少鼓励啊。我想，我爸爸、妈妈、外祖父都是共产党员，我当然也相信共产主义，我将来也要入党，这是毫无疑义的。

后来我偶然看到一本过去出的小册子《为谁活着，怎样做人》。我看了又看，完全被迷住了。我开始形成了自己最初的、也是最美好的对人生的看法：人活着，就是为了使别人生活得更美好；人活着，就应该有一个崇高信念，在党和人民需要的时候就毫不犹豫地献出自己的一切。我陶醉在一种献身的激情中，在日记里大段大段地写着光芒四射的语言，甚至一言一行都模仿着英雄的样子。

可是，我也常常隐隐感到一种痛苦，我眼睛所看到的事实总是和头脑里所接受的教育形成尖锐的矛盾。在我进入小学不久，"文化大革命"的浪潮就开始了，而后愈演愈烈。我目睹了这样的现象：抄家、武斗、草菅人命；家里人整日不苟言笑，外祖父小心翼翼地准备检查；比我大一些的年轻人整日污言秽语，打扑克、抽烟；小姨下乡时我去送行，人们一个个掩面哭泣，捶胸顿足……我有些迷茫，我开始感到周围世界并不像以前看过的书里所描绘的那样诱人。我问自己，是相信书本还是相信眼睛，是相信师长还是相信自己呢？我很矛盾。但当时我还小，我还不能对这些社会现象进行分析。况且过去的教育赋予了我一种奇怪的能力，这就是学会把眼睛闭上，学会说服自己，学会牢记语录，躲进自己高尚的心灵里。可是，后来就不行了。生活的打击向我扑来。那年我初中毕业，外祖父去世了。一个和睦友爱的家庭突然变得冷酷起来，为了钱的问题吵翻了天。我在外地的母亲竟因此拒绝给我寄抚养费，使我不能继续上学而沦为社会青年。我真是当头挨了一棒，天呵，亲人之间的关系都是这样，那么社会上人与人的关系将会怎样呢？我得了一场重病。病好后，借助几个好同学的力量，给街道办事处写信，得到了同情，被分配在一家集体所有制的小厂里，开始了自食其力的生活。那时候，我仍然存在着对真善美的向往，也许家庭的不幸只是一个特殊的情况，我现在已经踏上了生活，生活还是充满诱惑力的，她在向我招手。

我相信组织，可我给领导提了一条意见，竟成了我多年不能入团的原因……

我求助友谊，可是有一次我犯了一点过失时，我的一个好朋友，竟把我跟她说的知心话悄悄写成材料上报了领导……

我寻找爱情。我认识了一个干部子弟。他父亲受"四人帮"迫害，处境一直很惨。我把最真挚的爱和最深切的同情都扑在他身上，用我自己受伤的心去抚摸他的创伤。有人说，女性是把全部的追求都投入，只有在爱情里才能获得生命的支持力。这话不能说没有道理。尽管我在外面受到打击，但我有爱情，爱情给了我安慰和幸福。可没想到，"四人帮"粉碎之后，他翻了身，从此就不再理我……

我躺倒了，两天两夜不吃不睡。我愤怒，我烦躁，我心里堵塞得像要爆炸一样。人生啊，你真正露出了丑恶、狰狞的面目，你向我展示的奥秘难道就是这样！？

为了寻求人生意义的答案，我观察着人们，我请教了白发苍苍的老人，初出茅庐的青年，兢兢业业的师傅，起早摸黑的社员……可没有一个答案使我满意。如说为革命，显得太空，不着边际，况且我对那些说教也不想听了；如说为名吧，未免离一般人太远，"流芳百世""遗臭万年"者并不多；如说为人类吧，却又和现实联系不起来，为了几个工分打破了头，为了一点小事骂碎了街何能奢谈为人类！如说为吃喝玩乐，可生出来光着身子，死去带着一副皮囊，不过到世上来走一遭，也没什么意思。有许多人劝我何必苦思冥想，说，活着就是活着，许多人不明白它，不照样活得挺好吗？可我不行，人生、意义，这些字眼，不时在我脑海翻腾，仿佛在我脖子上套着绳索，逼我立即选择。

我求助人类智慧的宝库——拼命看书，希望从那里得到安慰和解答。我读了黑格尔、达尔文、欧文的有关社会科学方面的著述；读了巴尔扎克、雨果、屠格涅夫、托尔斯泰、鲁迅、曹禺、巴金等人的作品。可是，看书并没有使我从苦恼中得到解脱。大师们像刀子一样犀利的笔把人的本性一层层地揭开，让我更深刻地洞见了人世间的一切丑恶。我惊叹现实中的人和事竟和大师们所写得如此相像，不管我沉陷在书本里还是回到现实中来，看到的都是一个个葛朗台、聂赫留道夫式的人物。我躺在床上辗转反侧，想啊，使劲地想，苦苦地想。慢慢地，我平静了，冷漠了。社会达尔文主义给了我深刻的启示。人毕竟都是人啊！谁也逃不脱它本身的规律，在利害攸关的时刻，谁都是按照人的本能进行选择，没有一个真正虔诚地服从那平日挂在嘴头上的崇高的道德和信念。人都是自私的，不可能有什么忘我高尚的人。过去那些宣传，要么就是虚伪，要么就是大大夸大了事实本身。如若不然，请问所有堂皇的圣人、博识的学者、尊贵的教师、可敬的宣传家们，要是他们敢于正视自己，我敢说又能有几个能逃脱为私欲而斗争这个规律呢?！过去，我曾那么狂热地相信过"人活着是为了使别人生活得更美好"，"为了人民献出生命也在所不惜"。现在想起来又是多么可笑！

对人生的看透，使我成了双重性格的人。一方面我谴责这个庸俗的事实；另一方面，我又随波逐流。黑格尔说过："凡是现实的都是合理的，凡是合理的都是现实的。"这几乎成了我安抚、平复创伤的名言。我也是人。我不是一个高尚的人，但我是一个合理的人，就像所有的人都是合理的一样。我也挣工资，我也计较奖金，我也学会了奉承，学会了说假话……做着这些时，我内心很痛苦，但一想起黑格尔的话，内心又平静了。

当然，我不甘心浑浑噩噩、吃喝玩乐了此一生。我有我的事业。我从小喜欢文学，尤其在历尽人生艰辛之后，我更想用文学的笔把这一切都写出来。可以说，我活着，我现在所做的一切，都是为了它——文学。

然而，似乎没有人能理解我。我在的那个厂的工人大部分是家庭妇女，年轻姑娘除了谈论烫发就是穿戴。我和她们很难有共同语言。她们说我清高，怪癖，问我是不是想独身。我不睬，我嫌她们俗气。与周围人的格格不入，常使我有一种悲凉、孤独的感觉。当我感到孤独得可怕时，我就想马上加入到人们的笑谈中去；可一接近那些粗俗的笑谈，又觉得还不如躲进自己的孤独中。

我自己知道，我想写东西不是为了什么给人民做贡献，什么为了四化。我是为了自我，为了自我个性的需要。我不甘心社会把我看成一个无足轻重的人，我要用我的作品来表明我的存在。我拼命地抓住这唯一的精神支柱，就像在要把我吞没的大海里死死抓住一叶小舟。

我体会到这样一个道理：任何人不管是生存还是创造，都是主观为自我，客观为别人。就像太阳发光，首先是自己生存运动的必然现象，照耀万物，不过是它派生的一种客观意义而已。所以我想，只要每一个人都尽量去提高自我存在的价值,那么整个人类社会的向前发展也成为必然的了。这大概是人的规律,也是生物进化的某种规律——是任何专横说教都不能淹没、不能哄骗的规律!

按说,一个人有了事业,就会感到充实、快乐、有力量。可我却不是这样,好像我在受苦,在挣扎,在自己折磨自己。我处处想表现出自己是强者,可自知内里是软弱的;我工资很低,还要买大量的书和稿纸,这使我不得不几角钱几分钱地去算计……我有时会突然想到,我干吗非要搞什么事业,苦熬自己呢!我也是一个人,我也应该有一个温暖幸福的小家庭,去做一个贤惠的妻子、慈爱的母亲。再说,我真能写出什么来吗?就算是写出来了,几张纸片就能搅动生活、影响社会?我根本不相信。有人说,时代在前进,可我触不到它有力的臂膀;也有人说世上有一种宽广的、伟大的事业,可我不知它在哪里。人生的路呵,怎么越走越窄,可我一个人已经很累了呀,仿佛只要松出一口气,就意味着彻底灭亡。真的,我偷偷地去看过天主教堂的礼拜,我曾冒出过削发为尼的念头,甚至我想到过死……心里真是乱极了,矛盾极了。

编辑同志,我在非常苦恼的情况下给你们写了这封信,我把这些都披露出来,并不是打算从你们那里得到什么良方妙药,如果你们敢于发表它,我倒愿意让全国的青年看看。我相信青年们心是相通的,也许我能从他们那里得到帮助。

潘晓
1980 年 4 月

引起全国青年热议的"潘晓"来信,从内容构成来看可分为两大部分。

第一部分是"潘晓"对人生历程的感受:1. 早年对人生充满美好的憧憬和幻想。受到雷锋、保尔等英雄人物和家庭氛围影响,相信共产主义,长大要入党。2. 接受教育并形成了最初美好人生观。"人活着,就是为了使别人生活得更美好;人活着,就应该有一个崇高的信念,在党和人民需要的时候就毫不犹豫地献出自己的一切。"3. 感受到所受教育和眼前现实的矛盾。"文化大革命"中的混乱,如抄家、武斗、草菅人命、家里人整日不苟言笑等,使她开始感到周围世界并不像以前看过的书里所描绘的那样诱人。4. 不断受到打击使其对人生产生失望。这些打击有来自家庭的——和睦友爱的家庭突然变得冷酷起来，为了钱的问题吵翻了天。在外地的母亲竟因此拒绝给其寄抚养费，使其不能继续上学而沦为社会青年；有来自组织的——给领导提了一条意见，竟成了其多年不能入团的原因；有来自好朋友的——因一点过失，好朋友把知心话全部悄悄写成材料上报了领导；有来自爱情的——全身心地爱上一个父亲受"四人帮"迫害、处境一直很惨的干部子弟，"四人帮"粉碎之后，这个干部子弟翻了身，从此就不再理她。面对这样的人生历程，"潘晓"在愤怒、烦躁中回顾的同时，发出这样的呼唤："人生呵，你真正露出了丑恶、狰狞的面目，你向我所展示的奥秘难道就是这样？！"（出自《人生的路呵，怎么越走越窄》）

第二部分是"潘晓"对人生意义的思考和追寻：1. 观察生活，请教别人。有说为革命，有说为名，有说为吃喝玩乐，有劝其不要苦思冥想。这些答案都不能令她满意，思想陷入矛盾的泥沼。2. 求助书籍，拼命看书。通过阅读，她惊叹现实中的人与事竟和大师们所写得如此相像，但看书并没有使她从苦恼中得到解脱。后来她从社会达尔文主义得到启示：人在利害攸关的时刻，都是按照本能进行选择，而不是真正虔诚地服从那些平日挂在嘴头上的崇高信念和道德。自己过去对人生的理解，她感到可笑。3. 看透人生，双重性格。一方面谴责这个庸俗的现实，另一方面又随波逐流。内心时而痛苦，时而平静。4. 表明自我，理解规律。感到与周围俗气的人格格不入后，她立志从事文学。并明确表示写东西是为了自我个性的需要，不是为了什么给人民做贡献。进而悟出一个人生规律：任何人，不管是生存还是创造，都是主观为自我，客观为别人。5. 内心矛盾，缺乏动力。她固执地捍卫着自己理解的人生规律，又充满矛盾，缺乏动力，最后不得不喊出："人生的路呵，怎么越走越窄，可我一个人已经很累了呀，仿佛只要松出一口气，就意味着彻底灭亡。"

以潘晓来信为开端，《中国青年》杂志（1980年第5期）组织发起了一场"人生的意义究竟是什么"的大讨论。关于这次讨论的缘起和用意，栏目中"编者的话"作了表述："像以往多次发生过的情形一样，在人类历史上每一次较大的社会进步的前夕，差不多都发生过一场人生观的大讨论。""今天，在我们的民族经历了如此巨大的灾难之后，在我们的国家急待振兴的重要关头，在科学文明已经如此发展的当代，人生意义的课题，必然地、不可免地在青年当中又重新被提出来了。""应该怎样看待社会？怎样对待人生？当理想和现实发生矛盾的时候怎样才能生活得有意义？一个人生命的价值何在？——让青年们自己来讨论这些严肃的问题吧！""我们相信，在一场对人生意义的广泛的、平等的、科学的探讨之中，青年们会有所收益。潘晓同志和更多的青年，会在各自不同的人生道路上，找到指引自己前进的路标！"

"潘晓讨论"很快在全社会引起广泛关注。一时之间，探寻人生意义成为青年的热门话题。《中国青年》开辟专栏开展讨论。群众性的笔谈讨论延续七个月，编辑部共收到57000多件信稿。投稿人来自全国各地工、农、商、学、兵等各条战线和党、政、工、青、妇等各个部门，还有港澳和大洋彼岸的青年朋友。编辑部共编发了111位读者稿件，约18万字。实际关心讨论的人数则远远超过这个数字。

"潘晓讨论"反映了历经劫难一代对幸福人生的理解发生了变化。这一代人与共和国同龄，他们是共和国成长的陪伴者和见证者，曾经分享过共和国最初的安宁和幸福，体验过社会主义主人的自豪和骄傲。十年浩劫，让他们的思想产生了大转折和大分化。经历过许多痛苦、变故，忍受过无尽失望、苦涩，遭受过可怕的折磨、挫折。这些苦难尚未远去，大量的社会弊端伴随着残酷的现实，又摆放在青年一代面前：1980年前后，几百万知青返城，浩浩荡荡挺进日渐艰难的城市。"文革"结束后，农民也获得了进城务工的机会，与返城知青争夺就业机会。升学、就业、婚姻、住房……多少年积压下来的各种矛盾，转变成突如其来的社会压力，青年在这些问题面前显得有些手足无措，感觉心力交瘁、疲惫不堪。这些人生基本问题形成交汇，纠缠着青年一代，使他们不由自主地思考幸福在哪里？消灭个性，强调服从；集体至上，强调统一。这些无我状态的幸福观曾使青年无比认同并追随，然而现实使他们学会用自己的头脑对以往的人生之路作出回顾和质疑。动荡社会成长起来的一代人，在追求虚无缥缈的社会理想之后，痛感人的价值、人的尊严的丧失，青年从对国家、对社会的关注转向了对自身、对自我的思考，从对国家、民族"毫不利己、专门利人"的幸福观的认同转向对具体实在的人生道路和自我价值的追求。

"潘晓讨论"反映了青年追求幸福的决心。20世纪70年代末，中国在经历了数百年的自我封闭之后，粉碎了"四人帮"，逐渐向世界打开大门，实行改革开放。1978年底，以真理标准讨论为契机的思想解放运动，极大地冲击着禁锢和压抑人的陈腐教条。青年历来是思想解放运动的先锋，无可争辩地走在前列，和全民族一道反思祖国这几十年走过的艰难历程，思考如何才能使国家早日摆脱贫困落后的现状，走上富强文明之路。青年所处的时代已不再是真空，国外高度发达的物质生产、遥遥领先的生活水平，给当时的青年一代以震惊之感，印象深刻。西方文化潮水般涌入，许多青年茶余饭后津津乐道于西方早期资产阶级启蒙思想中关于"人的价值""人的自由"等话题。在这个过程中，青年反观自身，也开始对自己过去所受教育的幸福观及追求幸福过程中所感受的人生现状进行对比和反思。"潘晓讨论"能在青年群体中引起如此广泛而深远的影响，正是反映出青年群体渴望展现个性风采、实现自我价值、追求幸福生活的共鸣和决心。

二 张海迪幸福吗——什么是幸福的人生？

任何时代都需要榜样。青年在寻找着自己的榜样的同时，积极探索人生之路。"文化大革命"结束不久，青年人感到自己是受伤害的一代：停课闹"革命"，荒废了学业；上山下乡，饱经磨炼但虚度了青春年华；历经磨难，不知前面路在何方。困惑、颓废、空虚等情绪伴随着这一代青年。当时在青年中有几个突出的问题：一是信仰危机，对国家的前途、对社会主义缺乏信心；二是风气问题，"打、砸、抢"的遗风还存在，缺乏文明礼貌；三是不适应经济建设和社会发展的需要，缺乏文化科学知识和技能。[1]

张海迪的出现，成为很多青年激励自己和努力奋进的榜样。张海迪于1955年出生于济南，5岁时因患脊髓血管瘤，高位截瘫，失去站立的能力。患病后的6年间，她先后动过4次大手术，摘除6块脊椎板，身体从第二胸脊以下失去知觉。[2] 在残酷的现实面前，张海迪没有气馁，没有自卑，而是用顽强的毅力和惊人的勇气，与不幸的遭遇展开了持之以恒的搏斗。她没有机会走进校门，却自学完成小学至中学的全部课程，还自学了英语、日语和德语等外语。在那个年代，能使用外语的人凤毛麟角，她却

---

[1] 魏久明：《用奉献精神充实自己生活的人——回忆宣传张海迪的一些事》，《中共党史资料》2008年第4期。

[2] 共青团中央研究室：《向张海迪学习什么》，《青年研究》1983年第6期。

能用英语交流，还翻译了16万字的外文著作和资料。15岁时随父母下放到聊城莘县一个贫穷的村子，她不能参加体力劳动，就给孩子们当起教书先生。虽病魔缠身，她却忍着疼痛自学针灸医术，不仅给自己治病，还为上万人次的乡亲提供无偿针灸治疗。张海迪秉承"人生的意义在于奉献，而不在于索取"的信念，她的事迹感动了千千万万的年轻人，成为当时很多青年前进的路标。

1983年3月1日，《中国青年报》发表了张海迪的自述文章《是颗流星，就要把光留给人间》，头版刊发长篇通讯《生命的支柱——张海迪之歌》。张海迪名扬中华，被称为是"八十年代新雷锋""当代保尔"。全国青年掀起一场学习"优秀共青团员"张海迪的热潮。《中国青年》杂志为了把这一活动引向深入，在1983年第8期发表了青年曾平的来信——《张海迪幸福吗？》，就此开展讨论，希望广大的青年积极参加讨论，敞开思想，联系实际，在讨论中求得正确的认识。

张海迪幸福吗？[①]

张海迪的事迹在社会上广为传播，人们以赞赏的口吻谈到这位身残志坚的姑娘。的确，她折服了我们许多人的心。但是，张海迪幸福吗？究竟什么样的生活才是幸福的呢？在这个问题上，大家各有各的看法。

一种看法认为：张海迪是幸福的。因为她经过一番艰苦的奋斗，终于让社会承认了她存在的价值。这也正是很多青年羡慕和向往的。自我设计——奋斗成才——实现自我价值，这是一个人寻求人生幸福的最佳途径。古今中外的不少名人不都是这么走过来的吗？我看张海迪也不例外。你看，她曾经对自己进行过各种各样的设计——画画儿、弹琵琶等，但都没有成功。最后，她终于找到了实现自我价值的道路——学外语。果然，她成功了，她出名了，她实现了自己说过的那句话："我得用自己的行动证明我能行。"在人们的赞赏声中，她难道不感到无比的幸福吗？通过奋斗成才，得到社会承认，从而实现自我价值，这已经成为一些青年的一种思想追求。而这种追求同"四化"建设需要大批人才是不矛盾的。只要社会能为渴望奋斗成才的青

[①] 作者曾平，刊登于1983年第8期《中国青年》杂志。

年开绿灯，尊重青年追求自我价值的权利，那么，个人的愿望得到了满足，社会也得到了进步。

另一种看法认为：张海迪也许是幸福的，但如果说只是一味贡献而不索取的苦行僧式的奋斗就是幸福，那么我既不羡慕，也不想得到。我是现实的人，我要求过一种文明的、现代的、实惠的生活。我要贡献，这贡献就是我的劳动，工作时间努力干，对得起自己的良心；我也要索取，这索取就是社会对我劳动的报酬。我索取我应得的，不占便宜，但也决不吃亏。我不会去损害他人，别人也不要来妨碍我。我要在自己的那块小天地里尽力驰骋，在建设我的物质生活的同时，也追求精神上的情趣高雅。谁能说我的这种做法不符合国家的要求，谁又能说我不是幸福的呢？

编辑同志，这些问题究竟该怎么认识？究竟什么样的生活才是幸福的，才是有价值的和值得追求的呢？

曾平

曾平的来信，反映了当时青年对幸福的不同理解。有的人认为，自我设计——奋斗成才——实现自我价值，是一个人寻求人生幸福的最佳途径。有的人认为，既要贡献，也要索取，在现实中过一种文明的、现代的、实惠的生活。来信刊登后，当时青年用自己的亲身经历和所见所闻，从各个角度就《张海迪幸福吗？》发表了诸多观点，归纳起来主要有三种：

第一，自我设计要兼顾自我完善与社会发展和谐统一。孙燕新在来信中说：任何个人都不可能脱离社会而生存，"自我价值"往往是通过社会价值来体现的，离开他人的社会活动，个人还有什么价值可讲！严金敏在信中说：张海迪之所以能成为奋斗路上的成功者，最根本的一点是因为她有"做一个对社会有用的人"的生活目的。为此，在选择自己的奋斗道路时，她能处处考虑到社会的需要。"'自我设计——奋斗成才——实现自我价值'并不是寻求人生幸福的可行途径。离开社会需要抽象地讲人的价值，是错误的。"许多青年来信谈到这一点，结合自己的亲身经历，说明仅仅局限在狭隘的个人圈子里，是找不到真正的幸福的。只有通过自己的努力给社会创造价值，给更多的人带来幸福，才能获得真正的幸福。

第二，要正确处理贡献和索取的关系。蒲东来信直言：离开这一现实,整日贡献,一味地去追求那种虚无缥缈的所谓崇高精神,这样的幸福再好也没有什么意思,不索取有什么幸福可言?解放军某部柏宗元说:"蒲东同志认为整日追求那虚无缥缈的崇高精神再幸福也没有意思,我看不见得。我们的战士乐意在边疆吃苦受累,为的是祖国和人民的安宁幸福。这就是崇高精神的体现。战士们是幸福的,因为'能使大多数人幸福的人,他自己本身也是幸福的'。"张海迪在《我所追求的幸福》一文中说道:这里讲的索取指的是不劳而获。"索取"和劳动报酬不是一码事。我们是社会主义国家,"各尽所能,按劳分配"是社会主义时期的分配原则。我并没有要朋友们不拿应得工资的意思。我的意思是,我们应该自觉地多为社会作些贡献,这样活着才有意义。

第三,探索人生之路应该把思索与行动相结合。张海迪幸福吗?不少青年的回答是肯定的。不少来信提到,张海迪并不是幸运儿。潘建国说:"因为她用自己的行动,证明了她能行;她流下的汗水,换来了丰硕的果实。"江苏马兵说:"自幼瘫痪是张海迪的不幸,但她终于实现了'为人民多做点什么'的目的。对社会有所贡献了,这就是张海迪的最大幸福。"张海迪的可贵之处就在于,她不仅是一个勤奋的思索者,还是一位坚定的实践者。她正视自身的弱点和身处的环境,用乐观积极的生活态度和客观辩证的思维方式来认识人生问题。从自身条件的局限出发,从社会发展的需要出发,她竭尽全力,用自身的全部力量投身实践,改造人生,改造社会,从中寻找人生的意义和自己的位置。同时,她在社会实践中边思索边行动,不断检验自己,完善自己。合理的人生探索,既不能听凭环境的摆布,无视自身实际和社会条件的客观存在,也不能超越客观环境,在头脑深处爆发革命,而应该是一个主客观统一的过程,不断在实践中深化对人生价值的理解。

学习张海迪是高校德育建设中将时代精神、榜样力量、学生心理与道德塑造结合起来的鲜活示范。① 张海迪的事迹引发的广大青年对幸福的思考,反映了一代青年探索和追求幸福的轨迹,也体现了伟大的变革时代为人们实现幸福人生提供了尝试的场所。党的十一届三中全会以来,实现了思想、政治、组织上的拨乱反正,重新确立了解放思想、实事求是的作

---

① 吴潜涛、徐艳国主编:《建党 90 年来高校德育发展的历史轨迹》,高等教育出版社 2012 年版,第 149 页。

风,并在全党、全社会推广。青年关注的升学、就业、住房等矛盾,正在得到逐步解决。青年人在经历"潘晓讨论"后,在思索和实践中逐渐走向成熟,失望、激愤、不满等情绪日趋减弱,越来越多的青年意识到我国建设有中国特色的社会主义道路为青年的人生之路展开了光辉的前景。追求幸福人生不仅是合理的,而且是积极的。青年在对"自我价值"与"社会价值"的重新评估、"贡献"与"索取"的合理把握、"思索"与"实践"的辩证关系中,逐渐认识到:幸福的人生,在于为社会尽责,把自己的命运和人民的命运紧密联系在一起,在为人民献身的过程中创造出有价值的一生。

三 "郎郎""寻帽"——幸福是享受还是奋斗?

社会关系的巨变,社会结构的重组,使得社会各阶层的人们重新寻找自己的位置,调整自己的生存和发展战略,产生了认知上的困惑、情绪上的波动和心理上的压力。大学生作为知识分子群体的一部分,相对于社会其他阶层,他们对现代思想和观念的刺激反应敏捷,对所接触的事物信息灵、反馈快,同时又面临前景未明、地位未定的压力,在新旧交替的空白处困惑。

1988年第1期《中国青年》刊载了一篇署名为"郎郎"的来信,题目为"我们究竟出了什么毛病",信中描述了大学生生活状态及存在的问题,诉说了大学生的苦恼和困惑、丑陋和渴望。这篇文章在大学生当中引起了强烈的反响。当年的《中国青年》第5期《大学生的"二律背反"》一文中曾这样描述:《我们究竟出了什么毛病?》的问题讨论,在全国(尤其是大学)引起强烈反响。截至3月底,来稿已逾千件。"郎郎"的信被全国各地的在校大学生争相传阅。据悉,南京大学、南京师大等院校还将"郎郎"的信誊写、张贴在学校的宣传栏上;北京师范学院、北京外交学院团委还以此为主题,用团日活动的形式连续召开座谈会,展开大规模讨论。从以上描述可以看出,"郎朗"在当时几乎成了中国大学生的代名词,如何"重塑当代大学生的社会形象"成为当时青年(尤其是在校大学生)关注、探讨的一个重点话题。

1989年第3期《中国青年》发表的署名为"无名"的来信《丢失的"草帽"在哪里?》,现时的快乐能不能代替未来的幸福与理想?该怎样理解真正的奋斗与享乐?"寻帽"问题被大学生提出并展开热烈的讨论。

丢失的"草帽"在哪里？[①]

编辑同志：

大概我在写一封荒唐的信。因为我很长时间没同人认真交谈了。每天说上几句话，就觉得很累，也觉得对得起这个世界了。

我这样说，你可不要以为我是个遇到了多少挫折的人。不，不是的。我还年轻，也许还未曾与人生的艰难真正搏斗过，所以也谈不上什么挫折。在我的生活中，值得一提的不痛快事只有两件，第一件是前不久，我和女友告吹了，原因是她说我活得无聊；第二件是我最近到一家公司找工作，公司经理跷着二郎腿对我说："你如果想图快乐，就回家玩去。"

我是在一个北方小城长大的，我的父母都是中学教师，对我可谓言传身教，关怀备至。在一片"懂事""听话""要强"的赞赏声中，我带着一个个满分念完了小学、中学，又考上了大学。与同龄人相比，我称得上路途平坦、顺风行舟。然而当我像傻瓜一样站在大学门口，听着摇滚乐、跳着迪斯科时，我才发现，我原来并不喜欢读书，难道我是为了别人的赞赏才来过这种苦行僧的日子？

据此，你已经可以想象我现在的生活：每天，我至少要玩4小时的麻将和围棋，也可能踢足球或打网球，凡是人们爱玩的，我差不多都会……晚上我要看电影、跳舞，如果哪个女生对我感兴趣，我还要陪她散步。

记不清究竟从哪天起，我开始变成这样，但对这种变化一点也不觉突然。也许，我该敬佩那些依然在疲惫地追求、搏斗，并且自得其乐的人，他们似乎很坚定，为了一个顽强的信念和理想而生活，但是我不能赞同他们。

我也曾是个地地道道的理想主义者，崇尚奋斗和追求。这种追求和梦想就如同我少年时在乡间戴过的草帽，它伴我割水稻、打猪草，伴我度过了那段清苦却充满激情与热望的日子。

而今，那顶带有土气与执着的"草帽"不见了，换成了礼帽、鸭舌帽，或许还有博士帽，这是不是现代文明洗礼的结果呢？

有人说，我们这代人是追求享乐与功利的一代人。这话或许有道

[①] 署名无名，刊登于1989年第3期《中国青年》杂志。

理。我的确试过去做两种人：一种是如何赚钱，一种是出国留学。可并不是谁都有条件成为这样的功利主义者。第一，赚钱并不轻松；况且，有了钱就一定快乐吗？第二，出国需要门路；尽管在许多人眼里，出国纯粹是逃避，缺少在自己国土上生存的勇气。我发现我成不了这两种人，剩下属于我的大概只有尽可能地高兴，尽可能活得潇洒……牛仔裤、霹雳舞、柔和七星，这一切使人轻松的东西都成了我性格的特征。尽兴之余，总有一种沉重积压在心头。我也曾不止一次地意识到，我正在过着一种在我少年时看来很可怕的生活，我希望在快乐中找到自己，反而一次又一次地迷失了自己。然而我知道，我拒绝不了这种诱惑，现代人不正是为了快乐而生活的吗？我们不正是在慢慢地学会为自己负责，为自己生活，使自己成为一个完整的、符合自己本性的人吗？

我很欣赏一句名言："现在就是未来。"就是说，未来的理想就是现时的快乐，现时的快乐也是未来的理想，在欢乐与理想之间，我们更注重前者，不愿以此为代价来换取另外的什么。"我可以一事无成，一无所有，但我不可以不快活。"

也许这种想法是一种危险的"混世哲学"，当祖国需要我们焕发巨大潜能，为它效劳的时候，我们却关起门来，问自己快活不快活。但这实实在在是部分人的生活态度。

对此，一部分社会学家对我们进行了分析，认为我们正处在心灵深处的迷茫地带，一种思潮正在以我们的弱点为突破口，用灰心、退却、庸俗来威胁每个人，我们也恰好需要用表面的快乐来掩盖深层人格的脆弱。

也有人认为我们被猝不及防地推进了一个拥挤的充满了竞争但又机会不均等的时代，因而出现了心理的失衡，无法攀登自我的喜马拉雅山。

还有人干脆断言我们是买卖型人格，由于在市场上受到冷遇，丢失了做人的目标。

我为自己茫然……为未来和理想而活着的人应该是欢乐的，可我还没开始追求便感受了痛苦，头脑中清晰的图像正在日益变得模糊，原来强健的精神大厦正在心中渐渐倒塌。我多希望，既拥有那片快乐的晴空，又戴上自己的草帽，对人们说：看，我在快乐中耕耘……

对不起。

无名

当年第 5 期《中国青年》中"编者的话"写道：本刊今年第 3 期发表的一封"丢失的'草帽'在哪里？"的来信，如石击水，引起读者强烈反响。千百封信飞向编辑部；大学生切磋琢磨，研究生摸黑儿座谈争论……青年朋友热烈讨论"寻帽"现象。许多青年认为，"无名"同学在追求理想和寻找快乐中产生的迷茫和困惑，是个人成长和社会变革过程中纷繁复杂的因素交互作用的结果，具有广泛的讨论价值。广大青年对"草帽"是什么、"草帽"要不要、"草帽"怎样编织等问题进行了有益的思考和探讨。

大学生的成长是时代精神的缩影。以"郎郎"为代表的中国大学生身上，既有传统社会的胎记，又有现代精神的萌芽。一方面，大学生是传统体制的"受益者"，品味着大锅饭的芳香，享受着体制为他们带来的种种"特惠"——平均主义式的助学金制度、"铁饭碗"般的学籍制度、无须选择的就业分配制度，可以在大学里抄作业、睡懒觉，甚至逃课旷课、考试作弊，最后混张文凭。另一方面，大学生自身的现代观念要求他们成为推动社会发展的适应现代化需要的人，希望做"青春的天使"和"现代文明的化身"。现代素质的养成与现代观念的吸收之间形成强烈的反差，使大学生不但无法心安理得地享受快乐，反而陷入更深的迷茫。

"寻帽"现象揭示了当时青年世俗化和社会化的冲突，青年在对幸福的理解中面临享乐与奋斗的两难选择。世俗化肯定幸福就是即时快乐，信奉以轻松、享乐和生活潇洒为宗旨的人生哲学，正如无名在信中所言："我可以一事无成，一无所有，但我不可以不快活。""在欢乐与理想之间，我们更注重前者，不愿以此为代价来换取另外的什么。"社会化则希望青年成为进取向上的"社会人"，最大限度地为社会创造物质和精神财富，重建心中的精神大厦，通过艰苦奋斗的实践，去确立人生的目标，实现幸福。现时的快乐能不能代替未来的幸福与理想？现代人该怎样理解真正的奋斗与享乐？"寻帽"讨论留给青年思考和反省的空间，过去的理想典型模型也慢慢转向为注重实际模型。商品经济的发展使青年的思想、兴趣、追求的多样化提供了可能，也为青年更现实、更全面地确立人生追求，真正把自己和社会联系在一起创造了空间。经过反思的青年更能明白：价值及价值所带来的幸福，永恒地建立在对理想的不断追求之中。现代文明的标志不是人人吃喝玩乐，而是社会中每一个成员都有较高的道德风尚和审美标准。青年唯有用辛勤和汗水，到社会实践中去编织适合自己成长、有助社会发展的"草帽"，那么即使是朴实无华的理想，也将使生命变得闪光。唯有如此，才能获得真正的幸福。

四 李明益来信——我不停地奋斗，幸福为何不眷顾？

1996年第10期的《中国青年》杂志，刊登了农村青年李明益的来信《深深的困惑》。信中叙述家在农村、出身贫寒的自己，不甘平庸，坚持自学大学课程，并离开家乡南下打工。她不停学习，拼命工作，却落得一身病痛，两手空空。多蹇的命运让她像一只被暴风雨淋湿翅膀的鸟一样，一次次败下阵来。李明益痛苦发问："十几年了，我从未放弃人生高远的追求，从未向命运向劫难低头。我努力着，我奋斗着，可是为什么家中困顿的情形没有改变？为什么我从未到达过那光明谐和的彼岸？为什么我一直困守着十几年如一日的苦苦挣扎，没有一丝成就昭示我努力的意义，没有一点愉悦辉映我奋斗的价值？受挫的感觉越来越强烈地困扰着我，我究竟什么地方错了？为什么总要背负'未果'的命运？为什么幸福从来不肯眷顾一个如此虔敬于生命执着于理想拒绝堕落拒绝庸俗的苦难女子？"

《中国青年》编辑部引导广大青年思考：什么是成功的人生？人生的意义在于奋斗还是那奋斗之后的可能辉煌？如何把握成功与机遇、机遇与准备之间的关系？我们是要脚踏实地恪守本分还是需要追逐梦想、寻觅高远？由此展开了一场《我不停地奋斗，为什么成功却离我越来越遥远》的大讨论。

理想与现实、命运与奋斗、失败与成功，这些是青年一代永恒关注的人生问题。李明益的文章一经发表，在读者中引起强烈反响，大批来稿来信寄往编辑部。一类信件述说了读信后在心中引起的巨大共鸣；另一类信件则真诚地提出了他们对李明益来信中的困惑的看法、解答的对策等。以下摘录部分观点：

"每个人在谋求发展以前，都要解决好生存的问题。你现在不必为生计发愁,已是一大胜利。"①

"奋斗,清醒地奋斗,不要气馁,更不麻醉自己,应有不达目的誓不罢休的劲头。靓丽的风景不只在终点展现,生长中逐渐展开的色彩往往并不逊于结果的辉煌。"②

"十几年的风风雨雨,你一直固守着心中的那份信念,并为之奋斗不止,在困难和挫折面前,你顽强地抗争着,你的经历与奋斗本身就是一种辉煌、一种成功。开头不幸,结局幸福,仍然称得上幸福。"③

"李明益在为不停地奋斗却离成功越来越远而痛苦时,我却认为这本身就已说明了社会的一种进步。16年前的青年感叹的是人生的路为什么越走越窄,而今天的青年痛苦的是难以成功,一个是因为缺乏选择,一个是因为无法把握。什么是成功?这是个见仁见智的问题。奋斗的快乐其实就在于奋斗本身而非结果。我们奋斗,因为奋斗就是我们的生活。"④

"人生是艰苦的。稍有理想而不甘于平庸的,时常在和周围的压力抗争。自己的幸福要靠自己去追寻,把你的努力再增加十倍吧!"⑤

从青年们的来信可以看出,虽然众说纷纭,但归纳起来一共有两点:一是判断成功和幸福的标准很多,通往成功和幸福的道路也远不止一条。二是拥有适合自己的理想,并不懈奋斗,在执着追求中寻找幸福。20世纪80年代以来,中国进入现代化进程,快速的社会变化在一定程度上通过青年的价值观念和行为模式折射出来。20世纪90年代对于中国青年来说,是一个话语让位于行动的时代,虽然青年对坐而论道不再感兴趣,但并没有放弃对理想的追求。我们国家多年来对"幸福""成功"等词的倡导和实践都是与国家、集体相联系,作为"个人"的幸福和成功,往往与自私自利画上等号。改革开放20年后,人们看问题的角度变得更全面更宽泛,呈现出多元价值判断。中国青年,无论来自城市农村,不管身处

---

① 王隽:《适者生存,我应不懈》,《中国青年》1996年第12期。
② 姜胜利:《让成功离你越来越近》,《中国青年》1996年第12期。
③ 郑健:《活得辉煌些只能痛苦些》,《中国青年》1997年第1期。
④ "潘晓"答李明益:《奋斗就是我们的生活》,《中国青年》1997年第1期。
⑤ 王晓兵:《把努力再增加十倍》,《中国青年》1997年第2期。

偏僻繁华，都永远走出了万众一心的"高大全"模式，开始追求多元的个体幸福和成功。

五 超越很艰难，守住亦不易——如何理解幸福的道德底线？

2001年第6期《中国青年》杂志刊登了著名作家梁晓声的文章《今日青年：一半幸运，一半迷惘》。文中指出："与中国以往任何时代的青年相比，20世纪70年代和80年代出生的中国青年，毫无疑问是幸运得多的——这不但是当代中国青年的幸运，也体现着当代中国的发展和进步。"这一时代青年的幸运，在于摆脱了传统的模式化人生，不再像其父母辈一样吃大锅饭挣工分、上山下乡、知青插队，过着统一的没有自主权的生活。他们逐渐走出缺乏人生原动力的状态，开始选择自己的人生，对社会的服从中多了掌控，对前途的未知变成争取。从这一点来看，他们的确是幸运的。然而，青年在选择自己人生的过程中不禁思考：什么样的选择是自己将来所不会后悔的？在遇到不公平的对待时，是否依然能笑面人生？梁晓声在文中写道："时下的大文化似乎总在齐心协力地诱惑人们——富有的生活早已摆在你面前，就看你想要不想要了！许多当代中国青年，面对如此聒噪不休的大文化，包括每每睁着两眼说瞎话的传媒，内心不但痛苦，沮丧，而且备感低贱和屈辱……与从前时代的中国青年相比，当代之中国青年，半数以上在确确实实地迷惘着。"① 文章质朴的语言和深邃的思想，引起了广大青年的共鸣。

道德与幸福的关系，历来是一个令人瞩目的论题。《中国青年》以知音的角色认真聆听青年的心声和疑问，吸引读者参与讨论。针对道德底线是守住还是超越这个青年共同的困惑，杂志在第7—10连续四期进行"我们的道德底线在哪里？"大讨论，在"我们的精神家园"专栏推出。青年群体对此话题反响热烈：有青年从公车上人们让座的表现看出道德底线的变迁，不禁感叹："十几年的光阴对于历史而言，只不过是弹指一挥间，但对于每个短暂的生命而言，却不能不说是一种变迁，而社会的道德观念和人们的价值观念也发生着不可忽略的变迁。"有青年从"一块红薯＝一堂道德课"联想开来，认为"每个人心中的道德底线都不可能是重合或平行的，最起码的一点，作为现代文明社会中的一员，首先要具备一定的

---

① 梁晓声：《一半幸运，一半迷惘》，《中国青年》2001年第6期。

社会公德心，能够自觉自律，不求扫涤天下，但必须要扫净自己心灵的小屋"。虽然当今社会的道德状况不能令人满意，但当时青年普遍的共识是：做人必须要坚守道德底线，这是通往幸福的必由之路，但应该允许每人有不同的道德底线。道德的表现不固囿于形式，不求动辄令世人侧目的效果；正如一滴水也能折射出阳光的七彩斑斓，一举手一投足一个不经意的善意的小动作，都可以尽显道德本色。

六　当幸福被列入政府责任——幸福中国从哪里起航？

2011年，全国人大十一届四次会议于3月5日在京召开，全国政协十一届四次会议于3月3日召开。全国两会召开前后，"让人民幸福"成为各地政府工作报告中使用频率颇高的词语。北京提出"让人民过上幸福美好的生活"；广东强调"把保障和改善民生作为建设幸福广东的出发点和落脚点"；深圳憧憬"2015年初步建成民生幸福城市"。"幸福指数""幸福中国"等话题越来越频繁地进入公众视野，"幸福"一词随春风吹遍大江南北。2012年国庆节前后，央视"走基层·百姓心声"节目连续九天播出街访节目《你幸福吗》，记者采用突然发问的方式，对全国各地3500多位不同行业的民众随机采访"你幸福吗？"和"幸福是什么？"两个问题，一时引发舆论狂欢。追求经济的发展同时，要关注民生的幸福，成为全社会的共识。幸福这一话题不再仅仅与个体的感受相关联，而是变成了一个被广泛关注的社会话题。

改革开放以来，我国政治、经济、文化以及社会生活等诸多方面发生了翻天覆地的变化。在政治领域，大力发展社会主义民主政治，人们的法律意识、民主意识得到普遍提高；在经济领域，建立和完善社会主义市场经济体制，人们的吃穿住行用水平明显提高；在文化领域，大力发展社会主义先进文化，人们精神世界日益丰富；在社会生活领域，大力发展社会事业，社会和谐稳定得到巩固和发展。这些领域所发生的显著变化，使得个人的权利得以保障，自由得以实现，个人作为独立的个体得到应有的尊重。这些都为人们感受幸福、追求幸福提供了有利的条件。客观而言，幸福需要政府提高条件保障，成为安定环境的守护者、公平正义的提供者、民生保障的塑造者。2012年11月8日，党的十八大在北京召开，十八大报告中与"民"相关的词汇共233次，字字温暖人心，句句令人鼓舞。13亿民众在祖国又好又快的发展进程中，享受和期盼着幸福生活。以习近平同志为核心的党中央,把保障和改善民生摆在突出位置,作出一系列重大决策和重大措施。2017年10月18日至10月24日,党的十九大在北京召开。党的十九大报告博大精深、内容丰富,贯穿着马克思主义的立场、观点和方法。报告中,"人民"一词出现高达203次,"人民美好生活"反复出现,凸显了党对保障和改善民生、提高人民生活水平的迫切要求。党的十九大报告明确指出:新时代我国社会主要矛盾是人民日益增长的美好生活需要和不平衡不充分的发展之间的矛盾。增进民生福祉是发展的根本目的。中国共产党人的初心和使命,就是为中国人民谋幸福,为中华民族谋复兴。

幸福不仅是个人话题,而且也是国家话题。2012年第15期的《中国青年》杂志,刊登了方糖的文章《幸福中国从哪里起航?》,文中指出,近年来,中国经济快速增长,已成为全球第二大经济体。但在物质生活水平得到迅猛发展的同时,人们的幸福感却反而下降了。这一现象不只存在于某一个阶层或群体,而变成了一个社会集体病症。在当下的中国社会,这一现象的原因何在,出路何在?同年3月17日,"幸福中国论坛"第一次会议在北京举行,专家学者、企业代表、政府官员等济济一堂,围绕"幸福中国"的价值理念与目标、实现路径等话题建言献策。2016年第1期《中国青年》杂志,刊登了刘善伟的文章《主动作为,让青年迎着幸福奔跑》,讲述的是一位名叫常强的小伙子,户籍在天津,工作在北京。此前,如果在天津购房只能商贷,对此他一直有些不平。住建部的《关于公积金异地个人住房贷款有关操作问题的通知》发布后,明确了异地互认原则。以后若在天津买房,就可以办理天津的公积金贷款了。常强无疑是受益者。以常强为代表的青年群体,对幸福的追求体现在实实在在的住房、收入、财富等硬件方面,也体现在工作经验、人际资源、知识积累等软件方面。无论是政府还是个人,都要主动作为,把改革的理想变为真切、暖心的便捷、幸福生活。可见,改革开放以来青年幸福观的演变,是我国社会发展的客观实际和多元价值观念综合作用的结果。

第三节　中国青年幸福观的演变轨迹

新中国成立以来,中国青年的幸福观发生了重大的演变,这一事实不容置疑。中国青年幸福观的演变是在守旧与创新、曲折与前进的抉择中实现的。纵观新中国成立以来中国青年的成长轨迹，以整齐划一的整体取向的幸福观为起点，以重视个人自我价值和自我感受的幸福观为过渡，最后回归到一种以个人为起点，妥善处理个人与社会关系的开放多元的幸福观并存。演变中的中国青年的幸福观，对幸福的认知从宏观到具体，对幸福的感受从单一到多元，对幸福的追求从服从到主动。

一　对幸福的认知：从宏观到具体

新中国成立以后到改革开放之前，青年的幸福观多以政治挂帅，直接受当时国家政治生活和经济生活的制约。20世纪60年代，许多报纸就革命青年的幸福观问题，先后开展了一次广泛而热烈的思想讨论。大众日报、南方日报、北京日报、山西日报等对"一个革命青年应该有什么样的幸福观""怎样正确地对待幸福""什么是无产阶级幸福观"等问题组织了讨论。当时比较一致的观点有[①]："无产阶级所理解的幸福观不能离开革命人生观，不能离开阶级分析的观点。""幸福是有阶级性的，不同的阶级对幸福观的理解是不同的，社会主义社会中有出息的青年的人生乐趣，要从改造自然的艰苦劳动和改造社会的艰苦斗争中去找寻。""革命青年应有革命志气和集体主义思想，认识到以追求个人名利当作劳动的目的是错误的。"可见，当时关于人生幸福的选择被划为截然分明的两类：资产阶级幸福观和无产阶级幸福观，社会号召青年应具有无产阶级的幸福观。无产阶级同历史上一切剥削阶级相反，它以集体幸福为中心，把消灭一切剥削和压迫、解放全人类作为自己的最大幸福。[②]

改革开放以来，青年对幸福的认知发生了重要的转向，由宏观的国家、集体幸福转而考虑具体的个体幸福。随着改革开放市场经济体制的引入和发展，"越穷越光荣"的幸福观不再受到青年追捧，个人通过劳动获得相应的物质报酬，追求物质生活幸福，这不仅不是可耻的，反而是值得尊重和鼓励的。青年以强烈的探求精神，以一种新的眼光看待整个社会的发展。在追求幸福的过程中，青年不可避免地遇到自我与社会的关系问题。幸福所包含的人生快乐的体验、需要的满足以及未来的憧憬，究竟是指向社会，还是指向自我？这是社会主导价值观念一直想明确引导的问

[①] 洪声里：《许多报纸讨论"什么是人生的最大幸福"》，《新闻业务》1963年第12期。
[②] 叶汝贤：《学习雷锋的幸福观》，《中山大学学报》1964年第1期。

题。面对人生路上的各种问题，青年尝试从各种理论书籍中寻找通往幸福人生的答案，各种思潮纷至沓来。自20世纪80年代起，青年群体中出现了一个又一个的文化热点。先是"文凭热"，为了一个座位可以在图书馆的门外等待两个小时，在门口排起长龙。紧接着是"读书热"，从萨特到弗洛伊德，从尼采到韦伯，从金庸到琼瑶……再到后来出现的"卡拉OK热""流行歌曲热""出国热"。热潮的更迭在某种程度上可以看作青年追求幸福的心路历程，青年借助一时的"热"来追求自我，通过"潮"的表现形式张扬群体的自身价值。在这种精神的推动下，青年对幸福的关注，逐渐从国家大事转向个体自身的发展领域，他们更注重微观的、个体的具体问题的解决，期待在现实生活中寻找幸福体验。青年的幸福观逐渐从国家哲学转向生活哲学，从理论问题走向具体实践，注重实现个人的发展和价值的实现。

二 对幸福的感受：从单一到多元

在传统价值体系中，社会作为一个整体，统治者以维护自身利益为出发点，决定了社会取向的价值体系。在新中国成立后的较长一段时间内，在高度集中的计划经济体制下，为了保证制订的计划能不折不扣地执行，防止分配上的纠纷导致对社会秩序的破坏，必然要建立一种注重集体、强调服从的社会结构，引导人们以集体的兴旺和社会的稳定为重，以个人的需求和感受为轻。青年必须安于自己的本分，把握自己的身份，以便融入群体生活之中。20世纪50年代的青年王国伟回忆说："那个年代的人啊，没那么多想法，我觉得当时穿着工装，特别是衣服口袋上印有'首都钢铁厂'几个红字的那种，就倍儿骄傲，倍儿幸福。"[1] 20世纪60年代的青年谭仲甫则说："那个年代最大的幸福，就是希望每天起得早一点，排队排得靠前一点，能顺利买到牛奶给娃儿充饥，就知足了。"[2] 20世纪70年代的青年刘兰兰说："那个年代的人不像现在的人那么看重爱情的浪漫。大家都觉得，不需要浪漫和激情，能相依相伴，有工作，有家庭，健康平静地活着就是一种幸福，在平平淡淡中享受自由而充实的人生就是最大的幸

---

[1] 齐岳峰：《50年代幸福观：穿上"工装"倍儿幸福》，《小康》2012年第11期。
[2] 谭畅：《60年代幸福观：唱着红歌干革命》，《小康》2012年第11期。

福。"① 社会取向的价值导向和物质的严重匮乏，使当时青年对幸福的感受比较单一。

随着现代化进程的推进，特别是社会主义市场经济的确立，青年群体中的社会取向发生了一定程度的蜕变，与此相对应的自我取向开始出现。自我取向重视个体的感受和作用，强调个体在集体中的地位，促使个体开始重新认识和评价"自我"。这在幸福观上的转变表现为对个人幸福感受的重视。幸福作为一种主观感受，具有很强的个体性，取决于个体对于幸福价值的理解。例如，20世纪80年代的青年白雪觉得："自己这一代人，不仅会喜欢炸鸡的味道，习惯咖啡的香味，还跟着动漫与电视一起长大。用自己的方式与世界相处。"② 而20世纪90年代的青年王旭则放弃熟悉的建筑领域而致力于为孩子们提供更大的搭建创意积木的教育场所，他说："其实我现在对于幸福的期盼很简单，就是能和这些孩子们一起快乐地成长，这就是最幸福的事情。"③ 在各自的生活价值目标的指引下，青年对幸福的理解变得多元，且具有鲜明的个性特征，并可以自由地去体验不同的幸福感受。

三 对幸福的追求：从服从到主动

个人的思想总是鲜明地烙上时代的印记。从新中国成立到改革开放，青年的幸福观与当时国家的经济制度和政治生活密切相连。受计划经济体制影响，当时人们的物质生活水平处于相对均等的贫困状态，"越穷越光荣"的价值观念在一段时期内深入人心，人们对物质享受的追求被抑制，甚至不能将物质享受包含于幸福生活之中。政治挂帅的社会整体价值取向，要求人们"重政治、轻生产""不计劳动报酬，只讲政治觉悟"。国家按计划统一安排人们的日常生活，个人的合理利益追求受到抑制，青年人的自主性和主动性得不到发展，个人对幸福的理解和追求，不得不妥协和服从于这些口号。在国家安排的基础上，如果有人试图摆脱事先计划而对个人的生活状态做出一点点改变，就会立刻面临"贪图享乐""境界不高"等批判和指责。个人的幸福在政治挂帅的主导下，出现了以社会的特

---

① 刘建华：《70年代幸福观：过河时摸到了"石头"》，《小康》2012年第11期。
② 罗屿：《80年代幸福观：时间就是金钱》，《小康》2012年第11期。
③ 曹伟：《90年代幸福观：市场改变了一切》，《小康》2012年第11期。

定目标作为人生幸福的主要的甚至是全部的内容的偏向,个人的真实感受和内心愿望被压制和忽视,服从组织安排就是幸福。特别是社会的奖赏和政治上的进步,比如受表彰、入党等,在当时的普通人看来,就是最大的幸福。

回顾历史,十年浩劫是我国历史上不忍触碰的伤疤,和青年开了一个十分残酷的玩笑。青年压抑着自我发展、自我完善的强烈欲望,遵循着"红宝书"的教诲,虔诚地信奉"集体主义"原则,连文章、著作等都被贴上"革命"的标签,以"写作组""创作组"等名字作署名。但他们内心的惆怅、困惑却无法消除,蓄积在心头,期盼有一天,能解开心中的阴霾。党的十一届三中全会揭开了党和国家历史的新篇章,使万马齐喑的中国发生了天翻地覆的变化。大地复苏,社会解冻,历史前进,人的存在价值得到重视,青年可以名正言顺地去拼搏奋斗了! 伴随着改革开放的全面展开,中国社会的体制、结构、关系以及思想观念等出现了急剧变化。社会主导观念并没有放松对青年与人生幸福的认识与理解的引导,但力图赋予较少的社会内容。在改革开放的大背景,市场经济的运行等机制,都为社会中每个成员提供了相对公平的竞争环境,为自己价值的实现提供了土壤。青年人的思想日益开放活跃,人的主体意识得以觉醒,他们不愿在传统的价值观念框架下度过自己的一生,不再把社会主导观念视为人生幸福的唯一参照物,而是希望通过自己的努力学习、勤奋工作,以主动实践实现自我价值,收获自身幸福。青年迫切希望能运用自己的能力,发挥自身主体性,使自己内在的本质力量对象化,同时获得更全面而又和谐的发展。"一个人越是意识到自己的能力,并生产性地运用这种能力以增进他的力量、信仰及幸福,他与自身异化的危险就越小;由此我们可以说,他创造了一种'善循环'。正如我们已指出的那样,欢乐和幸福的体验,不仅是生产性生活的结果,而且也是生产性生活的激励因素。"① 由被动接受灌输到积极自我设计的转变,是40余年来青年幸福观演变的重要特色之一。

在青年幸福观演变过程中,对幸福的认知、感受和追求是相互联系、相互渗透、相互促进的。对幸福的认知是出发点和基础,对幸福的感受是

---

① [美]弗洛姆:《为自己的人》,孙依依译,生活·读书·新知三联书店1988年版,第209页。

必要条件，对幸福的追求是落脚点和目的。但是，在现实的实践过程中，这三者有时发展一致相互统一，有时在发展水平上会出现不平衡，产生矛盾。这是在这种矛盾的推动下，通过提高青年的幸福认知、丰富青年的幸福情感、提升青年的幸福行为，使上述要素辩证发展、和谐统一，进而帮助青年树立科学正确的幸福观。

第五章

当代中国青年幸福观的现实审视

不要只想着成功——你越想成功,就越容易失败。成功就像幸福一样,可遇不可求。它是一种自然而然的产物,是一个人无意识地投身于某一伟大的事业时产生的衍生品,或者是为他人奉献时的副产品。幸福总会降临的,成功也同样:常常是无心插柳柳成荫。我希望你们的一切行为服从良心,并用知识去实现它。总有一天你会发现,当然是相当长的时间之后——注意,我说的是很长一段时间后!——正是这种不关注,成功将降临于你。

——维克多·弗兰克

真正的幸福在于明白生活不是一张获取成就的清单。你的资质和简历,那些都不是生活。生活是艰难的,复杂的,不完全受个人控制的。知道这一点会让你度过人生的那些起伏和波折。

——J. K. 罗琳

我们的爱,应该是给我们所爱的人带来和平和幸福。如果我们的爱存在占有私心,我们便没有可能给他们平和快乐;相反,我们只会令他们感到被困。这种爱不外是一种牢狱。我们爱的人不会接受牢狱式的爱,这种爱会变成逃避和愤恨。

——一行禅师

幸福观的形成和发展受到各种主客观因素的影响和制约。每个人所在时代、所处境遇、所受教育不同,心理特征各异,持有的幸福观也各不相同。如今,中国已经进入改革开放和社会主义现代化建设新时期,各项事业取得重大成就,构建"幸福中国"已成为我国政府的施政导向。当代青年身处社会转型期,各种机遇与挑战并存,人们的生活方式也发生了重大变化,不同地区、不同行业、不同群体之间的价值和利益冲突不断增加，多元的幸福价值和追求使当代青年的幸福观较传统社会呈现出新的态势。把握时代脉搏，树立正确的幸福观，是我国青年健康成长和各项事业获得成功的必要前提。了解和掌握当代青年对幸福观的认识及其幸福现状，是开展幸福观培育十分关键的一环。

第一节　当代中国青年幸福观的现状调查

为进一步深入了解当代中国青年幸福观的现状，须对当代中国青年做出实证调查研究，方能对症下药。为此，在对近年来幸福观调查的文献进行归纳总结的基础上，笔者采用调查问卷和个案访谈两种实证调研方法，结合观察法和文献法，以期通过第一手调查数据的分析和解读，较客观地把握当代青年幸福观的总体现状，深刻剖析当代青年幸福观的新态势以及幸福观培育面临的诸多挑战，为高校和社会各方力量更有效地进行幸福观培育提供理论依据和有益参考。

一　研究目的与问卷编制

科学正确的幸福观有助于当代青年获得真实的幸福。笔者在广泛阅读、分析相关研究成果的基础上，设计出自己的调查思路，确定了研究的对象、方法和预期目标等。本次调查选取14—30周岁的青年作为研究对象，开展分层抽样的方法，旨在了解当代青年对幸福的理解、幸福目标取向、幸福感受、幸福实现途径及当代青年幸福观培育的看法。

调查问卷的编制过程中，笔者在对中西方传统幸福观、马克思主义幸福观及新中国成立以来当代青年幸福观变迁的历史规律进行深入探讨的基础上，运用归纳和演绎的方法，将金钱与幸福、需要与幸福、道德与幸福、能力与幸福、机遇与幸福、国家发展与个人幸福之间的关系，当代青年对幸福类型的理解以及对幸福目标取向及预期等进行了归类和概括，并选取了"宁可在宝马车里哭，也不愿在自行车上笑"等较有争议的观点，用来测试被测试者的主观态度。问卷成形后，笔者邀请本领域的专家学者对问卷进行评阅，并根据反馈意见对题项进行修缮。接着，笔者在杭州市西湖区随机选取了100名青年进行了试测，在此基础上经过部分修改最终形成定稿《当代青年幸福观及其培育问卷调查》，调查问卷的具体内容见附录。

除前言和结语外，本次调查问卷的主体主要包括五个部分：第一部分是被调查者的基本情况，共有7道选择题，包含年龄、性别、政治面貌、文化程度、婚姻状况、职业种类、每月平均收入水平等。第二部分是当代青年对幸福的理解，共有13道选择题，主要是从金钱与幸福、需要与幸福、道德与幸福、能力与幸福、机遇与幸福、国家发展与个人幸福之间的关系，对常见的有关幸福观点的态度，以及对幸福类型的理解等方面进行考察。第三部分是当代青年的幸福目标取向及感受，共有5道选择题，主要围绕当代青年感到幸福和不幸福的主要因素、幸福程度、未来幸福的信心以及压力来源开展调查。第四部分是当代青年实现幸福的途径，共有4道选择题。第五部分是当代青年对幸福观培育的认识，共有6道选择题。最后希望被调查者对当代青年幸福观及其培育提出看法和建议。

二 研究方法与样本情况

为更全面、客观地获取调查数据，调查组选取我国大陆地区的不同区域，如北京、上海、广州等一线城市，杭州、武汉、福州等省会城市，平凉、绍兴、安康等地级城市，浙江丽水、嘉兴等地的农村作为调查范围。同时按照职业的种类，将青年分为农村务农、城市务工、单位职员、自主创业、在校学习、失业等不同的类别。调查组通过分层抽样的方法，深入学校、企业、社区、农村、建筑工地等，主要进行问卷调查和个别访谈两种形式的调查。调查组在全国范围根据选定的不同区域的12个市县发放问卷5500份，由被调查者采用匿名的方式填写问卷后，调查组成员进行回收。经统计，问卷回收共计5428份，回收率98.7%，其中有效问卷5291份，有效回收率96.2%。问卷回收后，调查组成员分工合作，对有效问卷进行编码并输入Excel工作表，对调查数据进行处理分析。本次调查的基本信息见表5-1。

表5-1　　　　　　　　　　问卷调查的基本信息

调查类型	调查选项	分布情况（人数）	分布比例（%）
年龄	14—30周岁	5291	100.00
性别	男	2583	48.82
	女	2708	51.18

续表

调查类型	调查选项	分布情况（人数）	分布比例（%）
政治面貌	团员	3496	66.07
	党员	805	15.21
	民主党派	31	0.59
	群众	959	18.13
文化程度	初中及以下	462	8.73
	高中	1189	22.47
	大学（或大专）	3123	59.03
	研究生及以上	517	9.77
婚姻状况	未婚	4225	79.85
	已婚	1053	19.90
	离异	13	0.25
职业种类	农村务农	104	1.97
	城市务工	286	5.41
	单位职员	2106	39.80
	自主创业	299	5.65
	在校学生	2379	44.96
	失业	117	2.21
每月平均收入	2000 元以下	2457	46.44
	2000—5000 元	1885	35.63
	5001—8000 元	676	12.77
	8000 元以上	273	5.16

从表 5-1 可以看出，本次调查的基本情况包括年龄、性别、政治面貌、文化程度、婚姻状况、职业种类、每月平均收入。调查结果中，参与对象均为 14—30 周岁的青年；从性别来看，男性占 48.82%，女性占 51.18%，比例均衡；从政治面貌看，团员占 66.07%，群众占 18.13%，党员占 15.21%，民主党派占 0.59%，团员比例略高，这与调查群体的年龄结构相吻合；从文化程度看，初中及以下占 8.73%，高中占 22.47%，大学（或大专）占 59.03%，研究生及以上占 9.77%；从婚姻状况看，未婚占 79.85%，已婚占 19.90%，离异占 0.25%；从职业种类看，调查对象包括农村务农青年（1.97%），城市务工青年（5.41%），单位职业

（39.80%），自主创业青年（5.65%），在校学生（44.96%）、失业青年（2.21%）；从经济收入看，被调查者中月平均收入在2000元以下的占46.44%，2000—5000元的占35.63%，5001—8000元的占12.77%，8000元以上的占5.16%。通过描述性统计，本次调查的样本整体分布较为科学。在调查过程中，也召开了若干小型座谈会，与部分青年进行了面对面的个案访谈，获取了具体、现实的有关青年幸福观的资料，确保本次调查研究具有真实性和可靠性。

第二节 当代中国青年幸福观现状及分析

当代青年如何理解幸福？他们追求什么样的幸福？他们的幸福感如何？他们主张通过什么方式获得幸福？这些问题涉及青年对幸福含义、幸福目标取向、幸福感、实现幸福途径等方面的理解。

一 当代中国青年对幸福的理解

笔者认为，幸福的实现既离不开客观条件，又是一种积极的主观心理体验。为此，本调查从当代青年对金钱与幸福、需要与幸福、能力与幸福、道德与幸福、个人幸福与国家发展等关系的认知情况，来了解他们对幸福含义的理解是否客观、全面。

（一）关于金钱与幸福的关系

美国南加州大学的伊斯特林（Easterlin）教授在1974年最早发现了这样一个现象：居民的幸福水平并未随着经济的增长而不断提高。这一结论就是当前人们常提到的"幸福—收入之谜"或"幸福悖论"。一定的物质保障是幸福生活的基础，但金钱与幸福之间并非线性关系。在调查中，有2851名青年认为两者"有相关性，但不是正比关系"，占比最高，为53.88%；有1356名青年认为"金钱是幸福不可缺少的组成部分"，占25.63%；有932名青年认为"金钱与幸福成正比，钱越多越幸福"，占17.61%；也有126名青年认为"金钱有时导致不幸福"，占2.38%。调查结果见图5-1。

从调查结果看，大部分青年承认幸福的获得需要有一定的物质基础，但两者不是呈现出线性关系。这说明当代青年对金钱与幸福的关系有着比较理性的认识，但在市场经济蓬勃发展的时代大背景下，必须加强引导，

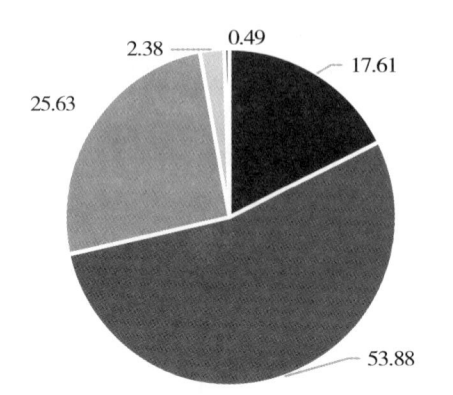

图 5-1　金钱与幸福的关系（单位:%）

以免使部分青年走入拜金主义的误区。

（二）关于需要与幸福的关系

幸福是一种积极的心理体验，离不开需要的满足，而这种需要应该是有利于人的生存和发展的迫切而合理的需要，且这种需要的满足要通过正当途径得以实现。在调查中，有 1014 名青年认为"人的需要得到实现就能幸福"，占 19.16%；有 520 名青年认为"人的迫切而合理的需要得到实现才能幸福"，占 9.83%；有 3367 名青年认为"人的迫切而合理的需要通过正当途径得到实现才能幸福"，占比最大，为 63.64%。调查结果如图 5-2 所示。

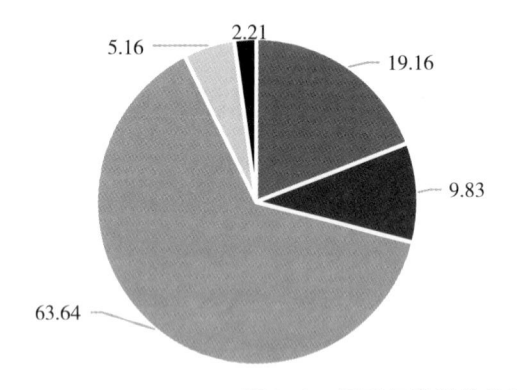

图 5-2　需要与幸福的关系（单位:%）

从该选项的设计可以看出，前三个选项之间是层层递进的逻辑关系：需要是幸福的要素，迫切需要而非一般需要的满足，是一个人实现幸福的动力。而这种迫切需要必定是有利于自身的生存和发展的，是一个人合理的、正当的需要，且必须通过正当途径得到。由此可以看出，选项"人的迫切而合理的需要通过正当途径得到实现才能幸福"是三个选项中最符合"需要与幸福的关系"的选项。从调查结果看，认同这一观点的比例最高，说明大部分的青年对于需要与幸福的关系有着较为理性的认识。当然，我们也要看到有超过四分之一的青年认为"人的需要得到实现就能幸福"或"人的迫切而合理的需要得到实现才能幸福"，这些青年未能意识到需要有合理与非合理、途径有正当与非正当之分。在追求幸福的过程中，若未能很好地把握这一点，坚持不合理的需要或使用非正当的手段，都会偏离幸福的轨道。

（三）关于道德与幸福的关系

德福关系历来是人们讨论的话题。在对"道德与幸福关系"的理解中，有572名青年认为"有道德的人就是幸福的人"，占比10.81%；有2275名青年认同"有道德的人不一定是幸福的人"，占比最高，为43.00%；有1144名青年认同"没有道德的人肯定不会幸福"，占比21.62%；也有6.33%的青年认为"没有道德的人照样能幸福"，15.18%的青年认为"道德与幸福毫无关系"。如图5-3所示。

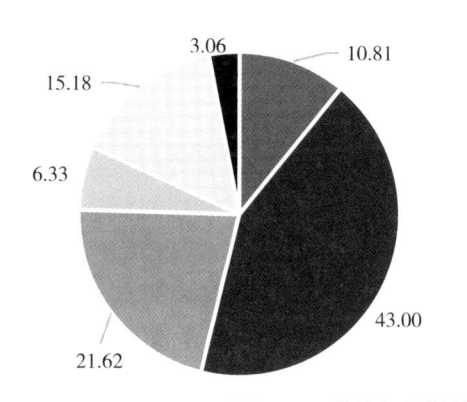

图5-3 道德与幸福的关系（单位:%）

在本次调查中，认为"有道德的人不一定是幸福的人"所占比例最高，这与近年来社会上德福相悖事件时有发生有关。在现实生活中，德福一致、好人好福的现象固然枚不胜举，但德福相悖、恶人享福的现象也时有发生，诸如"帮扶老人反被讹"等事件被人们所广泛关注，透露出道德的缺失和人际的冷漠，使我们不得不承认，德行有时带来的不是幸福，而是痛苦。现实社会生活中发生的热点事件都强烈冲击着当代青年的幸福观，影响着他们对道德与幸福关系的认识。"没有道德的人肯定不会幸福""有道德的人就是幸福的人"的观点说明这些青年认为道德是幸福的前提和保障，道德和幸福之间存在一定程度的正相关关系。从调查中我们也可以看到，大部分青年能理性审视道德与幸福的关系，对德福关系的认识比较客观，但也有少部分青年的认识存在偏颇。有超过20%的青年认为"没有道德的人照样能幸福""道德与幸福毫无关系"，这部分青年没有认识到幸福应具有的道德意义，不利于幸福的实现。在访谈中，也有青年谈到，学校教育里传授的人生价值观念、道德准则，就像一幅美丽的画卷，一接触社会就会被撕毁了。不可否认，面对经济全球化带来的各种思想文化的相互激荡，社会中的确存在一些不正之风和腐败现象，是非、善恶、美丑的界限变得模糊，甚至出现颠倒。面对日趋复杂的社会环境，青年在追求幸福的过程中，更要时刻清醒头脑，优化品德素质，主动践行道德原则，选择合理合法的行为，把追求幸福的行动建立在理性认知道德与幸福的关系之基础上，方可体验到人生的意义感、满足感和喜悦感。

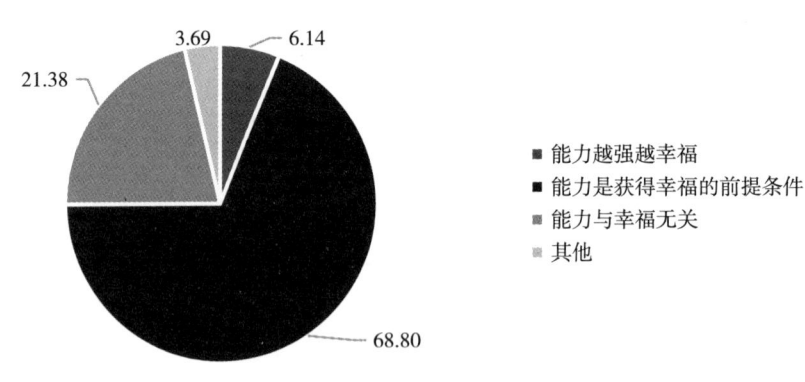

（四）关于能力与幸福的关系

关于能力与幸福的关系，调查中，有325名青年（占6.14%）认为"能力越强越幸福"，有3640名青年（占68.80%）认为"能力是获得幸福的前提条件"，也有1131名青年（占比21.38%）认为"能力与幸福无关"。如图5-4所示。

图5-4 能力与幸福的关系（单位:%）

从调查中可以看出，绝大部分的青年认为能力与幸福之间没有必然的线性关系，能力只是获得幸福的前提条件。这种认识是较为合理的。我们认为,幸福是一种能力,幸福能力包括人们察知幸福、体验幸福、追求幸福和创造幸福的能力。应该说,一个人的能力大小程度与其能取得的成就之间有一定相关性,能力越大,就越可能取得较大的成就。然而,不管是感受幸福的能力还是创造幸福的能力,都必须通过不损害他人的生命生存和发展的正当途径获得。否则,能力越大,对社会的危害反而越大,离幸福目标也就越远。

(五)关于机遇与幸福的关系

关于机遇与幸福的关系,调查中,有722名青年认为"幸福的获得主要靠机遇",占13.65%;有2730名青年认为"机遇是实现幸福的必要条件",占51.60%;有1342名青年认为"机遇与幸福无关",占25.36%。如图5-5所示。

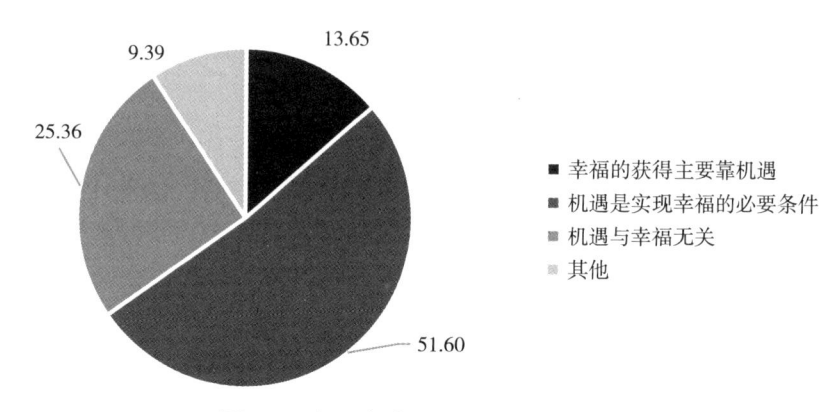

图 5-5 机遇与幸福的关系(单位:%)

机遇是一个人实现幸福的必要条件。从"幸福"一词的词源来看,中文中的"幸"就有"幸运"的意思,其英文"happiness"的词根"hap"也有好运、命运的意思。一个人即使拥有天资和努力,若没有后天的机遇,也不可能成就一番事业。就如一粒种子,若没有水和土壤,也不能开花结果。因此,亚里士多德说:"幸福是需要外在的时运为其补充,所以有些人就把幸运和幸福等同。"① 需要指出的是,机遇的好坏顺逆虽然影响着一个人的成就和幸福,而人们也总是期待那些有利于发展天赋、实现幸福的顺境,但逆境并不会阻塞一个人成才和幸福的道路。在一

---

① [古希腊]亚里士多德:《亚里士多德全集》(第8卷),苗力田译,中国人民大学出版社1997年版,第18页。

定条件下，身处逆境的人也可能激发出潜能，通过发奋努力，取得更大的成就，实现幸福。当然，逆境成才需要付出比顺境多得多的努力。在本次调查中，绝大部分的青年认为机遇是实现幸福的必要条件，也有一部分的青年没有认识到机遇这一要素是人生成功和幸福实现的重要因素。青年无论身处顺境还是逆境，都应正视现实，发挥潜能，发奋努力，实现幸福。

（六）关于个人幸福与国家发展的关系

在个人幸福与国家发展的关系问题上，调查中，有3276名青年认为"非常密切，国家强大了，个人的幸福才有保障"，占61.92%；有1430名青年认为"关系一般，我追求成功，或许需要国家政策的支持"，占27.03%；也有455名青年认为"没有关系，我靠自己努力，与国家无关"，占8.60%。如图5-6所示。

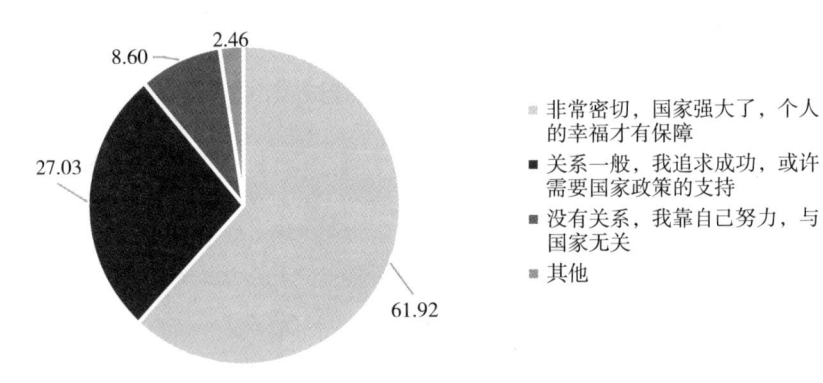

图5-6 个人幸福与国家发展的关系（单位:%）

我们每个人的存在，都与社会息息相关。国家的稳定发展和进步为每个社会成员的成长和发展提供良好的环境和必要的条件。绝大部分青年能认识到个人幸福与国家发展之间的关系，认为个人的幸福离不开国家的发展强大。特别是在国家发生地震、爆炸等重大事件时，当代青年总能以炽热的责任心表达着对国家、对社会的爱，将国家的稳定和发展置于个人幸福之上。但从调查中也可以看到，当代青年在追求幸福过程中开始走向务实，他们看待问题的视角逐渐从国家转移到个人，在注重为社会贡献的同时更注重自我价值实现。也有少部分的青年认为个人幸福与国家发展之间没有关系，说明他们对两者的关系缺乏理性认识，必须引起高度重视。

（七）关于幸福类型的理解

幸福是个复杂而深刻的多元概念。从关系的维度可分为个人幸福和社会幸福；从需要的分类可分为物质幸福和精神幸福；从创造性角度看可以分为创造幸福和享受幸福；从时间维度看可以分为现实幸福与未来幸福。

从调查结果看，在回答"您认为个人幸福与社会幸福哪个更重要？"时，有1049名青年选择"个人幸福更重要"，占19.83%；有543名青年选择"社会幸福更重要"，占10.26%；有3699名青年选择"两者统一更重要"，占比最大，为69.91%。可见选择"个人幸福更重要"的青年比例大于选择"社会幸福更重要"的青年比例。如表5-2所示。

表5-2　　　　　　　　个人幸福 VS 社会幸福

选项	频率（人）	百分比（%）	累计百分比（%）
个人幸福更重要	1049	19.83	19.83
社会幸福更重要	543	10.26	30.09
两者统一更重要	3699	69.91	100.00

在回答"您认为物质幸福与精神幸福哪个更重要？"时，有939名青年选择"物质幸福更重要"，占17.75%；有527名青年选择"精神幸福更重要"，占9.96%；有3825名青年选择"两者统一更重要"，占比最大，为72.29%。可见选择"物质幸福更重要"的青年比例大于选择"精神幸福更重要"的青年比例。如表5-3所示。

表5-3　　　　　　　　物质幸福 VS 精神幸福

选项	频率（人）	百分比（%）	累计百分比（%）
物质幸福更重要	939	17.75	17.75
精神幸福更重要	527	9.96	27.71
两者统一更重要	3825	72.29	100.00

在回答"您认为创造幸福与享受幸福哪个更重要？"时，有866名青年选择"创造幸福更重要"，占16.37%；有905名青年选择"享受幸福更重要"，占17.10%；有3520名青年选择"两者统一更重要"，占比最大，为66.53%。可见选择"享受幸福更重要"的青年比例大于选择"创造幸福更重要"的青年比例。如表5-4所示。

表 5-4　　　　　　　　　创造幸福 VS 享受幸福

选项	频率（人）	百分比（%）	累计百分比（%）
创造幸福更重要	866	16.37	16.37
享受幸福更重要	905	17.10	33.47
两者统一更重要	3520	66.53	100.00

在回答"您认为现实幸福与未来幸福哪个重要？"时，有949名青年选择"现实幸福更重要"，占17.94%；有455名青年选择"未来幸福更重要"，占8.60%；有3887名青年选择"两者统一更重要"，占比最大，为73.46%。可见选择"现实幸福更重要"的青年比例大于选择"未来幸福更重要"的青年比例。如表5-5所示。

表 5-5　　　　　　　　　现实幸福 VS 未来幸福

选项	频率（人）	百分比（%）	累计百分比（%）
现实幸福更重要	949	17.94	17.94
未来幸福更重要	455	8.60	26.54
两者统一更重要	3887	73.46	100.00

从青年对幸福类型的理解可以看出，绝大部分青年能辩证统一地看待各种幸福类型之间的关系，说明多数青年对各种类型的幸福在认知上较为全面，具有辩证分析的思维，能较为理性地认识幸福。但从调查中也可以看出，仍有相当一部分青年对幸福的理解存在误区，例如，过分看重个人幸福，重视物质幸福而忽视了精神幸福，偏重于享受幸福，体现出一定的实用主义和功利主义等。

二　当代中国青年的幸福目标取向及幸福感

幸福目标取向是幸福观的核心内容。幸福目标是一系列具有具体内容的人生活动目标，涉及青年的日常生活、社会交往诸领域的内容。每个人对幸福的理解都不一样，故幸福目标取向也不尽相同。幸福目标取向反映出人们对幸福的认识和理解，决定并影响着一个人的人生态度。在本次调查中，从"您感到幸福的主要因素"和"您感到不幸福的主要原因"两个方面对幸福目标取向进行了分析。

(一) 青年感到幸福的主要因素

在本次调查中，青年认同幸福的目标取向由高到低依次为家庭美满（72.71%）；身心健康（66.83%）；人际关系协调（64.86%）；学业/事业有成（59.46%）；有尊严、有价值（57.00%）；有钱，物质富裕（47.65%）；能为社会或他人作贡献（42.77%）；有目标，有信仰（36.46%）；生活自由自在（31.94%）；受到社会或他人的关爱（19.03%）。

总体来说，对青年纷繁复杂的幸福目标倾向进行梳理后，可以找到有共性的因素，家庭美满、身心健康、人际和谐、事业有成、有尊严有价值都是影响青年幸福感的重要因素。但不同群体的青年，对于影响幸福的主要因素的排序是不一样的。如农村务农青年认同幸福的目标取向依次为家庭美满（74.04%）；身心健康（72.12%）；有钱，物质富足（56.73%）；学业/事业有成（52.88%）；有尊严、有价值（50.96%）；人际关系和谐（47.12%）；有目标、有信仰（43.27%）；受到社会或他人的关爱（34.62%）；能为社会、集体作贡献（33.65%）；生活自由自在（29.81%）；其他（1.92%）。而自主创业青年认同幸福的目标取向依次为学业/事业有成（69.57%）；有钱，物质富足（66.22%）；有尊严、有价值（57.53%）；身心健康（51.51%）；家庭美满（49.16%）；人际关系和谐（48.16%）；生活自由自在（47.16%）；有目标、有信仰（45.82%）；能为社会、集体作贡献（42.14%）；受到社会或他人的关爱（19.40%）；其他（0.67%）。如图 5-7 所示。

从本次调查及笔者与个别青年的访谈中发现，青年对幸福的理解主要涉及家庭、学业、事业、金钱、朋友等价值评价上，人生幸福的选项内容主要包括家庭温暖、身体健康、事业成功、人际和谐、理想实现、物质富足、地位声望、自由、信仰等方面。其中，青年对"家庭温暖"的渴望，体现出青年对家庭生活的重视。受传统的家庭美满和睦观念的影响，家庭作为私人生活领域，家庭成员间全面性、渗透性的互动具有丰富的情感色彩，对青年幸福发挥着重要作用。同时，"家庭温暖"还包含一定的社会性含义，如经济收入、消费水平、亲子关系、情感沟通等，能满足青年多层次的需求。身体健康是人生幸福的基础，也是追求和实现幸福的基本条件，对健康的关注和重视意味着青年更关注自我，对人生幸福的理解越来越倾向于满足个体的需要。"学业/事业成功""有尊严、有价值""能为

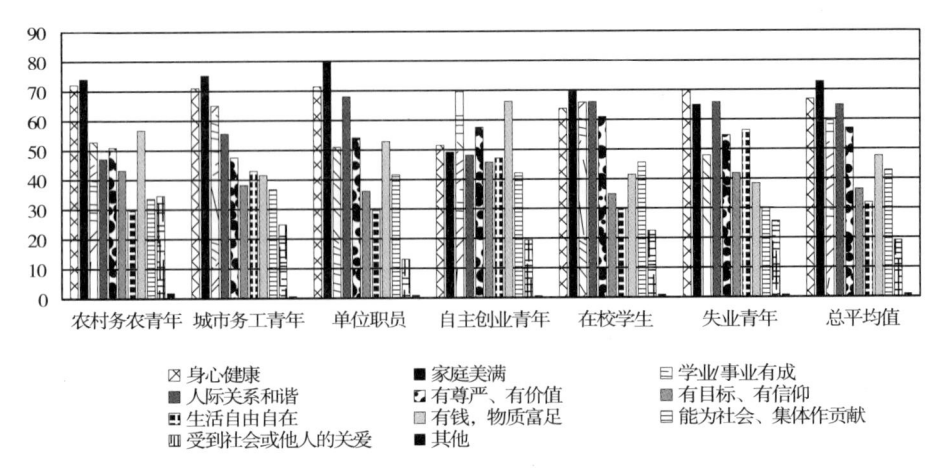

图 5-7 青年感到幸福的主要因素（单位:%）

社会或他人作贡献"等折射出当代中国青年自我实现的需要。青年在追求自我实现的过程中实现和社会的整合，对社会的发展进步作出自己应有的贡献。这一过程包括目标的确定、手段的选择以及奋斗的精神。值得一提的是，青年对"事业"和"理想"的解读并不局限在职业活动以内。相当一部分的青年对目前所从事的职业活动兴趣不高，他们并不认为这可以成为事业成功或理想实现的主要目标。相反，职业活动之外的兴趣、爱好、特长之类的活动常被视为获取事业成功的目标。例如，在青年群体中产生强大影响力的大型励志类专业音乐评论节目《中国好声音》，舞台上参加节目的选手来自各行各业：有面朝黄土背朝天的农民，有端盘子送菜的服务员，有手握钢枪坚守岗位的士兵……尽管性别、年龄、经历环境迥异，却因为共同的音乐梦想来到这个舞台，并将这个目标的实现视为幸福。

（二）青年感到不幸福的主要原因

调查显示，青年在回答"感到不幸福的主要原因"的比例由高到低依次是：缺乏价值感、成就感（71.99%），个人情感受挫（69.00%），生活中压力大（64.09%），经济条件差（58.93%），学业/事业无成（50.77%），身心不健康（42.62%），人生缺乏目标、信仰（39.95%），生存环境差（30.03%），家庭关系失调（20.54%），缺乏社会或他人关爱（16.80%）。其中，不同群体的青年对于影响不幸福的因素排序也是不一样的。如城市务工青年感到不幸福的因素依次为经济条件差

（72.03%），生活中压力大（69.23%），个人情感受挫（64.69%），缺乏价值感、成就感（59.44%），生存环境差（45.80%），学业/事业无成（44.76%），身心不健康（40.21%），家庭关系失调（29.72%），缺乏社会或他人关爱（20.19%），人生缺乏目标、信仰（17.83%）；而失业青年认为他们感到不幸福的因素主要为生活中压力大（71.79%），经济条件差（69.23%），缺乏价值感、成就感（64.96%），个人情感受挫（59.83%），学业/事业无成（51.28%），身心不健康（41.03%），缺乏社会或他人关爱（40.17%），家庭关系失调（30.77%），人生缺乏目标信仰（19.66%），生存环境差（8.55%）。如图5-8所示。

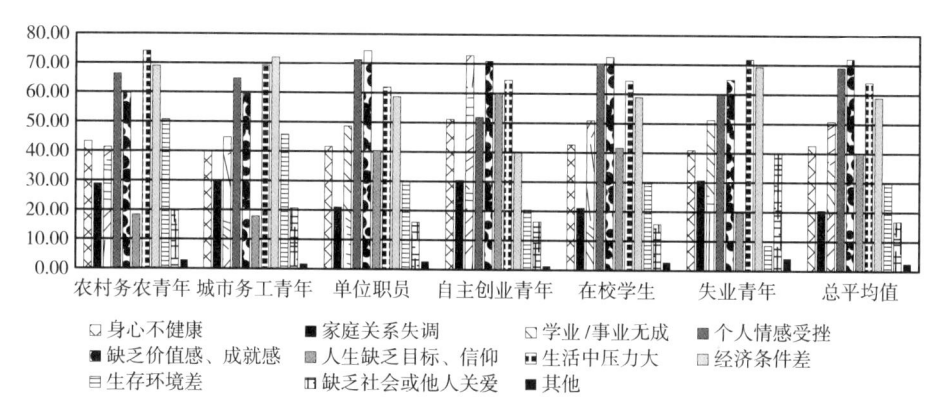

图5-8 青年感到不幸福的主要因素（单位：%）

调查结果显示，在青年感到不幸福的诸多原因中，选择"缺乏价值感、成就感"的占比最高。从马斯洛的需求层次理论看，价值感、成就感属于人较高层次的需要，特别是在青年这个特殊的年龄阶段，他们渴望得到他人的关注和认同，希望自己的成绩和贡献受到肯定，获得成功的体验。可见，价值感和成就感是构成青年幸福感的重要因素。同时，调查中选择"个人情感受挫"和"家庭关系失调"的比例总和也较高。幸福是一种积极的情感体验，与协调的人际关系、家庭关系密切相关。青年时期除了友情的需要，又发展出恋爱、婚姻的需要。青年期在生理上已经成熟，在两性情感上既充满期待，又难免受挫。单相思、失恋等造成的情感痛苦往往对青年的幸福感产生最直接的影响。

总的来说，当代中国青年的幸福目标是积极向上的，主要以追求个体价值、快乐安康以及家庭和美、社会安定等积极取向为目标，呈现出以个人价值取向为主导，重视自我价值实现，实现个体和社会的整合的特征。值得注意的是，当代中国青年的幸福目标呈现出较强的自我化倾向，带有明显的个人主义色彩，具有一定的狭隘性。我为人人，人人为我。这些看似简单的道理，要真正认识并付诸实践并非易事。这值得我们在进行幸福观研究和培育时认真对待。

（三）青年的总体幸福感及幸福预期

幸福感作为一种具体感受，是主体对自身现实生活状况是否满意的总体评价。当主体对生活给予肯定性评价时，幸福感才能产生。具有幸福感的人往往对生活充满期待，他们热爱生活，积极参与各项实践活动，努力往自己的人生目标前进。相反，缺乏幸福感的人往往对生活缺乏激情，他们悲观消极，对现实生活中遇到的问题总是埋怨逃避，难以实现自己的人生目标。对于处在身体和事业黄金期的青年群体来说，幸福感显得尤为重要。

在本次调查中，"综合所有的因素，您认为自己幸福吗？"回答比例由高到低依次是：比较幸福（46.72%）、一般（20.51%）、非常幸福（11.47%）、不太幸福（15.35%）、非常不幸福（5.95%）。如图5-9所示。从调查中我们可以看到，有58.19%的青年感到"非常幸福"或"比较幸福"，有21.3%的青年感到"不太幸福"或"非常不幸福"，说明当代青年群体的总体幸福感较高。

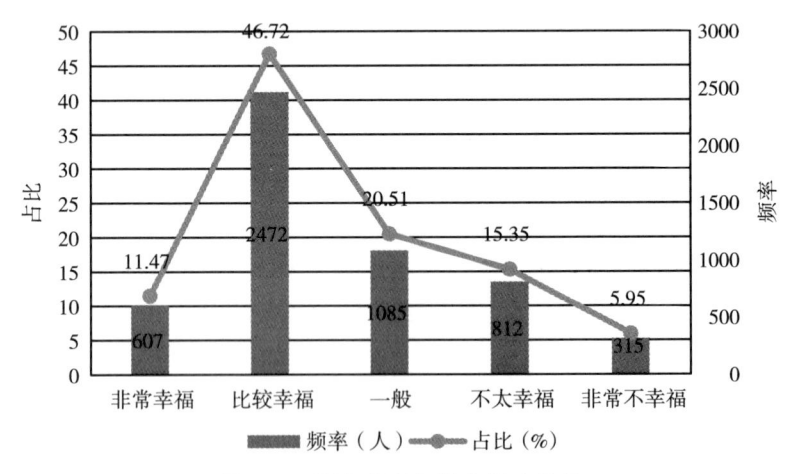

图5-9 调查中青年的幸福感状况

在问及"您对自己未来的幸福有信心吗？"时，有24.31%的青年表示"很有信心",45.11%的青年表示"较有信心"。可见,大部分青年对未来幸福的信心较高。如图 5-10 所示。

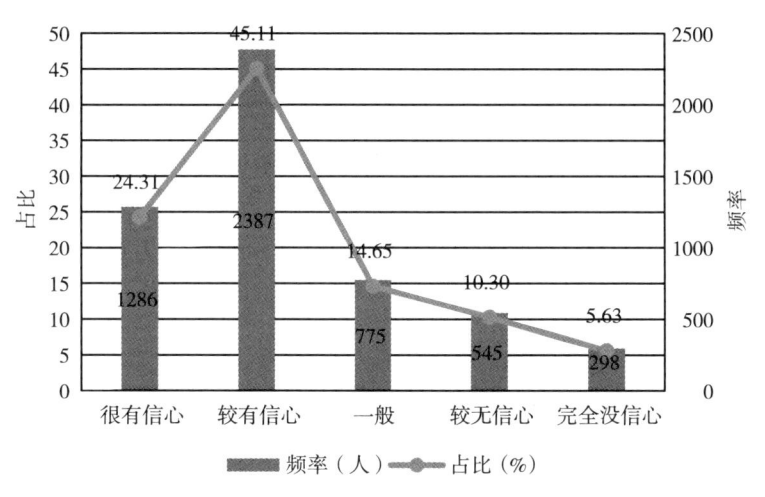

图 5-10 调查中青年对未来的信心程度

随着时代的发展,幸福感成为人们关注的议题。从现实层面看,与青年现实感受密切相关的教育、就业、住房、医疗等方面的因素,是幸福感的直接来源。"蚁族""蜗居"等群体的出现,正折射出一部分当代青年将时间和精力全部投入基本生存境遇的改善之中,对幸福的感知直接产生于最基本的物欲的满足程度。有学者对广州地区五所高校 393 名毕业生进行调查,有 60.3%的应届毕业生希望选择到"二线城市"工作,认为"一线城市的生存压力过大";在职业领域选择中,有 72.5%的应届毕业生选择"公务员"和"国有事业单位",认为"公务员"和"国有事业单位"能够在住房、医疗、子女教育、社会保障等方面提供更多的便利。[①] 马斯洛的需求层次理论告诉我们,人只有首先满足了较低层次的物质需要和安全需要后,才会追求更高层次的精神需要。也有学者认为,"中国远没达到'伊斯特林悖论区',当前,发展仍是硬道理,千方百计提高人民群众收入是提高民众幸福感的有效手段"[②]。不可否认,幸福感作为带有愉悦体验的高级情感,离不开一定的物质财富和可支配收入作为基础,也离不开安全保障以及社会公平等非经济因素。只有充分关注并改

---

① 王鹏、陈必华:《当代都市青年幸福感的哲学反思》,《探求》2013 年第 4 期。
② 袁正、郑欢、韩骁:《收入水平、分配公平与幸福感》,《当代财经》2013 年第 11 期。

善青年群体的生存境遇，让青年意识到并坚信个体奋斗与幸福之间紧密相连，才能避免青年幸福感的极度物化。

三　当代中国青年实现幸福的途径

调查显示，对于实现幸福的主要途径，65.03%的青年认为应该"依靠自己努力创造"，10.09%的青年认为"依靠父母、朋友等社会力量支持"，9.39%的青年认为"依靠国家、社会等"，13.65%的青年认为"依靠机遇"，1.83%的青年选择"其他"。如图5-11所示。

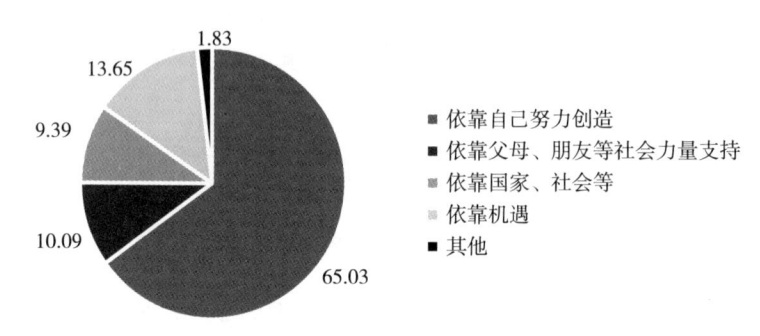

图5-11　青年实现幸福的主要途径（单位:%）

从调查结果可以看出，多数青年赞同主要依靠自己的努力才能获得真正的幸福。诚然，"依靠父母、朋友等社会力量支持""依靠国家、社会等""依靠机遇"对于幸福的获得有一定的推动作用，但这种作用的发挥必须建立在青年自身主观能动性发挥的基础之上。倘若自己不创造，不努力，一心想着依靠父母、朋友等社会力量或者机遇，是体验不到真正幸福的。

当遇到重大挫折时，青年是怎样作出归因的呢？调查显示，青年对遭遇重大挫折的第一归因是"自己的能力不够"，占40.11%；其次是"自己未尽最大努力"，占30.39%；再次是"命运不好"，占15.46%；"环境和条件太差"占11.13%。如图5-12所示。

可见，大部分青年的行为取向倾向于寻找自身的各种因素，而不是首先归咎于客观因素。也就是说当代青年面临重大挫折时更多地苛求于自己，而不是客观因素。"能力不够"和"未尽最大努力"两项比例合计超过70%，说明青年意识到自身的努力之于追求幸福的价值。值得注意的是，青年对"命运"这种可谓不可捉摸的因素的归因程度甚至高于"环

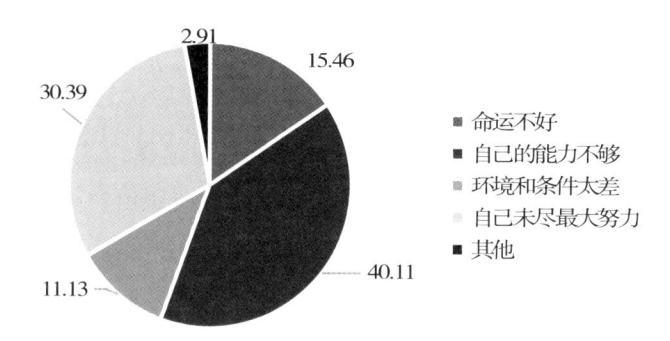

图 5-12 青年遇到重大挫折时的归因（单位：%）

境和条件"因素的归因。在人生价值领域，命运意识更多地表现为一种抽象的理解。从本次调查及访谈中了解到，青年对命运的理解除了指一种不可捉摸、虚空不实的人生机遇外，还包括外在于青年的自身因素的自然环境和人事因素的总和。在日常生活领域和社会工作领域，当他们对自身价值无法作出明确而一致的评价时，关于命运的诸种因素评价就会出现。

当无法实现自己的幸福目标时，青年会采取怎样的态度呢？调查显示，52.33%的青年选择"调整目标，继续努力"，18.30%的青年选择"降低期望，量力而行"，15.76%的青年选择"不达目的，决不罢休"，12.36%的青年选择"听天由命，顺其自然"。如图5-13所示。

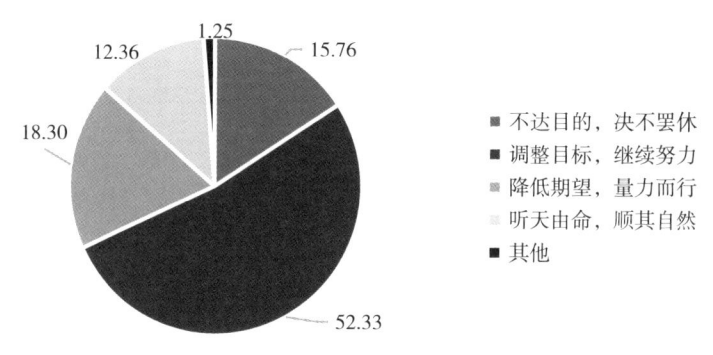

图 5-13 青年对无法实现幸福目标时的态度（单位：%）

幸福生活人人向往，是个体努力奋斗的方向。设置合理的幸福目标有助于实现人生价值、获得人生幸福。当代青年身处繁杂多变的社会环境，所设立的幸福目标既要切合实际有助于自身的生存和发展，也要符合社会发展客观规律。目标有适合与不适合之分，当检验到所设立的目标不适合自己时，应及时调整目标。追求幸福的过程中需要克服各种困难，必须以坚强的意志品质为支撑。从调查中可以看出，大部分青年在追求幸福道路上遭遇到挫折时，会继续努力，克服困难，表现出较强的意志力追求幸福，并结合自身实际和社会发展趋势做出合理的选择，使自己满足愿望、实现幸福。也有一部分青年会根据实际情况降低期望值，这确实有助于其减少焦虑和压力，对目标的追求要量力而行，青年应更多地把目光放在努力而非结果上，专注奋斗过程，才能更好地实现幸福目标。具有"不达目的，决不罢休"态度确实让一些青年实现理想，体验到目标达成后的幸福。坚持不懈的精神固然值得肯定，但我们并不提倡盲目地"坚持"，对幸福的追求一定要在拥有正确合理目标的前提下，不能陷入理想而失去清醒。"听天由命，顺其自然"的态度会让人陷入宿命论，听任事态自然发展变化而不作主观努力，不利于青年自由而全面的发展。

个体如何通往幸福？青年如何实现幸福？对幸福实现途径的考察是青年幸福观的外在表现形式，同时也是幸福感形成的标志。青年对实现幸福相关观点的理解如图5-14所示。

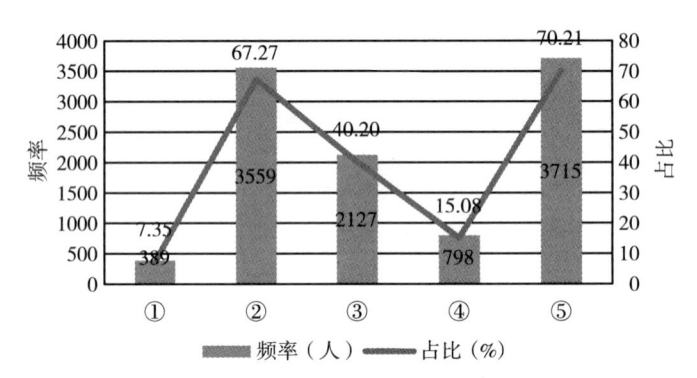

①—为了目的可以不择手段；②—幸福的获取要依靠脚踏实地努力拼搏；③—与世无争、难得糊涂、知足常乐、活得潇洒；④—当个人利益与集体利益发生冲突时，我选择个人利益；⑤—在追求幸福的过程中，我注重自我价值的实现，也重视个体和社会的整合

图 5-14 青年对实现幸福相关观点的理解

调查中，67.27%的青年认同"幸福的获取要依靠脚踏实地努力拼搏"，70.21%的青年认同"在追求幸福的过程中，我注重自我价值的实现，也重视个体和社会的整合"。可以看出，当前我国青年实现幸福的途径主流是积极的，基调是健康向上的。但也存在一些问题，"为了目的可以不择手段"，"可以和周围的人一样不择手段地达到自己的幸福"，这些

观点被一部分的青年所认同，他们否认了幸福的获取要在社会道德评价和法律体系认可的基础上，靠脚踏实地的劳动和创造来争取，追求幸福的过程就是努力拼搏的过程。在追求幸福的道路上遇到阻碍或挫折时，他们往往自暴自弃，感觉自己无法得到幸福，并对社会和他人产生怨恨之情。也有青年将"与世无争、难得糊涂、知足常乐、活得潇洒"看作是人生价值的最佳选择。在中国传统文化框架中，人生的安定感觉往往与幸福联系在一起，并被赋予极高的价值。调查表明，青年对"知足者常乐"等传统说法具有较高的认同度。面对日益复杂多变的现实生活，青年的许多欲求没有（似乎也不可能）获得满足，这一观点表明了青年对这种限制的认可和依从。但也有青年对于幸福缺少主体创造意识。他们不愿设立较高的理想和目标，学业不思精勤，生活倾向享乐。激烈的社会竞争使他们望而生畏，宁可放弃或降低理想而盲目接受现实。身处日益多样化的社会现实，是用旧有的人生态度来应对，还是培养起积极的、具有竞争或冒险的意识来投入现代生活，成为青年在追求幸福过程中需进行重新思考的焦点。另外，有15.08%的青年认同"当个人利益与集体利益发生冲突时，我选择个人利益"。总之，部分青年在实现幸福的途径上还存在一定程度的失落，需要加强幸福观培育来激发青年合理追求幸福的积极性和主动性。

四　当代中国青年对幸福观培育的现状与困境

对当代青年进行幸福观培育，不仅关系到青年自身的全面发展，也关系到社会建设和民族前进的进程，关系到人民"幸福梦"乃至"中国梦"的实现。本调查从不同层面、不同角度了解青年对幸福观培育的认识和评价。

1. 对青年幸福观现状的评价。幸福的获得以一定的外在条件为基础，但更需要个体树立科学的幸福观。被调查者对当代青年幸福观的现状是如何评价的呢？调查显示，有32.90%的青年对于幸福观现状表示"说不清"，36.36%的青年感觉"非常满意"和"较满意"，30.73%的青年感觉"不满意"和"非常不满意"。可见相当一部分青年对幸福观现状评价并不乐观，幸福观培育有很大的改进和提升空间。如图5-15所示。

2. 对青年进行幸福观培育必要性的认识。关于开展青年幸福观培育必要性，调查结果显示，70.02%的青年认为"非常必要"和"较必要"，

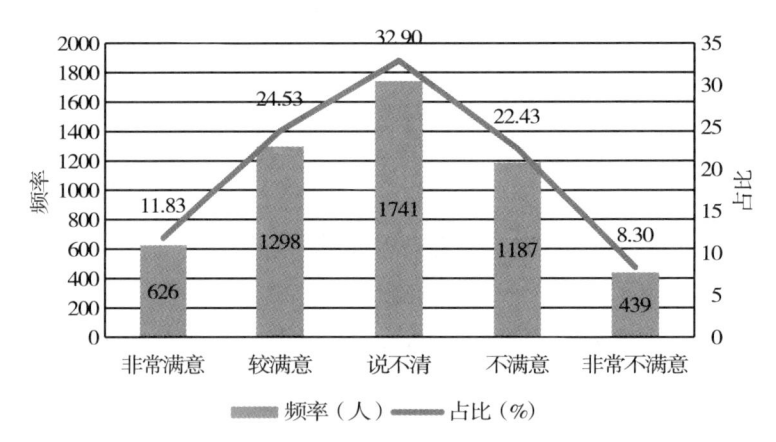

图 5-15　对当代青年幸福观现状的评价

13.00%的青年认为"一般",16.98%的青年认为"不大必要"和"完全没必要"。可见多数青年对幸福观培育的重要性有着清醒的认识。如图5-16所示。

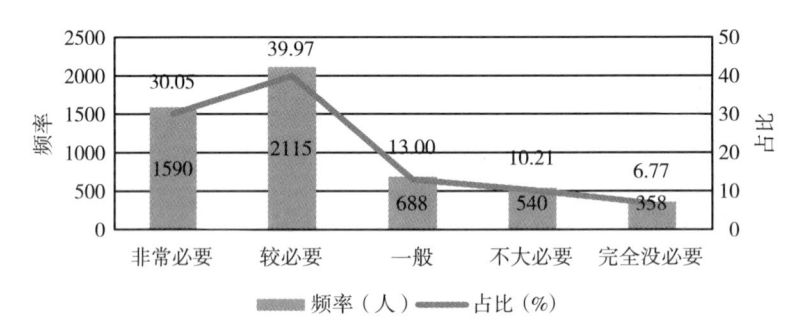

图 5-16　对当代青年进行幸福观培育的必要性

幸福观作为世界观、人生观和价值观在幸福领域里的集中体现,是青年对自身生命状态的一种价值判断,对青年的成长具有重要的导向作用。科学、健康的幸福观能使青年关注精神成长,保持灵魂清澈,做好心灵的污染处理工作,为青年感受和创造幸福提供宁静而有力的内在条件。相反,拥有扭曲幸福观的青年不仅会由于不合理的幸福观念而对自身造成不幸,而且会影响家庭和社会的和谐,对他人的幸福和社会的安定造成不利影响,甚至导致整个社会不良风气的形成。因此,加强青年幸福观培育,引导青年树立和践行科学正确的幸福观,正确认识和谐社会的本质,对于构建社会主义和谐社会具有重要的意义。

从所在单位或学校对青年幸福观培育的重视程度看,感觉重视程度"一般"的比例最高,为 42.68%,认为"较不重视"的占 23.98%,"非常不重视"的占 16.16%,两者之和为 40.14%。如图 5-17 所示。

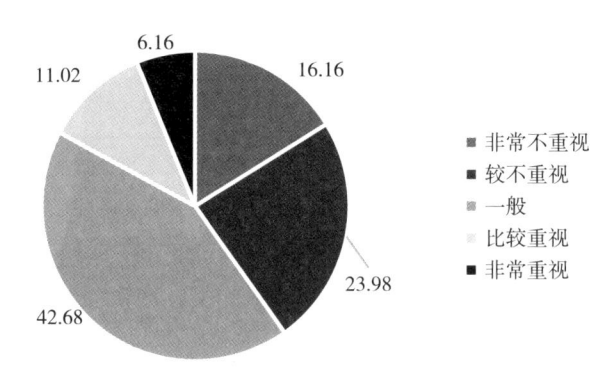

图 5-17　对青年幸福观培育的重视程度（单位:%）

21 世纪的社会,新科技革命迅猛发展,全球性联系日益密切,青年人才既是现实社会的需要,也是未来社会的中坚。然而,从整个社会的范围来看,社会对青年素质的把握更偏重于青年的文化科学素质和工作能力素质等,对于当代青年幸福观的培育在当代青年成长过程中的作用和地位认识不足,没有把其放在重要位置。如一些单位在招聘员工时,往往只看重青年各方面能力的测评,而对青年的幸福观在内的思想道德素质的测评往往流于形式,敷衍了之。对于非科学的幸福观引发的青年道德危机、心理危机,不少人将之视为社会转型过程中科学幸福观缺失和错位的必然状态,虽然强调要进行有效的教育和灌输,但不幸的是,应对的过程要么忽冷忽热,把教育和灌输视为搪塞和应付对待;要么方法陈旧,简单从事,不具有渗透力和影响力。"想一想,从小到大,从家庭,到学校,到社会,我们除了获得了怎么挣钱、怎么读书、怎么成功的教育以外,有多少是教我们怎么获得幸福快乐呢?很少!所以,无论家庭教育、学校教育、社会教育,都应该深刻反思。"[①] 总之,对于幸福观培育的重要性以及在当代青年人才培养体系中的位置,无论教育者还是当代青年都没有引起应有的重视。

对青年开展幸福观培育方面的不足主要表现为:培育观念缺乏科学性

---

① 刘汉洪:《幸福八问——四位知名学者谈幸福》,《思想政治工作研究》2011 年第 1 期。

（44.70%），培育内容缺乏系统性（60.01%），培育方法缺乏丰富性（56.10%），培育效果缺乏实效性（45.10%）。如图 5-18 所示。

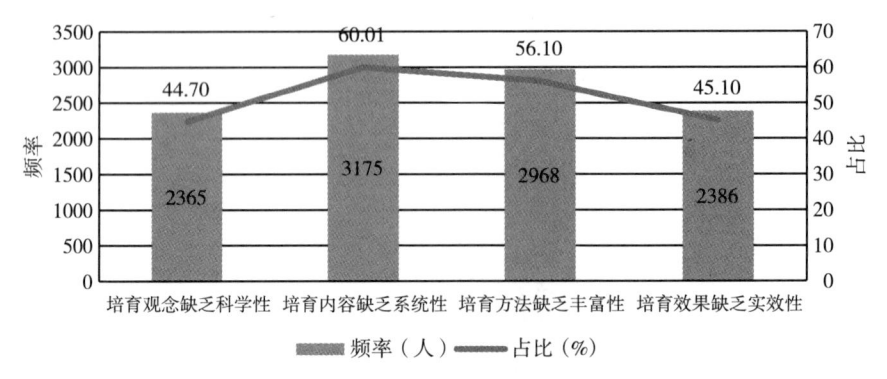

图 5-18　开展青年幸福观培育方面的不足

由于青年幸福观培育的观念还有待加强，在我国教育内容体系中关于幸福观培育的内容并没有形成科学完整的体系，往往是在讲授其他课程时附带渗透一些关于幸福、幸福观、幸福感的教育内容，且对幸福观的表述比较陈旧，过于说教，且内容较为零散，缺乏系统性和完整性。当前，青年幸福观培育的方式偏重以知识灌输为主导的方法。然而，渗透在教材里的诚实、正直、积极、坚韧等品质和精神，青年光凭掌握理论知识是不够的，而必须在生活实践中体验、感悟这些精神特质，才能被他们的心灵所接受。在现实生活中，如果对幸福的追求仅仅是一种口头的承诺或内心的高尚精神，而生活中难以体现或找不到这种精神，那么，幸福就成为一种虚无缥缈的或高不可攀的东西，青年就会产生失望、抵触的情感体验，引发消极的态度，阻碍其对教育内容的接受和理解，自然难以将所学知识最终转化为自己的信仰。从笔者的调查问卷及个别访谈的情况看，无论是社会、高校或者家庭，对青年幸福的品质、状态都没有给予足够的重视和激发，青年幸福观培育的重要性与实效性脱节的现象依然存在。总之，青年幸福观培育是一项持久而艰巨的系统工程，须提高认识，完善内容，创新方法，增强实效。

对于学校或社会机构开设"幸福"相关课程或讲座的态度，表示"非常希望开设此类课程"的青年所占比例为 37.31%，表示"希望程度一般，但只要开课就去听听"的青年占 41.92%，"开课也不去听，幸福不需要教育"的青年占 16.10%。如图 5-19 所示。

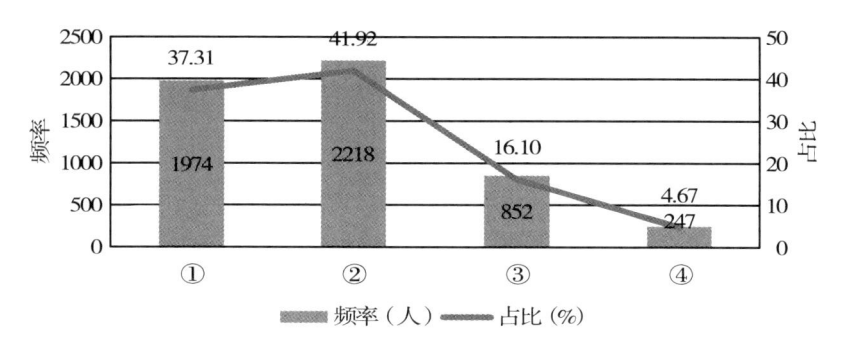

①—非常希望开设此类课程；②—希望程度一般，但只要开课就去听听；
③—开课也不去听，幸福不需要教育；④—其他

图 5-19　对开设幸福相关课程或讲座的态度

青年渴望通过正规的幸福观培育活动，提高察知幸福、体验幸福、追求幸福、创造幸福的能力，实现幸福愿望，这为青年幸福观培育的效果彰显准备了有利条件。当前，中国人民正追寻实现中华民族伟大复兴的中国梦。"中国梦归根到底是人民的梦，必须紧紧依靠人民来实现，必须不断为人民造福。"[①] 中国梦的本质内涵是国家富强、民族振兴、人民幸福。国家富强和民族振兴是人民幸福的基础和前提，人民幸福是国家富强和民族振兴的根本目标和发展动力。中国梦最终要落实到每位中国人幸福生活的实现上。中国梦强调个人理想和共同理想的统一，认为个体在造福社会、报效祖国的同时，应当追求个人的梦想实现和幸福生活。中国梦的实现不能离开生活世界，青年在追求幸福的过程中，以生活世界中的体验、经验、意志为支撑，不断克服困难，实现目标，努力成为中国梦的传播者和践行者。一个个细小的贴近个体实际的梦想，最终汇聚成宏大的"中国梦"。科学幸福观诠释着中国梦的基本内涵，幸福观的培育过程就是把科学的幸福观根植于人们的头脑，外化为追求幸福的自觉行动，以创造美好生活，实现中国梦。"幸福中国"的号角已经吹响，青年在科学幸福观指导下，正确认识和把握社会发展规律，增强社会责任感和历史使命感，将个人梦想与民族、国家的梦想紧密相联，将追寻中国梦的远大理想转化为具体的实践，积极投身于祖国建设事业，实现个人成长与社会发展的和谐统一，促进个人幸福与社会幸福的良性互动，在构建自己幸福人生的同

---

① 习近平：《在第十二届全国人民代表大会第一次会议上的讲话》，2013 年 3 月 17 日。

时，提升造福他人与社会的能力。

第三节 当代中国青年幸福观存在的问题

通过对当代青年幸福观现状的剖析，我们看到，当代青年幸福观在整体上呈现出积极向上的状态。多数青年对幸福的认知和理解较为客观、全面，能辩证地看待关涉幸福的诸多要素，对幸福目标取向及幸福预期持乐观、积极的态度，对实现幸福的途径具有较强的自主意识和责任感，并对开展幸福观培育秉承认同的态度。在肯定我国青年幸福观基调是健康向上的同时，我们也要清醒地认识到，当代青年的幸福观还存在一些问题，需要引起高度重视。

一 存在利己主义倾向

调查显示，在影响青年幸福的十个因素中，排在前五位的分别是"家庭美满""身心健康""人际关系协调""学业/事业有成""有尊严、有价值"；在影响青年不幸福的因素中，比例由高到低前五项依次是"缺乏价值感、成就感""个人情感受挫""生活中压力大""经济条件差""学业/事业无成"。我们同时发现，"能为社会、集体作贡献"这一项并没有得到青年较强烈的价值肯定，还处于较为次要的地位。可见，青年的幸福主要源于与个人利益直接相关的因素，对他人和社会的关注程度相对较弱。在对观点"当个人利益与集体利益发生冲突时，我选择个人利益"进行调查时，有15.08%的青年表示认同，持有这种幸福观的青年往往从个人利益出发去思考人生。在回答"您认为个人幸福与社会幸福哪个更重要？"时，有19.83%的青年认为"个人幸福更重要"。在"个人幸福与国家发展的关系"进行调查时，有35.63%的青年认为"关系一般"或"没有关系"，即使认为有一定关系的青年也更多地关注自身追求成功路上能得到国家政策的支持。这部分青年以自我为中心，往往只注重个人幸福而不顾他人、集体和国家的整体幸福。青年的这种"利己"心理会导致他们在生活中以个人幸福取向为主，对集体和社会的责任和义务难以履行，对集体幸福有所忽视。这种利己主义倾向的幸福观虽然体现了青年对谋求个体幸福的强烈愿望，却反而会使青年离幸福目标越来越远。

在现代社会，多数青年都在努力打拼以实现个人价值，追求幸福生活，这是社会进步的表现，体现了青年主体意识的觉醒。但幸福问题关涉个人与他人、个人与社会的关系，不能与社会历史发展的客观必然性相悖，否则，就会起到阻碍、破坏美好生活的作用。个人为社会幸福做贡献，社会为个人幸福的实现提供良好的条件。个人幸福离不开集体幸福，幸福是个人幸福和集体幸福的有机统一。正如马克思所说："人类的天性本来就是这样的：人们只有为同时代人的完善、为他们的幸福工作，才能使自己也达到完美。"① 当代青年应超越个人幸福的局限，以全社会、全人类的幸福为出发点，自觉履行对社会、对国家的责任，把幸福融入社会发展的实践中。

二 存在拜金主义倾向

调查显示，有17.61%的青年认为"金钱与幸福成正比，钱越多越幸福"，有7.35%的青年认为"为赚钱可以不择手段"，有17.75%的青年认为"物质幸福更重要"。一些青年认为"有钱就是幸福"，"有钱就有一切"，"有钱能使鬼推磨"，金钱及相应的消费力受到很多人的推崇和膜拜，他们认为金钱在人生幸福中具有至高无上的地位，是衡量人生价值和社会地位的重要指标，追求物质财富的最大化是实现幸福的唯一途径。不少青年将买房、买车视为自己的幸福目标，将高工资作为择业的主要标准，在生活中注重攀比，为了获得经济利益不惜铤而走险、不择手段。调查中，对于"宁可在宝马车里哭，也不愿在自行车上笑"的观点，有23.85%的青年表示"非常赞成"或"比较赞成"。访谈中也发现，不少女青年奉行"学得好、干得好都不如嫁得好"的准则，片面将物质与幸福等同起来。她们把金钱作为择偶的首要标准，"高富帅"是她们的择偶目标，但如果是"矮矬丑老"，只要对方有"富"这个条件，能满足她们在物质上的欲望和要求，往往也能博得她们的青睐。一些大学生对金钱盲目崇拜，他们以奢侈浪费、挥金如土为幸福，崇尚穿名牌、吃大餐、开小车，认为学习无用，甚至在各类考试中企图用金钱找人替考。不知不觉中，这种拜金主义倾向的幸福观就像毒品一样侵蚀青年感受幸福、创造幸福的能力。

改革开放之前，由于物质条件的限制，人们的衣食住行都比较简单，

---

① 马克思、恩格斯：《马克思恩格斯全集》（第40卷），人民出版社1982年版，第7页。

由国家按计划统一安排，个人对幸福的理解中似乎淡忘了对物质的追求。当代青年幸福观由政治挂帅主导下的被动服从转向主动争取，注重幸福的物质基础和个体感受，这是社会进步的体现。但值得注意的是，现在一些青年正逐渐走向另一个极端，对物质的欲望越来越膨胀，认为金钱至上，有钱就是幸福。正如马克斯·韦伯笔下描述的，有一种东西竟然使大多数人都感到信服，成为一种具有公信力的观念，这种观念认为每个人增加自己的资本本身是一种责任和目的，即人们的追求是以资本为引擎的，资本的驱使成了人的目标导向。在这种目的下，无论资产阶级还是工人阶级都"从牛身上刮油，从人身上刮钱"。① 在这种弥漫着拜金主义倾向的幸福观指向下，人际交往领域蔓延着等价交换的气息。拜金主义者与朋友、亲戚之间的关系都被撕去了那温情脉脉的面纱，成为赤裸裸的金钱交易、物质交易。他们在社会关系领域也变得非常功利，"人们从事工作就是为了赚钱。"② 人们往往只顾着满足自己的欲望，而不去顾及道德的约束、法律的惩戒。对经济利益的疯狂追逐导致自然资源的过度开发和利用，造成环境的污染、资源的浪费和生态的失衡。幸福观异化还必然导致人们丧失信念，产生道德困惑与心态失衡，失去人生方向，进而影响社会和谐。我们承认获得一定的物质基础是青年追求幸福的基础，但若过分强调物质对个人幸福的作用，把追求金钱摆在首要地位，不断满足物质生活而忽视精神需求，把幸福的获得仅仅建立在满足物质欲望的基础上，则会沦为物质的奴隶，这不仅不是幸福的真实样态，而且会妨碍个人对真正幸福的追求。

三 存在享乐主义倾向

调查显示，虽然大部分青年都认同幸福是创造幸福和享受幸福的统一，认为幸福需要通过劳动、创造才能获得，但仍有17.10%的青年认为"享受幸福更重要"。他们没有正确认识享受幸福和创造幸福之间的联系，对创造幸福认识不足。对于"人应该及时享乐"的观点，有69.89%的青年持"非常赞成"和"比较赞成"的态度，持"比较反对"和"非常反对"的比例为19.01%，赞成者比例远高于反对者比例，可见当代青年对"享受"持较高的价值评价。不少青年认为，幸福就是随心所欲地满足自

---

① ［德］马克斯·韦伯：《新教伦理与资本主义精神》，三联书店1987年版，第8页。
② ［美］弗洛姆：《对自由的恐惧》，国际文化出版公司1988年版，第78页。

己各种各样的欲望，他们追求感官的快乐，主张超前消费、过度享乐，眼前的事只要能让他开心，就值得去做。他们崇尚奢靡的生活方式，在物质财富的竞争和攀比中展示自身的价值。在笔者深度访谈的大学生中，就有几位把眼前的快乐当作人生幸福的人，他们享受着由父母等人提供的优越物质生活却不思进取，认为"学习是痛苦的事情，不属于幸福的范畴"，把学习当作一种负担，平时经常旷课，在寝室玩网络游戏是他们的常态，企图在网络的虚拟世界中获得满足感。当这种沉湎于感官的快乐得到满足后，空虚、懊悔、迷茫便会随之而来。一些大学生既使家境一般，也会通过网络贷款等途径，穿时尚衣服，品百味美食，使用 iPhone、iPad 等电子产品，并通过抖音、微信、微博等自媒体展示由此带来的幸福感和优越感，以此满足虚荣心。

"及时行乐"曾在相当长一段时间内被社会主导观念视为腐朽的资产阶级幸福观，这种批评不仅停留在观念层面，还通过对文艺作品、社会风俗的严格评价来强化对它们的否定。如今，过去遭到批判的"享受"观念在各类青年中得到较大程度的认同，这不能不说是极为重要的演变。趋乐避苦是人的自然本性使然，正当地享受生存之乐，理应成为幸福生活的一部分。但不能将人生幸福简单地等同于满足欲望和需求的生理快感。过高重视人的欲望，违背人内在的尺度，会造成幸福的异化，使人失去奋发向上的斗志，最终也难以获得永久的幸福。

四 存在虚无主义倾向

在"综合所有的因素，您认为自己幸福吗？"的问题调查中发现，有 15.35% 的青年认为自己不太幸福，5.95% 的青年认为自己非常不幸福。在问及"您对自己未来的幸福有信心吗？"时，有 10.30% 的青年较无信心，有 5.63% 的青年完全没信心。在影响青年幸福的十个因素中，"有目标，有信仰"排在倒数第三位。调查表明，部分青年缺乏幸福感，没有树立幸福目标，整天浑浑噩噩，没有追求，忽视了将自身幸福与崇高的精神追求相结合。笔者进一步访谈发现，当代青年在享受丰富的物质文明的同时，也承载着巨大的精神压力。为数不少的青年不仅没有感受到幸福，反而常常被失落、苦闷、空虚、迷茫等情绪所笼罩，产生人生的无意义感，导致价值理想的虚无化。他们对人生持怀疑和否定的态度，认为幸福稍纵即逝，真正的幸福是不存在的。一些青年把目光转向超验的宗教，把对幸福的希望寄托在虚幻的世界中，试图以此寄托心灵，实现自身在现实世界实现不了的幸福。不少青年存在"三无"现象——无兴趣、无意义、无所谓，他们没有理想、目标，对什么都提不起兴趣，情绪冷漠，对身边的一切采取"事不关己，高高挂起"的态度，缺乏追求幸福的意志和动力，得过且过，对自我和他人的责任感到迷茫。失落感、空虚感、孤独感像幽灵一样围绕在这部分青年身上，使得他们的生命质量明显下降，由此则产生不同程度的心理问题，严重的还会出现行为失范，甚至走向自我毁灭。

如果说青年的自然生命需要呵护，以保证肌体的健康；青年的社会生命需要追求，以实现生命的价值。那么，青年的精神生命也需要提升，以获得内心的愉悦。人作为理性的存在，不能像动物一样饱食终日地活着。"人的存在从来就不是纯粹的存在，它总是牵涉到意义。意义的向度是做人所固有的。"① 人只要活着，就应去追求有意义的、美好的生活。"探索有意义的存在是实存的核心。"② "人是不会满足于生命支配的本能的生活的，总要利用这种自然的生命去创造生活的价值和意义。人之为'人'的本质，应该说就是一种意义性存在、价值性实体。人的生存和生活如果失去意义的引导，成为'无意义的存在'，那就与动物的生存没有两样，这是人们不堪忍受的。"③ 当代青年在理性幸福观指引下而参与各种有价值感的活动时，就不会感到生命的迷茫和生活的空虚，而是在奋斗中体验生命的意义，在努力中感受生命的幸福。

第四节　当代中国青年幸福观存在问题的原因分析

当前青年幸福观领域存在着的诸多问题，需要我们引起高度重视。当代青年幸福观的形成过程，是外部因素和内部因素相互交织和彼此互动的多方面合力共同作用的过程，其中既有客观原因，也有主观原因。导致当代青年幸福观存在问题的原因是错综复杂的，笔者将从幸福观出现问题的根源角度加以分析。

---

① ［美］威廉·赫舍尔：《人是谁》，夏丏尊译，贵州人民出版社1988年版，第46页。
② ［美］威廉·赫舍尔：《人是谁》，夏丏尊译，贵州人民出版社1988年版，第52页。
③ 高清海：《人就是"人"》，辽宁人民出版社2001年版，第213页。

一　市场经济的逐利本性

青年作为一个特殊群体，其成长过程中不可避免受到社会客观因素的影响和制约。青年由不成熟走向成熟的过程中，不断完成社会化，逐渐形成由生活经验组织而成的主体行为方式与人格追求的价值判断。人是环境的产物，正如马克思所讲："任何人类历史的第一个前提无疑是有生命的个人的存在。因此，第一个需要确认的事实就是这些个人的肉体组织以及由此产生的个人与其他自然的关系……任何历史记载都应当从这些自然基础以及它们在历史进程中由于人们的活动而发生的变更出发。"[①] 经济因素作为重要的社会环境因素，对青年幸福观的形成和发展起着根本性的影响和制约作用。

社会主义市场经济体制使人摆脱依附性的存在状态，凸显出人的独立性和自主性。这一特征不仅局限于经济活动领域，而且延伸到主观意识领域，进一步促进青年的主体自我意识、独立自主意识、责任义务意识的发展。观念意识层次的变化又反过来推动着人的自主、独立的实践，从意识内化到行为外化的循环，促使青年作为独立的个体在市场经济体制条件下的生存和发展。当代青年幸福观的形成和发展，与社会主义市场经济体制的深化与发展有着内在的必然联系。一方面，市场经济的发展为青年幸福观的产生和发展提供了基础和前提。市场经济的发展使青年的主体性得到发挥，独立人格得以形成，青年作为独立个体所拥有的自主性发展、选择的权利得以生成和发展，追求幸福的权利得以保障。另一方面，科学正确的幸福观又是我国市场经济体制完善和发展的必然性要求。市场经济的健康发展需要人与人、人与自然之间的和谐相处。只有在科学幸福观的引导下，处于社会中的个人感到幸福，进而关爱社会、奉献社会，才会真正促进社会的进步和发展。

任何事物都是对立统一的。我们在看到市场经济有助于形成独立自主的幸福观的同时，也要提防其带来的负面效应。市场经济作为一种社会的资源配置手段，以货币为媒介，以市场供求关系为主导，实现商品交换。这就要求每一个经济实体提高效率，自由竞争，争取更多的自身利益。我国正处于全面深化改革的关键时期，市场经济带来的利益多元化不免产生

[①] 马克思、恩格斯：《马克思恩格斯选集》（第1卷），人民出版社1995年版，第67页。

当代青年的理想的人生之梦和现实的生活之路之间充满着冲突和矛盾的现象。

首先，市场经济强调个体利益，重视个人价值，其以经济利益为主导的价值原则容易使人将自身利益作为一切行为的出发点。在计划经济年代，"铁饭碗"制度和"大锅饭"政策，使劳动与分配、付出与收获之间的因果关系被切断。"越穷越革命""穷则革命富则修"等口号标语，否定了人们追求物质利益的合理性，在根本上忽视了人是利益主体。在这样的年代里，个人和自我没有得到其应有的地位，也决定了一代青年的幸福观里缺乏自主意识的思想观念和物质驱动的价值取向。改革开放以来，国家采取了一系列重要措施，如打破"大锅饭"，肯定物质利益激励机制等，推动着人们对物质利益的肯定和重视。在那个新旧替换的时代，青年曾表现出思想上的困惑和迷茫，"潘晓"就曾发出"人生的路呵，怎么越走越窄"的呼喊。如今，青年早已从"政治挂帅"的篱笆中解放出来，物质利益成为他们可以公开关注的对象，纳入他们生活的中心。市场经济的行为主体遵循等价交换原则，在物质交换的过程中人人都追求个人利益的最大化。在这种以追逐个人利益为主导的思想下，社会主义原有的以集体主义为核心的幸福观不断瓦解，取而代之的是越来越明显的个人利益本位的幸福观。一部分青年把自身的利益视为人生的最高追求，凡事以自我为中心，为了追求个人的地位名利和自身享受，可以不顾他人和社会的利益，出现了极度个人化、功利化和物质化的危险倾向，极易走向损人利己、唯利是图、以权谋私的歧途。

其次，市场经济激起的物质利益驱动着青年重视物质待遇，追求时尚消费。传统文化中对幸福的理解虽然与禁欲主义的幸福论有很大的区别，但的确强调人在精神上的满足。从改革开放前"新三年，旧三年，缝缝补补又三年"的顺口溜，可以看出在那个物质极度匮乏的年代，人们崇尚一种艰苦朴素、勤俭节约的生活方式。改革开放提出"让一部分人先富起来"的口号，采取了一系列措施增强企业活力，鼓励乡镇企业发展，将职工的报酬和个人的劳动贡献及企业的经营成果密切挂钩，进一步肯定和加大了物质利益对提高人们积极性的作用。经济有了一定发展后，人们对物质的需求也日益增强。从"要能挣也能花"到"名牌热"等价值取向，我们可以看出物质利益对青年生活方式产生的巨大影响。将获得幸福建立在一定的物质基础之上，已得到当代青年的广泛认同。市场经济强调效率和竞争的运行模式，使人们实现利益的过程成为追逐利润和博弈竞争的过程。在资本的号召下，部分青年对金钱的观念中发生了剧烈变化，由视金钱为粪土到把金钱看得比生命都重要，从羞于谈物质财富到大胆主动迎接物质财富的到来，他们认为金钱是幸福的来源，向金钱要幸福、向享受要幸福也就不足为奇。然而事实却如富兰克林所言："在金钱的本质中，没有产生幸福的东西。一个人拥有的越多，他的欲望就越大。这不是填满一个欲壑，而是制造另一个。"① 市场经济条件下人的利益诉求的多样化诱发了对于金钱消费的过度渴望，为拜金主义幸福观滋生了土壤，导致诸多不良现象产生，带来青年幸福观的错位和困境。

二 体制变革的深刻影响

如前文所述，幸福观变迁有着深厚的社会根源。政治制度等环境直接影响着青年幸福观的立场和态度。以就业体制为例，可以看出青年幸福观的形成受到各类政治制度变革的深刻影响。就业是民生之本，它关系着社会的稳定和发展，关系着亿万青年的福祉。青年在社会化过程中，从学生角色向劳动者角色转变，从家庭的依赖感向经济的独立感转变，就业是一个根本性的任务。就业之于青年最主要的意义，不仅在于就业是一种无法或缺的谋生手段，而且在于就业构成了青年社会活动的主要舞台，提供给青年一个通过努力达到自我实现、显示自身存在价值的人生机会，进而决定其财富收入、生活方式、声望地位甚至人格结构。

新中国成立以来，古老的中国开始了工业化为核心的现代化征程。传统的社会主义工业化模式主要是学习苏联的赶超型经济发展战略，这一战略尽管使工业保持了较高的增长速度，但积累与消费之间的关系极不协调，资源配置和产业结构明显失衡。国家宏观经济高度集中，生产资料和经营方式高度单一，导致劳动就业由政府包揽，劳动力无法流动，企业无用工自主权，国家背负工资、福利和保障。生产力水平的低下、市场经济体制的束缚，加上三年自然灾害的出现，使中国若隐若现的失业问题浮出水面，就业形势变得异常严峻。1962 年至 1979 年累计 1776.48 万知识青年的"上山下乡"运动，在摘掉浪漫主义的光环后，恰恰是这一背景下

---

① [美]艾伦·杜宁：《多少算够：消费社会与地球未来》，毕聿译，吉林人民出版社 1997 年版，第 109 页。

的真实写照和无奈选择。① 随着社会经济的发展,高度统一、"统包统配"的就业制度日益显示出弊端。青年的劳动积极性和就业竞争意识无法调动,社会主义经济本该有的活力和创造力无法体现。经济发展受到阻碍,青年渴望过上幸福生活的愿望变得遥远,就业体制到了非改不可的地步。20世纪80年代初期,通过大力扶持兴办各类合作社、发展集体所有制农场、鼓励个体经济发展、建立劳动服务公司、实行劳动合同制、改革固定工制度等措施,努力解决青年就业问题。20世纪80年代中期至90年代中期,劳动合同制的推行,公开竞争、"双向选择"的就业机制建立,一方面使青年感受到巨大的压力和挑战,青年迫切期望自己成为社会和企业所需要的合适人才;另一方面,又给青年带来前所未有的机遇,青年身上蕴藏的能量有了发挥的舞台,为投身社会、实现自我、创造人生提供了强大动力。20世纪90年代中期发展至今,自主择业、自主推荐、自主发展成为就业制度的主要特征。在就业制度的逐步完善过程中,青年越来越强烈地意识到,在市场经济时代,只有靠本事求生存,靠努力求发展。如果不提高自己的综合素质,不具有实用技能和实际能力,那么终将被逐出市场经济的大门之外。从主流来看,就业体制改革有力地促进了青年摆脱计划经济时代旧有的思想观念和行为模式,逐步建立起与新环境、新政策相适应的就业观念和生活方式。青年的独立自主意识和拼搏奋斗精神不断被激发,他们在提高自己的竞争能力,追求自身的价值实现的过程中,获得了感受幸福的基础。然而,当前社会背景下,青年的择业和就业问题仍面临较大的压力。对于当代青年来说,"一方面,国有企业改革带来的大批职工下岗、农村经济体制改革带来的大量剩余劳动力转移,共同影响并形成了他们所面临的严峻的就业形势;另一方面,高校扩招的背景使更多地青年获得接受高等教育的机会,客观上也就预示着在他们将来站在就业市场的面前时,将面临更大的就业压力和更激烈的就业竞争"。② 社会现实中"蚁族"现象的出现、在职青年频繁"跳槽""富士康N连跳事件"等,都能从宏观社会结构的变迁和就业体制的改革中找到答案。

我国正处于全面深化改革时期,政治体制改革正稳步推进。当前政治体制中仍存在的诸多弊病,如官僚主义、家长制、缺乏监督和制约等,带

---

① 连家明:《改革开放、就业与民生幸福》,《地方财政研究》2008年第11期。
② 风笑天:《社会变迁中的青年问题》,北京大学出版社2014年版,第5页。

来诸多负面影响，这降低了人们的幸福感，也影响着当代青年的幸福观。经济领域存在的很多问题，如分配不公、贫富差距、腐败横行、钱权交易，甚至住房问题，都离不开政治体制改革。以住房为例，住房是人生存最基本的物质需求。然而，在一些城市，拥有属于自己的住房已成为很多青年遥不可及的梦想。恩格斯在《论住宅问题》一文中说："一个老的文明国家像这样从工场手工业和小生产向大工业过渡，并且这个过渡还由于情况极其顺利而加速的时期，多半也就是'住房短缺'的时期。一方面，这些老城市的布局已经不适合新的大工业的条件和与此相应的交通；街道在加宽，新的街道在开辟，铁路穿过市内。正当工人成群涌入城市的时候，工人住房却在大批拆除。于是就突然出现了工人以及以工人为主顾的小商人和小手工业者的住房短缺。"① 恩格斯笔下描述的100多年前西方城市化进程中出现的住宅缺乏现象，在当今中国也大量存在。许多刚毕业的大学生以及城市务工青年往往几个人甚至十几个人租住在狭小的房子里，"蜗居"是他们逼仄生活的真实写照。近年来，国家为了解决低收入人群的基本住房问题，推出了"廉租房"这一住房保障政策。由于中国特殊的财政集权体制和政治激励机制对地方政府行为施加的约束与限制，决定了地方政府廉租房的供给偏好和供给效率。② 设计制度上的缺陷，使"廉租房"不但没有解决好低收入人群的住房问题，而且还成了部分人以权谋私、滋生腐败的温床。政治体制带来的诸多社会问题引发的社会矛盾，常常成为人们关注的焦点。一些青年反其道而行之，他们用尽浑身解数千方百计抢占权力高地，意图通过权力谋取幸福。利益化、私人化的权力成为个人的牟利工具，由此幸福与权力之间陷入恶性循环的交易中，导致人格矮化、幸福畸形，造成个体幸福和社会和谐的双重缺失。

三 多元文化的潜移默化

文化环境对青年幸福观的形成和发展起着潜移默化的作用。费孝通先生曾讲："我们在社会上生活的过程中，同别人打交道时真正接触和发生

---

① 马克思、恩格斯:《马克思恩格斯文集》，人民出版社2009年版，第239页。
② 葛扬、贾春梅:《廉租房供给不足的事实、根源与突破路径》，《经济学家》2011年第8期。

作用的，实际上不是个人的因素，而是社会性的、文化性的因素。"① 文化是历史的沉淀，是时代的灵魂，任何一种文化都有其独特的生成土壤。不同的地区、不同的国家，以其独特的社会经济发展状况、宗教信仰、价值判断等因素，共同锻造了不同的文化。文化无时不刻不包围着人们。人们的意识观念、言谈举止，都承受着文化的影响和支配。正如《中国文化的展望》一书中所言："在这个世界上，没有什么东西比文化更难以捉摸的了。我们无法分析它，因为它的成分无穷无尽；我们无法描述它，因为它没有固定形状。我们想用文字来规定它的定义，正如要把空气抓在手里似的：当初我们去寻找时，它除了不在我手里以外，它却无处不在，无处不有。"② 人总是处在文化之中，一方面不断创造文化，另一方面又被文化所丰富、塑造和充实。文化的发展凝结着人的发展，是人的自我发展、完善的过程，也是人的本质力量不断提升的过程。

改革开放以来，中国从计划经济时代的高度统一化向市场经济时代的丰富多样化转变，从单一、封闭、排他的文化状态向多元交融、平等对话的发展趋向转变。多元文化的并存发展对青年幸福观的震撼和冲击是不言而喻的。富有深厚价值、独特魅力和丰富底蕴的多元文化，对于青年的综合能力之发展、全面素质之养成、本质力量之提升有着积极而深刻的作用，促使青年深入全面地思考和理解人的生命存在和发展的应然价值、意义和取向。"多元文化的存在还为个人提供更多的选择机会和价值取向，赋予个人更多的自由和更充盈的精神世界，以及更有力的行为表现和更有意义的生命存在，从而使社会更具活力和更加稳定"。③ 各种文化交汇融合中，不断接触到异域文化，并以此作为参照系不断地了解自身，吸取其他文化的优秀成果，摆脱自身文化的消极因素，从而使自身更具生命力和创造力，更好地为人的发展提供深层次的意义阐释、价值支撑和方向引领。这在一定程度上对我国青年的主体意识、民主意识、独立意识产生积极影响，扩宽了眼界，扩大了知识面。这些都为青年追求自身价值、实现幸福人生提供了基础。

中西文化的碰撞和融合，多元文化和价值观给当代青年巨大的价值选

---

① 费孝通：《从文化反思到人的自觉》，《战略与管理》1998 年第 6 期。
② 殷海光：《中国文化的展望》，上海三联书店 2002 年版，第 26 页。
③ 刘卓红、林俊凤：《论全球语境下文化多元化的价值意蕴》，《岭南学刊》2002 年第 2 期。

择空间。青年在社会化过程中，其幸福观的形成过程中不可避免地刻上该社会的文化印记。在肯定多元文化对青年具有积极意义的同时，我们也要看到多元文化渗透对当代青年幸福观的消极影响。

多元文化渗透的消极影响主要体现在社会主导幸福观的消解。中国5000年的文明缔造了悠久深厚的传统文化资源。在传统社会，以小农家庭手工劳动的农业经济为主，是传统中国社会的基本经济基础。在这种经济条件下，容易形成相应的价值取向，其中最明显的是尊奉权威的取向，强调遵奉上级，服从权威，顺从各类社会习俗，循规蹈矩，各按其位。社会教导青年，要时常与集体在一起，以团体或他人（家庭、集体或位高者、年长者）作为依靠和求职的对象，尽量减少表现自我的活动。在这样的社会结构中，青年从小形成一种依赖心态，希望别人加以照顾、支持和指导。中国传统的幸福观主张个体幸福和集体幸福的统一，当两者发生矛盾时，应首先考虑集体幸福，必要时应舍弃个体幸福。青年在社会化过程中，长期的教育告诉青年"大我"幸福是"小我"幸福的先决条件，个体应该在遵循规范时牺牲"小我"而满足"大我"。这种文化底蕴主导着青年的幸福观。随着全球化的发展和深入，大量西方学术著作、科普读物、影视作品源源不断地进入我国。各种外来文化通过电视、广播、书籍、影视作品、互联网等形式深入影响青年的思想观念和生活方式。每一种文化的侵入背后都隐藏着一种价值观念和价值追求。以美国为首的西方国家打着"自由""民主""人权"的幌子，源源不断地进行文化输入，鼓吹资本主义的优越性，妄图实现"西化""分化"中国的图谋。一波又一波西方社会思潮随之涌入，比如个人主义、享乐主义、后现代主义等。个人主义思想主张以个人为中心对待他人和社会。换言之，个人主义就是把个人利益凌驾于国家、人民利益之上，为了获取个人利益甚至不惜采取非法手段。这在当代青年幸福观中表现为以自我为中心，一切从个人需要和个人幸福出发，唯我独尊，我行我素。再如享乐主义认为"趋乐避苦"是人性使然，人生的一切行为就是为了物质享受，反映在幸福观上，则认为只要自己感觉幸福快乐就行，至于有没有损害或牺牲他人的幸福，则不必考虑。渗透在这些思潮里的西方幸福观注重个性和自由，更多地考虑自身的利益而不是整体的利益，当个体幸福与集体幸福发生矛盾时，他们会优先选择个体幸福。这些负面价值追求的入侵，使中国传统文化出现瓦解的趋势，直接导致社会主导幸福观的不断消解。面对纷至沓来的多元文化，一些青年失去了判断真假、善恶、美丑的标准，不知如何分析和选择，理想信念变得模糊，道德意识变得淡漠，行为方式也出现混乱，造成幸福观的错位。

当前我国先进文化的建设仍不完善，大众传媒对青年幸福观带来的消极影响也是不容忽视的。媒体是信息的载体，引导着社会潮流。人是社会的主宰，通过媒体看世界。身处信息时代，我们每个人都生活在受媒体影响的生活环境中，媒体和舆论的内容和导向，潜移默化地影响着人们的思想观念和价值判断。许多电视剧、电影等文化产品充斥着媚俗、拜金的气息，社会上的"傍大款、养小三"等不良风气时有耳闻。这些都给人们特别是青少年的幸福观带来许多不良影响。再如，电视相亲节目为我们提供了一个透视转型期社会精神面貌和道德状况的窗口。相亲作为现代人勇敢追求爱情的一种方式，为人们搭建相互认识、寻找"幸福"的平台，因而也越来越受到广大青年的关注。由于电视节目背后产业利益链的存在，加上制作成本和激烈竞争等因素，很多电视相亲节目把吸引观众收视率作为第一要义。如此一来，传统以结婚为目的的相亲退居其次，追求节目的娱乐性以博取眼球成为第一要务。我们不难发现，在表面繁华的相亲节目背后，作秀的成分越来越浓，言语中不时表现出价值迷失的乱象："拜金女"出口雷人，"富二代"炫富标榜，张扬物质生活，贬低精神生活。在这样的场合下，把婚姻、爱情的种种内容作为一个严肃的话题来交流显得有点"不合时宜"。当相亲这一原本含蓄的私人行为被大张旗鼓地搬上电视荧屏，参与其中的人的角色和心态也悄然发生了变化。一些没有成名的演员、模特伪造身份，参与节目，有时充当了"托儿"的角色，为了搏出位，他们在节目中举止怪异，大胆言谈，甚至人身攻击，以此来展现自己的"与众不同"。这种状况的泛滥引发了人们对媒体的质疑和谴责。诚然，个别嘉宾的观点作为其个人价值，都期待被理解和接受，但这并不意味着一切价值选择都是合理的。在一个道德总体健康的社会里，是非善恶的评判根植于大众的直觉良知和道德评判。有限的低俗是人性某些欲望的润滑剂，然而一旦被泛化、被尊崇则只能是侵蚀社会的毒剂。① 但若放任这类节目和观点充斥大众媒体，有意地撩拨观众情绪，刺激观众的道德观念，把幸福与金钱、物质享乐等同，则势必会对社会的主流观点和

---

① 罗治林：《对当下电视娱乐节目失范的哲学思考》，《当代电视》2011 年第 1 期。

价值取向造成负面影响，引起青年幸福观的混乱。如果放松对大众传媒的管理，那么这种消极影响将是不可低估的。当代青年对大众传媒的认识和接受，将直接关系到对社会主义主导幸福观的理解和选择。因此，加强大众传媒领域主流意识形态的构建，尽量削弱其消极功能，是一项至关重要且任重道远的事业。

四 个体内在的心理失衡

青年幸福观形成过程中，除了社会客观条件的影响制约外，不可忽视其自身思想和心理支配的动因。正如恩格斯所言："事实上，世界体系的每一个思想映象，总是在客观上受到历史状况的限制，在主观上受到得出该思想映象的人的肉体状况和精神状况的限制。"[①] 青年期既是人一生中非常美好的时期，也是非常特殊的时期。青年期上承儿童期，下接成年期。青年既不能像儿童一般备受关心和保护，也不像成人般独立挑起生活和事业的重担。在这个阶段，"个体面对这样一个事实，必须承认并接受那些自己感到陌生，与自己不同的东西为自己生活的一部分，把它们当作'又一个我'"。[②] 此时，青年的心理防御功能尚不健全，内在的冲突和紧张经常出现，时常表现出思维二元性、情绪不稳定、行为极端化等特点。正如罗素所言："种种不幸的根源，部分在于社会制度，部分在于个人心理。"[③] 身处瞬息万变的世界，面对传统文化所建构的意义世界的解体和复杂多样的现代生活，不少青年的物质欲望被诱惑，而精神空间却不断挤压，在物与欲的挣扎中，逐渐丧失了支撑其生命活动的价值和意义，产生心理失衡。

社会的快速变化加深了青年人的疲惫感和沮丧感。现代社会变化的进程越来越快，涉及的领域越来越多，出现的信息千变万化。快速、多样、易变是现代社会的外在特征，也是现代人的生活内在状态。"我们放眼观望四周，人人被社会和文化裹挟着忙这忙那。我们追求名利，我们潮逐浪头，追明星赶消费求时髦，没完没了，以为这就是我们的生活，这就是我

---

① 马克思、恩格斯：《马克思恩格斯文集》（第9卷），人民出版社2009年版，第40页。
② ［美］马斯洛：《人的潜能和价值》，林方主编，华夏出版社1987年版，第55页。
③ ［英］罗素：《走向幸福》，上海人民出版社1988年版，第5页。

们的世界,殊不知这是在茫茫人潮茫茫社会中迷失了自我。"① 过去传统社会悠闲缓慢的生活状态已经改变,面对时间的压缩,速度的加快,青年在感受新鲜和震撼的同时,也感受到紧张和压力。他们不仅要去适应现代化的学习和生活方式,不断进行思维转化、知识调整和信息更新,还要去寻找和获得越来越多的物质与精神的享受,越来越看重外在的目标和他人的评价。身处现代社会的青年,当感到自身有限的时间、精力和空间无法把握变化如此之大、如此之多的社会生活时,就如同坐在高速列车上一样,其主体性只能被迫跟从客观环境,对自身、对他人乃至对世界的认识和把握,少了一份游刃有余,多了一份力不从心。不少青年人在努力达成价值目标时,在感受到短暂的喜悦后,又很快被潮水般涌来的价值目标所包围,深感疲惫不堪,陷入更多的沮丧之中。

  精神生活的物化导致了青年人的空虚感和碎片感。马克思把人的发展的历史过程划分为三种形态,处于中间形态的正是当下"以物的依赖性为基础的人的独立性"的商品经济时代。物质生活是精神生活的基石,是人们存在和发展的基础,这决定了人难以脱离物质生活来衡量和思考精神生活。但对物的过分依赖和追求,容易导致人自身的物化,丧失个性和自我,使人的价值追求与全面发展相疏离。对此,马克思曾深刻描述:"我们的一切发现和进步,似乎结果使物质力量具有理智生命,而人的生命则异化于愚钝的物质力量。"② 现代物质文明高度发展的同时,人的精神向度的成长受到冲击。物化倾向渗透到在人和物的关系上,表现为对人对物的无限制的占有,企图以此获得幸福。人们不断求利、求欲,追求更多更丰富的物质财富,而道德、信念、思想等精神性生命,因其不是商品、不具有物的使用价值而受到压制。受物质利益驱动,当今社会不同程度地存在以追求物质价值为主、忽视精神价值的偏向。一些青年深陷过度消费而不可自拔,热衷于在攀比中获得满足感。有钱人常被视为社会的成功者,受到人们的羡慕和膜拜。"快餐式成功"和"速食式成名"受到推崇,使得浮躁之风盛行。当一些青年人把生命的价值与意义置于不择手段追求金钱等物质财富的基础上,忽视了对美好精神生活的追求时,难免会产生心灵的空虚感和生命的碎片感。越来越多的青年在激烈的竞争中无暇感受、

---

① 郑晓江:《穿透死亡》,江西教育出版社 2000 年版,第 122 页。
② 马克思、恩格斯:《马克思恩格斯全集》(第 3 卷),人民出版社 1972 年版,第 79 页。

欣赏生命，一旦遭受打击和挫折，则产生不同程度的心理问题，严重的甚至走向自我毁灭。

人际关系的隔膜增添了青年人的孤独感和虚幻感。在实用主义幸福观的影响下，人与人交往间情感的、友谊的因素在弱化，功利意识在增强，有时甚至表现为一种赤裸裸的相互利用的物物关系。当物化渗入人与人之间时，人际关系中就渗透着经济交往、等价交换的原则，在与人交往时，首先考虑的是对方能给自己带来什么利益、如何从对方身上获得好处，只有能对自己带来好处、对自己有用的人才去交往。如此一来，人际交往就呈现为一种经济交往，利在则亲，利尽则疏，人与人之间的互助、合作、关爱等闪烁着人性之光的温情被掩盖。随着现代通信设备的发展，手机、网络等科技力量渗入人际关系之中。人与人之间的沟通越来越便捷，接受的信息越来越庞杂。从电话、传真到 Email，从短信、QQ 到微博、微信、抖音，这些现代通信方式带给人们全新体验的同时，也渐渐隐去了语言所蕴含的、文字所不能及的丰富情感，失去了面对面交流时眼神的传递和心灵的交融。甚至是同在面对面的物理空间内，亦习惯于通过微信文字等交流信息、表达观点。网络的普及使人们的工作、学习和生活越来越"智能化"，这一方面满足了人们的需求，另一方面却使人不习惯于人际间情感的交流与沟通。不少青少年沉溺于虚拟的网络世界不能自拔，甚至不愿走进现实生活，丧失了社会生活的能力。

第六章

当代中国青年幸福观培育的基本内容

人创造了种种新的、更好的方法征服自然,但却陷于这些方法的罗网之中,并最终失去了赋予这些方法以意义的人自己。人征服了自然,却成为自己所创造的机器的奴隶。

——弗洛姆

什么是幸福?我认为健康就是幸福!有了健康并不等于有了一切,没有健康就等于没有了一切。健康就是一个空心玻璃球,掉下去以后就碎了。而我们的工作是一个皮球,掉下去以后还可以弹起来。健康是单行线,每个人都要认真对待。

——钟南山

永远要保持身心和谐,善待自己的一生,爱家人和朋友。大多数人总是在临近死亡时,才明白可爱的东西是如何的美好。而那些早就明白这些的人,是真正幸运的人。

——约翰·D. 洛克菲勒

对当代中国青年进行幸福观培育,既是时代发展的必然要求,也是青年自身的主体诉求。幸福观随着社会的变革而发生改变。在同一时代里,不同的生活价值目标也产生不同的幸福观。当代青年正处于世界观、人生观、价值观和幸福观形成的关键时期。由当代青年幸福观形成的过程和规律,可以得知科学正确的幸福观的形成,离不开幸福观的培养和教育。随着我国现代化进程的加速以及多元文化价值观的影响,偏离科学的幸福观不可小觑。因此,促进当代青年幸福观的培育,帮助其树立科学正确的幸福观,引导青年真正获得幸福,具有重要的现实需要。

幸福观作为人生观的重要组成部分,以一定的文化为依托,以一种内在的主观形态发挥作用,是人们在对待幸福主体、幸福目标、幸福手段等问题上的表现，是产生幸福感的关键因素。科学幸福观有了理性与德性的参与，是深层次的、系统化的、较稳定的价值选择体系。根据时代发展的要求，结合青年自身的特点，笔者认为，当代青年应着力培育以人为本导向的主体幸福观、以实践为特征的劳动幸福观、以和谐为取向的生态幸福观。在培育过程中，要处理好实然与应然、贵生与乐生、个人与社会、物质与精神、劳动与休闲、现实与未来之间的关系。

第一节 培育以人为本导向的主体幸福观

从幸福的起点看，应培育以人为本导向的主体幸福观。当代青年须将自己的幸福观立足于具体的现实的人，一切行动都要以人的类本质得以张扬为出发点，通过各种实践活动丰富社会关系，追求个体价值和社会价值的统一，实现人的自由全面发展。以人为本导向的主体幸福观传递着当代青年不断追寻幸福、实现幸福的共同祈愿。

一 幸福的主体是具体的现实的人

马克思"人的本质"的思想，突出地强调了幸福观的主体性。[①] 关于人的本质，马克思从一般和个别两个角度作了论述。在《1844年经济学哲学手稿》中，他提出"人的本质是劳动"的命题。这一命题从人类与其他动物群的根本区别上，规定了人的一般本质或类本质，从而使人猿揖别，把人类与动物群根本区别开来。马克思在《关于费尔巴哈的提纲》中论道："人的本质不是单个人所固有的抽象物，在其现实性上，它是一切社会关系的总和。"[②] 这一命题从人与人的区别上规定了人的个别本质或具体本质，从而使现实的人与他人相区别，把人类社会中不同的人根本区别开来。可见，人的本质是劳动和一切社会关系总和的统一，是一般本质与个别本质的统一。

人的本质首先表现在一般本质或类本质。"本质是事物的根本性质，是事物本身所固有的，决定事物的性质、面貌和发展的根本属性。本质是

---

① 乔志君：《论中国特色社会主义幸福观的思想源泉、基本内涵与实践路径》，《观察与思考》2015年第10期。

② 马克思、恩格斯：《马克思恩格斯选集》（第1卷），人民出版社1995年版，第60页。

事物存在和发展的根据。"① 人类从大自然进化而来，和其他生物一样具有自然属性。"全部人类历史的第一个前提无疑是有生命的个人的存在。"② 生命是幸福的载体，失去了生命实际上就失去了幸福。人要获得幸福，须以拥有生命为前提。为此，生命是人最基本也是最根本的需要，保存生命是人不可剥夺的权利。"人类生存的第一个前提，也就是一切历史的第一个前提，这个前提是：人们为了能够'创造历史'，必须能够生活。但为了生活，首先需要吃喝住穿以及其他一些东西。"③ 但人又与其他生物不同，其他生物是用一种被动的方式去满足生命的存在和延续，不需要经过有意识地学习、适应、模仿或经验，是一种本能的体现。而人则是通过有意识、有目的的实践活动，将自身从自然界分化独立出来。只有在生产劳动中，人的本质力量通过有意识的实践展现和发展出来，在满足自我生存和发展需要的过程中改造世界，改造自身，完成自我确证。

人的本质还在于体现人与人之间的差别的个别本质。人的一般本质不是单个人一成不变的先天本质，而是在各种不同的社会形态中，通过社会实践形成和发展不同的社会关系。不同的社会实践、不同的社会关系使人与人之间呈现出不同的社会本质。马克思既没有以机械的自然属性来规定人，也没有对人进行抽象的理解和阐释，而是将人置于具体的现实的活动中去理解。"我们不是从人们所说的、所设想的、所想象的东西出发，也不是从口头说的、思考出来的、设想出来的、想象出来的人出发，去理解有血有肉的人。我们的出发点是从事实际活动的人，而且从他们的现实生活过程中还可以描绘出这一生活过程在意识形态上的反射和反响的发展。"④ 一切现实的人必然从自身的存在和发展出发，规定人与人之间的关系。在生产关系的基础上，政治、法律、道德、宗教等诸多复杂的社会关系进一步得以形成，从不同侧面、不同层次反映着不同社会群体间的具体本质。

当代青年须将自己的幸福观立足于具体的现实的人，植根于各种实践活动所形成的社会关系。这是历史唯物主义幸福观的起点和基础。首先，

---

① 聂立清、郑永廷：《人的本质及其现代发展——对马克思人的本质思想的再认识》，《现代哲学》2007年第2期。
② 马克思、恩格斯：《马克思恩格斯文集》（第1卷），人民出版社2009年版，第519页。
③ 马克思、恩格斯：《马克思恩格斯文集》（第1卷），人民出版社2009年版，第79页。
④ 马克思、恩格斯：《马克思恩格斯文集》（第1卷），人民出版社2009年版，第73页。

我们所研究的实现幸福的主体,不是生物学意义上体现动物本能的个人,也不是游离于现实世界之外的模糊、抽象的人,而是处于一定的历史条件下立足于具体的社会关系中的具体、现实的人。这个"人"有血有肉,是从事着具体的实践活动的人。其次,青年要将自己的幸福观建立在活生生的现实生活的世界,而不是像宗教神学那样寄托于虚幻的精神世界。幸福生活是青年的本质需要,追求幸福是每一位青年应该具有的正当权利。青年要立足现实从事各种实践活动,在现实社会的摸爬滚打中方能感受到真切的幸福。

幸福的主体是具体的现实的人,还包含着人是社会发展的价值主体的思想。人的价值实现是青年幸福观的实质。人的价值作为价值的特殊形态,其内涵极其丰富。"历史不过是追求着自己目的的人的活动而已。"[①] 人作为一个价值存在物,在价值追求的过程中,成为人自己,并不断地改变着社会的形态。人的价值是社会价值和个体价值的统一。个人价值是指通过自己的学习和锻炼满足自我发展需要的价值;社会价值是指通过自己的劳动来创造物质产品和精神产品,以满足社会发展之需要的价值。[②] 青年在追求价值实现的过程中,要尤为注意防止个体价值和社会价值的割裂。在过去计划经济条件下,国家强调个人对社会的奉献和付出,重视集体利益而不讲个人利益,强调集体价值而无视个人价值,一定程度上削弱了人们的劳动积极性。市场经济的确立使人们的主体意识大大增强,人们开始关注自我价值的实现。在追求经济利益的过程中,一些人似乎又走向了另一个极端,为了私利不惜牺牲国家、集体和他人的利益,过分追求个人的自我价值,割裂了个体价值和社会价值。马克思在《青年在选择职业时的考虑》中指出:"在选择职业时,我们应该遵循的主要指针是人类的幸福和我们自身的完美。不应认为这两种利益是敌对的,相互冲突的。"在马克思看来,人一方面要为人类的幸福而作出贡献,另一方面要在这个过程中追求自身人格的高尚和才智的发挥,这两者是统一的。同时马克思强调:"我们只有为同时代的人的完美,为他们的幸福而工作,才能使自己也达到完美。"这进一步说明,具有较高的社会价值的人,通常具有较

---

① 马克思、恩格斯:《马克思恩格斯全集》(第2卷),人民出版社1957年版,第118页。
② 麻惠丽:《马克思主义人的价值理论与当代青年的成才》,《宁夏党校学报》2000年第3期。

高的个体价值，这两者是内在统一的。

在不同的历史发展阶段，人的价值追求是不一样的。生存、享受、发展作为人的价值追求的不同层次，它们相互作用、相互影响，共同构建出一幅完整的人生动态图景。改革开放前，物质的极度匮乏使人们对物质生活的改善作为价值追求的重要标准。20世纪70年代的恋人在谈婚论嫁时，常把手表、自行车、缝纫机作为结婚必需品。姑娘有了这"三大件"，出嫁的时候是很有面子的。改革开放后，随着温饱问题的解决，物质生活不断丰富。人们的收入明显增加，生活水平有了提高。在家庭建设上开始向电气化迈进，20世纪80年代的恋人追求的"三大件"变成了冰箱、彩电、洗衣机。随着改革开放的深入，人们在渴望过上富裕的物质生活的同时，也向往精神上的价值追求。随着信息化时代的到来，基本的物质生活需要普遍得以满足，当代人更倾向于追求生活的质量，努力营造精神家园。近年来，旅游、休闲、娱乐事业的繁荣发展，人们对生活幸福指数的关注，都反映了人们对物质幸福和精神幸福相统一的幸福观的认同。在不同的年龄阶段，人的价值追求也呈现出差异性。"年轻人有着更高的自我取向愿望，中年人有着更强烈的工具性价值观倾向，而老年人则更倾向于终极性价值观。"① 青年身处人生中的黄金时期，其主要价值追求有"独立与进取之培养；职业之选择与准备；自己性别角色之接受与满意；同辈团体之参加；婚姻与家庭生活之准备"。② 当代青年在实现价值追求时，必须有利于促进社会的发展完善，以不损害他人的利益为前提，以增进人类进步为基础，把握人生的主体定位和价值导向，确立科学有效的理想和信念，通过观念与实践、权利与义务、选择与责任的统一来实现自身幸福的生存方式，以现实的生存状态为出发点，建立与中国国情相适应、与社会和谐进步相一致的幸福观，在人的自然性和社会性的不断转化和完善中实现幸福人生。

二 人的自由全面发展是幸福的最高追求

人的自由全面发展即人的本质的实现，是青年对于幸福的最高追求。马克思关于人的全面发展的理论博大精深、内涵丰富。在《德意志意识形

---

① 岑国桢：《青少年主流价值观：心理学的探索》，上海教育出版社2007年版，第14页。
② 韦政通：《伦理思想的突破》，中国人民大学出版社2005年版，第92页。

态》《1844年经济学哲学手稿》《资本论》等著作中,马克思都对人的全面发展的理论做了系统的阐述。"人的依赖关系(起初完全是自然发生的),是最初的社会形式,在这种形式下,人的生产能力只是在狭小的范围内和孤立的地点上发展着。以物的依赖性为基础的人的独立性,是第二大形式,在这种形式下,才形成普遍的社会物质变换、全面的关系、多方面的需要以及全面的能力的体系。建立在个人全面发展和他们共同的、社会的生产能力成为从属于他们的社会财富这一基础上的自由个性,是第三个阶段。第二个阶段为第三个阶段创造条件。"① 马克思曾指出,"人以一种全面的方式,也就是说,作为一个完整的人,占有自己的全面的本质"。② 人的全面发展可从三个维度进行解读。"人的全面发展在第一层意义上,表征着每个人都必须并有权去发掘和实现他应有的类特性,获得人在亿万年进化中积聚和成熟起来的基本规定性。"③ "人的全面发展在第二层意义上,表征着个人作为社会存在物,必须合理建构自身所拥有的一切社会关系,并在这些社会关系中均匀地发展自身全部的特性。"④ "人的全面发展在第三层意义上,表征着个人作为有个性的个人而与他人区别开来,自由地按照自己的意志和愿望积极地、充分地表现自身个性的魅力和丰富性。"⑤ 可见,人的全面发展是指从现实的个人出发,通过人的自然性和社会性这双重属性的相互转化与不断完善,来达到人的全面发展和自由发展内在统一的历史过程和全人类解放的必然趋势。

人的自由全面发展是当代青年幸福观的重要内容。作为逻辑终点的人,不再是与自身本质相背离的人,而是全面展现和不断完善的人,是处于最佳幸福状态的人。"把物的独立性变成人的独立性,把孤立的、片面的、空虚的人变为全面联系的、丰富的、自由的人,他表现为自主的活动和全面的能力、丰富和谐的社会关系、自由的个性。个人作为个人且根据自己意愿充分自由地表现和发挥其主体性和创造能力,自由地创造和展示

---

① 马克思、恩格斯:《马克思恩格斯全集》(第30卷),人民出版社1995年版,第107—108页。
② 马克思、恩格斯:《马克思恩格斯全集》(第42卷),人民出版社1995年版,第123页。
③ 万斌:《万斌文集》(第4卷),杭州出版社2004年版,第175页。
④ 万斌:《万斌文集》(第4卷),杭州出版社2004年版,第175页。
⑤ 万斌:《万斌文集》(第4卷),杭州出版社2004年版,第175页。

自己的本质与独特性，自由地实现自己的个人生活和社会生活。"[①] 人的全面发展至少包括三个方面的主要内容：一是人的需要、利益的全面发展和满足；二是人在实践中素质和个性的全面发展和完善；三是人的社会关系的全面丰富和发展。

青年要追求需要和利益的合理满足和发展。"在现实世界中，个人有许多需要。"[②] 什么是需要？"需要（need）是指生命物体为了维护生存和发展，必须与外部世界进行物质、能量、信息交换而产生的一种摄取状态。这种状态，一方面表示了生命物体对外部环境的依赖和需求，另一方面也表达了生命物体对周围事物具有作出有选择的反应的能力，以及获取和享用一定对象的生理机能。如果从生理上讲需要就是欲望（desire），那么反映在心理上，需要就是希望（hope）、愿望（wish）和要求（want）。这是生命物体为了自我保存和自我更新而进行的各种积极活动的客观根据和内在动因。"[③] 马克思在《德意志意识形态》中提出："他们的需要即他们的本性。"[④] 这一重要论断深刻揭示了人的需要和人的本质的内在关联，说明了人的需要具有普遍性和能动性。

青年的需要大体可分为四个方面。首先，物质生活需要是第一需要，也是最基本的需要。人从出生的那一刻起，就开始了对物质需要和物质利益的追求。其次，精神生活方面的需要，也是人的基本需要之一。青年在思想领域里追求真善美、寻找心灵归宿，在社会领域追求友谊和爱情、自由和民主、理想和信念、权利和制度等方面的内容，都是精神生活和文化生活方面的需要。再次，劳动和交往的需要，这既是青年的低层次需要，也是高层次需要，体现了人的自然性需要和社会性需要的辩证统一。最后，人的价值和才能的全面实现，是人的最高层次的需要。值得注意的是，青年的需要具有发展不平衡性，是不断变化发展的，且具有条件制约性。青年需要的满足，既要受主体自身素质的限制，还要受到一定的时间、空间等历史的、客观的条件限制。青年在追求自己的需要时，应遵守合理性和适当性原则，实现自己的正当利益。

[①] 吴向东：《论马克思人的全面发展理论》，《马克思主义研究》2005年第1期。
[②] 马克思、恩格斯：《德意志意识形态》，人民出版社1961年版，第316页。
[③] 陈志尚主编：《人学理论与历史》，北京出版社2004年版，第193页。
[④] 马克思、恩格斯：《马克思恩格斯全集》（第1卷），人民出版社1995年版，第82页。

利益是与需要密切相关的范畴，人在社会生活中的很多利益问题，都与人的需要直接相关。马克思曾明确指出："人们奋斗所争取的一切，都同他们的利益有关。"① 何谓利益？"所谓人的利益，是指现实的人作为主体，与客体、对象（事物或他人）之间发生的一种关系，反映了对象的属性和关系能够满足主体的某种需要或实现人的某种理想和愿望，因而主体就需要获得、占有或享用它，为此，主体必须通过与客体、对象的关系来实现自己的目的，这种现实的肯定关系对主体的人来说就是利益。与利益相反，害处对人来说就是表现了对象与人之间的一种否定关系。"② 根据不同的角度，我们可以对青年的利益作出划分。从主体的物质需要和精神需要的角度出发，可以划分为物质利益和精神利益。从需要的产生和获得的主体角度出发，可以划分为个体利益和群体利益。利益的获得就是需要的满足，青年对利益的追求及其满足反过来又促使人们产生新的需要，推动社会生产的不断发展和人类社会的不断进步。

需要和利益是青年从事各种社会实践活动的内驱力。青年在追求幸福的过程中，要勇于承认并努力追求物质利益和精神利益，及时、合理地满足现实中的个人的正当利益诉求。同时，也要提倡公而忘私和自我牺牲精神，全心全意为人民服务，正确处理国家、集体、个人三者之间的利益关系。

青年要追求素质和个性的全面发展和完善。我国现代化建设的进程表明，经济的发展、科技的进步，乃至整个社会的前进，从某种程度上讲，取决于劳动者素质的提高。青年代表着未来，是国家建设的主力军，努力提高其素质水平，对提高青年自身的幸福和国家的发展都尤为重要。近年来，人的素质的研究成为人们的热门话题，取得了诸多成果。从辩证唯物主义的观点看，人是具有生理属性、心理属性和社会属性的统一体。因此，对青年的素质也可以从生理、心理、社会三个方面进行探讨。在一定的社会历史条件下，青年在先天基础上，结合后天培养，形成其相对稳定的内在品质。

青年要提高生理素质。生理素质包括人体发育、体质强弱、生理功能、遗传素质等，它规定着个体素质发展的可能性和限度性，是青年生存

---

① 马克思、恩格斯：《马克思恩格斯全集》（第3卷），人民出版社2002年版，第514页。
② 陈志尚主编：《人学理论与历史》，北京出版社2004年版，第213页。

和发展的基础,是青年从事一切社会实践活动的载体。无论是从事体力劳动还是智力劳动,都与生理素质密切相关。青年要正确认识人体结构及其功能特点,了解遗传学和优生学的知识,明白营养、运动、习惯、环境对生理素质的影响,优化饮食结构,开展体育锻炼,改变不良习惯,积极改造环境,形成正确的生活方式。青年要完善心理素质。健康不仅是没有生理上的疾病,而且要有健全的身心状态和良好的社会适应能力。人的心理素质是在生理素质的基础上形成和发展起来的。认知、情感、意志作为一个完整的不可分割的心理结构,在人的活动中发挥作用。青年要通过后天的学习和实践,提高自己的观察力、记忆力、想象力、注意力和思维力,善于控制自己的情感,并保持积极稳定的情绪状态,根据目标支配、调节行为,克服各种障碍,正确对待挫折,对外部环境作出协调反应。总之,青年要注意完善心理素质,保持认知、情感、意志以及行为的良好状态,愉快而幸福地工作和生活。青年要丰富社会素质。社会素质是伴随着人的社会化过程而形成的,是人从事社会生产和生活实践所必须具备的基本品质。社会素质包括科学文化素质和思想道德素质两大类。科学文化素质可以具体化为科学文化知识、科学文化能力、科学文化态度3个指标。思想道德素质可以具体化为政治热情、公民意识、经济意识、法纪法律意识、信心状况、人际关系、传统美德、社会公德、职业道德、家庭婚姻伦理10个指标。[①] 青年要不断吸取、掌握新知识,使个人的科学文化水平紧跟当代先进文化的步伐。同时,要不断提高自身思想道德素质,更好地为国家和社会服务。

追求个性的发展,成为有个性的人,是青年内心的呼唤。在一定社会历史条件下,个性是衡量个人精神丰富的标准。"作为哲学范畴的个性,是具有一定社会地位和社会功能的个人,在社会活动中发展和表现出来的对社会与个人发展有积极意义的心理、行为特征的总和。"[②] 人的个性由自主性、自觉能动性、创造性和独特性构成。

青年在个性发展的过程中,存在着一些认识误区。这些误区致使一部分青年从追求个性发展的动机出发,以抹杀个性甚至牺牲自我的结局而告终。这些认识误区有:第一,不重视内在修养,把个性等同于外表、形象

---

① 张志祥:《青年素质:提升的意义与发展取向》,《当代青年研究》2002年第4期。
② 沈建国:《论人的个性的哲学内涵》,《江西社会科学》1989年第4期。

等，很多年轻人把外在包装理解为个性标志。第二，把个性与共性对立起来，为了突出个性，不惜抛弃共性，不讲原则地标新立异，把个性变成了另类。第三，无视历史的延续性。一些青年不把自己的历史视为未来发展的起点，幻想一夜成名。殊不知个性在时间维度具有延续性，每个人的成长经历、努力程度，都会在自己身上打上烙印。第四，盲从商业流行文化。商业文化把个性简单理解成发型、服装、休闲方式等碎片，一些喊着追求个性的青年，争相模仿明星、偶像的打扮、举止、声音，最后不仅没有发展个性，而且丧失了自我，换回无情的嘲讽。

青年要突破认识误区，正视历史，充实自己。个性发展的真谛在于发挥潜能，激发自身优势。每个人都是独一无二的个体，在追求个性发展的过程中，既不能依样画瓢似的克隆，也不是抛弃历史后的重建。青年要在承认个性差异的前提下，通过学习、实践、创造，发展自己的潜能和优势，促进理性的发展和智慧的生成。青年要追求人与社会的全面丰富和发展。个人与社会的关系问题是一个古老而常新的问题，是一切社会价值观冲突的焦点。马克思主义人学在个人和社会关系问题上的探讨与思考，从实践、交往、社会关系三个角度出发阐释个体的人与整体的社会的关系，为促进当代青年与社会之间的和谐发展提供了理论基础。实践作为人的存在方式，是人的本质规定。青年凭借实践的超越本性不断扬弃自身和对象的规定性，在超越自在世界的同时，也不断重构着自身本质和人类世界，实现了客观物质性和主观能动性的统一。"但实践是一个十分复杂的运动系统和曲折过程，是一个多侧面、多环节、多变性、多向性的活动体系、活动过程。"[①] 实践作为青年追求幸福的活动，有时并不直接指向幸福的实现。只有当自由与自觉统一于人的实践活动，人的本质力量才能得以绽放，幸福得以可能。交往是个人与社会关系的生成和实现机制。通过交往，人们由最初的一盘散沙式的个体，逐渐黏合在一起，形成一定的群体，进而建立组织，产生社区，形成整个社会。在交往过程中建立起来经济关系、政治关系、道德关系等在内的一切社会关系，共同支撑起整个社会。青年在个人与社会交往互动的过程中，由自在到自为，由必然到自由，获得个人的完整性和全面性。社会关系是个人与社会双向创造的前提

[①] 徐崇：《论自由自觉的活动是幸福的真正源泉》，《毛泽东邓小平理论研究》1990年第3期。

和保证。人们为了生存和发展，在生产劳动过程中建立起以生产关系为基础的各种人与人的关系，就是社会关系。人创造了社会环境，社会环境也创造人。"每个人的自由发展是一切人自由发展的条件。"① 每个人在自己的联合中并通过这种联合获得自在和自由。个人与社会的关系就是在一定的社会关系共同体中相互关联、辩证统一。青年从事一切生产活动的价值取向和根本目的，是以改善自身生存境遇，建构并优化人与人的社会关系为旨归。

第二节 培育以实践为特征的劳动幸福观

从幸福的途径看，应培育以实践为特征的劳动幸福观。劳动使人的本质得以实现，是幸福的根本源泉。青年要通过劳动创造物质幸福、人际幸福和精神幸福。同时，要提防异化劳动带来的幸福异化，在实践中扬弃异化劳动，享受劳动带来的快乐和幸福。

一 劳动是幸福的根本源泉

马克思主义认为，劳动是人类的本质活动，是人类社会存在和发展的前提。"任何一个民族，如果停止劳动，不说是一年，就是几个星期，也要灭亡，这是每个小孩都知道的。"② 劳动创造了人们衣食住行所必需的生活资料，是人的全面发展的基础。人们在追求某种事物时的兴趣，往往比享用它时更为浓厚。幸福不仅存在于静态地享受，更在于动态地追求理想和实现目标的过程。每个人都不是自己命运的旁观者，都是参与着自己命运的铸造。幸福不是既定的存在，人要获得幸福，不能依靠某种外在力量的给予，而要通过自己的劳动，充分展示自身的价值和才能，实现设定的目标和理想，努力改造外部环境。人们通过不断地劳动，在为社会创造创富的同时为自己创造着幸福。

生活是幸福取之不竭的源泉，幸福来自对生活的热爱和实践。青年对幸福的追求是一个具体的社会实践过程。法国空想社会主义者维克多·孔西得朗说："人赋有体力、情感力和智力。他所赋有的这些力量应当如何

---

① 马克思、恩格斯：《马克思恩格斯选集》（第1卷），人民出版社1995年版，第294页。
② 马克思、恩格斯：《马克思恩格斯选集》（第4卷），人民出版社1995年版，第580页。

使用呢？是用来搞破坏还是用来搞生产？是用来蹂躏这个地球，搞偷盗、抢劫、诈骗钱财和打仗，在国内打了又在国外打，还是用来耕种土地，把它整治得漂漂亮亮的，想许多办法使自己幸福，使自己在物质和精神方面臻于完善……显而易见的是，能使用和发展人的种种才能的生产性劳动是吸引人的，是人在地球上的命运。"[①] 青年作为主体开展的建设性活动，使客体趋于完善，主客体关系更加和谐，同时促进主体自身的发展。如果一个人总是不通过劳动而享受到他人劳动创造的果实，那么这个人对人生的真谛、生活的意义就不会有深刻的认识和体悟。幸福要建立在科学劳动观的基础之上，青年追求幸福的实践过程中，价值得以创造，人类社会得以不断前进和发展。

劳动创造了社会物质财富，青年要努力创造物质幸福。物质幸福即物质生活幸福，是人的物质性需要、欲望、目的得到实现的幸福，也就是一个人的生理需要、肉体欲望得到满足的幸福，其表现是生活富裕和躯体健康等。[②] 羞于言利、言物质追求的时代已经过去，追求幸福和人生价值的实现是每一个人基本的正当权利。个体的生命存在是其幸福的载体，其存在和发展必须依赖吃、穿、住、行等需求的满足。物质生活需要的合理满足是青年实现幸福的基础和前提。物质幸福的客观内容反映在财富、家庭、事业、休闲、健康、环境等系列具有具体内容的项目上。"事业成功""有一个温暖的家""身体健康""有知心好友"等，常被青年列为人生幸福的重要因素。改革开放40余年来，主体活动的为我和我为的关系问题切实得以解决。广大青年付出的劳动，都与自身利益相联系。这极大地激发了青年劳动的积极性和创造性。在现实生活世界中，青年要通过自身创造性活动，为现实幸福寻求可行的道路。

劳动创造了人本身，青年要努力创造人际幸福。人际幸福即人际交往的幸福，是人的人际需要、欲望、目的得以实现的幸福，也就是人的人际关系方面的需要、欲望、目的得以实现的幸福，主要包括归属和爱的需要得到满足的幸福、权力和自尊的需要得到满足的幸福。[③] 广泛而健康的人

---

① [法] 维克多·孔西得朗：《社会命运》（第2卷），李平沤译，商务印书馆1986年版，第527页。
② 孙英：《幸福论》，人民出版社2004年版，第35页。
③ 孙英：《幸福论》，人民出版社2004年版，第35页。

际交往，有助于青年更好地适应环境，得以成长。人的本质属性在于社会性，人际幸福只有在社会活动中才能实现。社会提供给每位社会成员生存和发展的基础，又依赖社会成员创造出物质财富和精神财富。总体来讲，社会成员对社会的贡献总和一定大于个人向社会的索取总和，以此实现社会的进步和发展。生活中现实社会的每一位青年，首先要消耗社会积累的物质财富和精神财富，作为追求幸福的基础，进而努力作出更多有价值的贡献反馈给社会。青年在为社会、为国家奋斗的过程中，其幸福感体现在取得事业成功的成就感和荣誉感。身心健康的青年，其人际幸福的实现程度取决于个人对社会贡献的大小和自我修养的提高。人际幸福是劳动实践和自我修养的统一。加强道德修养和人际互动，努力为社会绝大多数人谋幸福，才能获得真正的幸福。

劳动创造了社会精神财富，青年要努力创造精神幸福。精神幸福即精神生活的幸福，是人的精神方面的需要、欲望、目的得到实现的幸福，主要包括认知需要得到满足的幸福和审美需要得到满足的幸福。其表现是自我实现、实现自我的创造潜能，特别是实现精神领域的创造潜能。[①] 青年的幸福不能仅仅局限于满足生存发展所需要的物质层面，也不能仅仅满足于拥有权力、美誉、和谐的人际层面，其最高表现应该是自我实现和自我完善。追求心灵的丰富和高尚，是青年超越现实、追求理想的充分表达，是青年对人生意义的理解和体悟。那些认为"物质享受就是幸福""有钱就是幸福"的观点，是狭隘而片面的。持有这样的幸福观，一旦失去了物质和金钱，就丧失了一切幸福。精神幸福是最高级、最高尚的幸福，对它的追求没有边界，是任何物质上的享受所不能取代的。拥有丰富高尚的精神生活本身就是一种幸福，其还为进一步创造物质幸福和人际幸福提供了精神动力和智力支持。

实践是人的本质活动，是青年获得幸福生活的本质特征。青年在追求幸福生活的过程中，蕴藏着一种试图挣脱各方面束缚、由自为走向自由的内在动力，他们不断探求新的知识，不断反思自身立场，在不满和超越中实现了受动性和能动性的统一。对于当下而言，青年以崇高的"中国梦"为引导，在中国特色社会主义事业实践中砥砺前行，是一项光荣而艰巨的事业，也是获得人生幸福的重要途径和具体表现。当代青年不论职位高

---

① 孙英：《幸福论》，人民出版社2004年版，第35页。

低，不论处于什么岗位，都应在本职岗位上兢兢业业，不断努力劳动，充分发挥自己的聪明才智，尽己所能以服务他人、服务社会，才能感受到劳动过程中价值实现所带给人的满足感和幸福感。

二 扬弃异化劳动

当前，人们的就业环境、收入水平、生活条件较以往有了很大的改善，但仍有不少青年不仅感受不到幸福，反而出现了痛苦、焦虑、忧郁甚而自杀等问题。幸福异化的原因归根到底是劳动的异化。[①]"异化"一词源自拉丁文，有脱离、疏远、转让、受别人支配等意思。在哲学范畴中，"异化"泛指主体发展到一定阶段后，分裂出自己的对立面，变为了外在的异己的力量。在《1844年经济学哲学手稿》中，马克思详细阐述的异化劳动理论，揭示了人的异化的原因。这对于我们今天解读青年人幸福观的错位，并从劳动之维为青年获取幸福提供了一定的启示意义。

马克思深刻描述资本主义社会中劳动异化的现实，他指出："劳动对工人来说是外在的东西，也就是说，不属于他的本质；因此，他在自己劳动中不是肯定自己，而是否定自己，不是感到幸福，而是感到不幸；不是自由地发挥自己的体力和智力，而是使自己的肉体受折磨、精神遭摧残。"[②] 马克思的异化劳动理论包含四个"异化"：第一，劳动者与劳动产品相异化，即劳动者生产出来的产品成为奴役和统治劳动者的异己力量。马克思认为："工人生产的财富越多，他的产品的力量和数量越大，他就越贫穷。工人创造的商品越多，他就越变成廉价的商品。物的世界的增值同人的世界的贬值成正比。"[③] "劳动所生产的对象，即劳动的产品，作为一种异己的存在物，作为不依赖于生产者的力量，同劳动相对立。"[④] 劳动创造的物的增值反而促使人的贬值。第二，劳动者与劳动本身相异化，即劳动对于劳动者而言不是出于本意或真心需要，而是一种外在被迫的强制性东西。马克思指出："工人只有在劳动之外才感到自在，而在劳动中则感到不自在，他在不劳动时觉得舒畅，而在劳动时觉得不舒畅。因此，

---

① 曹凤珍：《幸福异化：一种研究幸福问题的新视角》，《理论导刊》2016年第7期。
② 马克思、恩格斯：《马克思恩格斯选集》（第1卷），人民出版社1995年版，第43页。
③ 马克思、恩格斯：《马克思恩格斯选集》（第1卷），人民出版社1995年版，第40页。
④ 马克思、恩格斯：《马克思恩格斯选集》（第1卷），人民出版社1995年版，第41页。

他的劳动不是自愿的劳动，而是被迫的强制劳动。因此，它不是满足劳动需要，而只是满足劳动需要以外的那些需要的一种手段。劳动的异己性完全表现在：只要肉体的强制或其他强制一停止，人们会像逃避瘟疫那样逃避劳动。"① 劳动者在劳动中体会不到认可和满足，而是感到压抑和厌烦。第三，劳动者与类本质的异化。马克思认为："异化劳动导致人的类本质——无论是自然界，还是人的精神的类能力——变成对人来说是异己的本质，变成维持他的个人生存的手段。"② 人的类本质是自由自觉的劳动。而在资本主义社会私有制中，劳动被贬低为仅仅维持个人自身生存的手段，不能确证其类本质，劳动者无法通过劳动获得幸福感。第四，人与人相异化。"人同自己的劳动产品、自己的生命活动、自己的类本质相异化的直接结果就是人同人相异化。"③ 异化劳动条件下，人不仅生产出异己的劳动产品，还生产出异己的劳动关系。在这样的劳动关系中，个人不再把人本身当作一切活动的目的，而是把自己的劳动当作谋生的一种手段和方式。人与人之间的关系是支配和被支配的关系，是不可能平等的。

马克思笔下劳动异化的现实，在我国现阶段仍有存在。审视我国国情，社会主义市场经济体制尚需健全，分配制度仍需完善，因此，异化劳动的现象仍然存在，不可能得到彻底解决。劳动是人的第一需要，青年本应在劳动中因发挥能力和智慧而获得成就感和满足感，但现实中青年厌恶劳动、逃避劳动的现象却时常发生。一部分青年不仅体会不到劳动带来的快乐，反而陷入深深的厌倦和痛苦之中。异化劳动对青年幸福观错位的影响有以下几个方面。

首先，异化劳动使青年更喜欢占有劳动产品而不是劳动本身。劳动不再是内心自由自觉的体现，劳动的目的是追求因其而产生的劳动产品、金钱财富等。一个人占有劳动产品的多少，成为其是否有价值、有能力的评价标准。这印证了马克思所认为的："私有制使我们变得如此愚蠢而片面，以致任何一个对象，只有当我们拥有它时，也就是说，当它对我们说来作为资本而存在时，或者当我们直接占有它，吃它、喝它、穿戴它、住

---

① 马克思、恩格斯：《马克思恩格斯选集》（第 1 卷），人民出版社 1995 年版，第 43—44 页。
② 马克思、恩格斯：《马克思恩格斯选集》（第 1 卷），人民出版社 1995 年版，第 47 页。
③ 马克思、恩格斯：《马克思恩格斯选集》（第 1 卷），人民出版社 1995 年版，第 47 页。

它等等时，总之，当我们消费它时，它才是我们的。"① 在现实社会，许多青年不知疲倦、如饥似渴地购买商品，认为能够最大限度地满足自身的各种欲望就是幸福，即使不择手段也是有能力的表现。这种扭曲的劳动价值观使人不再关注劳动过程本身，劳动本身不再成为人的需要，劳动产品成为人们的劳动需要之外的需要。若让这种纯粹的动物式的欲望无限发展下去，人们对劳动产品的占有和消费就会贪得无厌，就不会用满足和珍惜之感对待物品的享用，最终陷入物欲的痛苦而不能自拔。所以，在现有的社会条件下，我们不仅要引导青年学会在劳动中丰富和发展自己的本质力量，还要引导青年在消费领域适度消费、合理享受。

其次，异化劳动使青年因忙碌而价值感缺失。在异化劳动中，劳动者像机器一样不停地高速运转，精神高度紧张，身心得不到放松。不少青年在高强度的工作状况下，没有时间去思考自身存在的意义，更多的是感受到疲惫、压抑和痛苦。面对生存的多方压力，劳动只是单纯地重复他人或自己业已做过的一切，劳动本身让人体会不到工作带来的充实感和乐趣，人的主体地位逐步丧失，人的价值逐渐贬值。在目前快节奏的生存环境中，一部分青年在疲惫中劳动，内心无助而茫然，他们对自己的工作缺乏热情和动力，对所做工作的价值和意义持怀疑的态度。

最后，异化劳动使青年人际关系淡漠。在异化劳动中，人与人之间不再相互信任，友情、亲情、爱情在金钱和物欲面前遭到无情的践踏，人们的交流多因目的和利益而进行，人与人相互间的利用代替了彼此间真诚的对待。社会信仰迷失，道德滑坡，整个社会中"人和人之间除了赤裸裸的利害关系，除了冷酷无情的'现金交易'，就再也没有任何别的联系了"。② 生活在其中的人只能忍受这种工具理性带来的冷酷后果，青年内心的渴望被社会的冷漠氛围冰封，失望、恐惧、怀疑等负面情绪常伴随左右，人与人之间的关系越来越疏远。

如前所述，现阶段劳动的异化性质还不能彻底消除，会在相当长一段时间内存在。摆脱劳动异化的困境是人类面临的长久性课题。判断幸福与

---

① 马克思：《1844年经济学哲学手稿》，人民出版社2000年版，第77页。
② 马克思、恩格斯：《马克思恩格斯选集》（第1卷），人民出版社1995年版，第275页。

否的标准正在于劳动是否得到应有的尊重，以及异化劳动是否得到克服。① 目前，我们不仅要提倡青年尊重劳动，还要努力做到劳动的合目的性和合规律性的统一，从而使劳动能带给劳动者真正的幸福体验，加快扬弃异化劳动的发展步伐。在现有的劳动条件下，青年如何通过对劳动的内容和形式的改变与提升，摆脱异化劳动束缚，在实践中扬弃异化劳动呢？

从内容看，青年的劳动中应多一点"创造性"和"为他性"。创造性是人的自觉能动性的集中表现，也是人生意义的最高体现。② 法国文学家罗曼·罗兰借用笛卡尔的著名句式说："我创造，所以我生存。"③ 创造是人的本质力量对象化的过程，是人深层次的需要。弗洛姆写道："在没有异化的主动（活动）中，我体验到自己是自己活动的主体。没有异化的主动是一个创造、生产的过程，我与我的产品始终保持着联系。也就是说，我的活动是我的力量和能力的表现，我、我的活动和我的活动的结果结为一体。我把这种没有异化的主动（活动）称作创造性活动。"④ 作为人的活动，创造不一定要无中生有，也可以对已有的材料或要素进行加工、改造和重组，以此生成新的结构、内容或功能。青年在面对旧事物时，稍微放弃一些通常方式，对旧事物加以变动和改进，就可以表现出这种创造性。美国心理学家S·阿瑞提认为："从一种社会的观点来看，这种普遍的创造力极为重要。它能使人获得一种满足感，消除受挫感，因此给一个人提供了一种对于自己以及对于生活的积极态度。"⑤ 创造性是每个青年都可能具有的，是对主体重复性的扬弃。我们要发现和鼓励每一位青年身上的创造性劳动源泉，充分发挥其本质力量，实现生命的价值和意义，这既是个人的幸福，也是社会的幸福。青年在劳动中还应多一点"为他性"。人们通常认为，劳动就是为了自身的生存和发展，具有"为我性"。事实上，人作为社会性的存在，人的需要的满足是靠交往中的人的

---

① 何云峰：《培育青年人的核心价值观须以马克思劳动幸福观为根基》，《青年学报》2014年第4期。

② 郭湛：《主体性哲学——人的存在及其意义》，中国人民大学出版社2011年版，第64页。

③ ［法］罗曼·罗兰：《罗曼·罗兰文钞》，孙梁辑译，上海译文出版社1985年版，第207页。

④ ［美］弗洛姆：《占有还是生存》，关山译，生活·读书·新知三联书店1989年版，第97页。

⑤ ［美］S.阿瑞提：《创造的秘密》，钱岗南译，辽宁人民出版社1987年版，第12页。

劳动来实现的，这也是人的类本质的表现。马克思说："一个人的需要可以用另一个人的产品来满足，反过来也一样；一个人能生产出另一个人所需要的对象，每一个人在另一个人面前作为这另一个人所需要的客体的所有者而出现，这一切表明：每一个人作为人超出了他自己的特殊需要等等，他们是作为人彼此发生关系的；他们都意识到他们共同的类的本质。"① 人的社会性必然要求个人将自己幸福的实现与他人的幸福、社会的发展相联系。为此，马克思指出："人的本性是这样的：人只有为同时代人的完美、为他们的幸福而工作，自己才能达到完美。如果一个人只为自己劳动，他也许能够成为著名的学者、伟大的哲人、卓越的诗人，然而他永远不能成为完美的、真正伟大的人物。"② 在现代化建设中，我们看到，各行各业都有一些把困苦留给自己、把便利送给他人的先进人物，愿意以某种方式为社会奉献的志愿者群体也越来越多，他们并不感觉为社会、为他人而劳动时有什么损失，反而在奉献中产生神圣的使命感和崇高的价值，并以此为幸福。"为他性"劳动使个人的命运与整个社会的发展联系起来。当代青年要认真处理"为我性"劳动价值与"为他性"劳动价值的辩证关系，更加自觉地把自己和时代的发展相融合，为社会的进步作贡献，在不断实现自身价值和社会价值的过程中，激发劳动热情，提升人生境界。

从形式看，青年的劳动中应多一点"多样性"和"自由性"。"多样性"劳动是对"单一性"劳动的扬弃。在机器化大工业生产中，某一特定分工上的人往往几十年如一日地从事机械、单调而枯燥的劳动，这种异化劳动必然造成片面的和畸形的人。在现实生活中，固定的社会分工在所难免，劳动者的职业倦怠和工作消沉时有发生，尤其是从事某种单一形式劳动的人，更容易产生疲惫感。青年在劳动的过程中，随着劳动能力的提升，应当不断增多和丰富劳动的形式，增加劳动本身的内涵和吸引力，在多样化的劳动中展现生命的价值和自身的本质力量。"自由性"劳动是对"功利性"劳动的扬弃。只有当劳动从为肉体需要而不得不从事的生存性活动中摆脱出来，才能成为一种自由自觉的活动。对此，马克思指出："动物的生产是片面的，而人的生产是全面的；动物只是在直接的肉体需

---

① 马克思、恩格斯：《马克思恩格斯全集》（第30卷），人民出版社1995年版，第197页。
② 马克思、恩格斯：《马克思恩格斯全集》（第40卷），人民出版社1982年版，第7页。

要的支配下生产。而人甚至不受肉体需要的支配也进行生产，并且只有在不受这种需要支配时才进行真正的生产。"① 同样，如果一个人在劳动时过多地考虑自己的名利得失，那么受功利目的驱使，劳动就沦为生存性活动，其思维和视野都将受到限制。当生产力水平较以往有了很大的提升，物质财富得到一定积累后，"谋生性""功利性"劳动必将让位于"自由性""非功利性"的劳动。在现有条件下，我们鼓励和提倡青年进行"自由性"活动，并不是不要功利，而是不以功利为劳动的唯一目标。青年更多地从自然禀赋和兴趣特长出发，去从事某种自由的非功利性的劳动，使劳动不仅是工具，而且是目的，则更能获得精神上的愉悦，享受劳动带来的快乐和幸福。

第三节　培育以和谐为取向的生态幸福观

从幸福的归宿看，应培育以和谐为取向的生态幸福观。"生态"具有自然科学和人文科学的双重语境。"生态"一词本是一个生物学的概念，主要用来研究自然环境中各种生物与非生物之间的物质循环和能量流动的关系，气候、地质、动植物以及它们的消长、变动对人类生存环境的影响，属于自然科学的研究领域。如今，"生态"概念已突破单纯的环境科学，拓展到人文社科领域，渗透到人们生活的各个方面。"生态学的考查方式是一个很大的进步，它克服了从个体出发的、孤立的思考方法，认识到一切有生命的物体都是某个整体中的一部分。"② 可见，生态涵括自然、社会以及人的生命体的存在状态，具有整体关联性的意涵。"生态"不仅仅对"自然"的现象进行描述，更对高层次的"人"的文化意义进行探讨。正如樊和平教授认为的："生态觉悟所导致的，不只是对人与自然关系、人类生存的外部自然环境的觉悟，而且也是对整个人类文化的生态结构和人文精神的觉悟。"③ "一旦'生态'的理念被运用于研究人，它就不只是也不可能仅仅限于人的生理意义上的生命，必然也必须深入到生命的

---

① 马克思、恩格斯:《马克思恩格斯全集》（第42卷），人民出版社1995年版，第38页。
② ［德］汉斯·萨克塞:《生态哲学》，东方出版社1991年版，第1页。
③ 樊和平:《伦理精神的价值生态》，中国社会科学出版社2001年版，第16页。

更深层次，即人的精神生命。"① 从文化视野看，"生态"本质上指的是生命的存在状态，与人的幸福息息相关。随着人类改造自然和社会的能力不断增强，并对由此产生的自身与周边事物的关系感到满足时，人就会产生幸福感。生态幸福观是指在当前生态文明建设视域下，以人与自然、人与社会、人与人、人与自身和谐为主旨的幸福观。当代青年应从人与自然的关系、人与社会的关系、人与人的关系、人与自身的关系四个层面来培育生态幸福观，实现和谐统一，收获真正幸福。

一　人与自然和谐共处是幸福的前提

追求人与自然的和谐，是人类社会的最终归宿。大自然不仅孕育了人类，而且用无声的语言处处启迪、引导着人类生存的智慧。在大自然的怀抱中，人类劳动、生息、繁衍，创造了一个又一个光辉灿烂的文明。正如恩格斯所说："我们连同我们的肉、血和头脑都是属于自然界和存在于自然之中的。"② 大自然提供了人类和其他生物生存、发展和繁衍所需要的基本条件。在迈入新世纪时代，信息文明的诞生和诱人的发展前景使青年更有责任意识到：在创造现代文明时产生的弊端，正逐渐成为我们获得幸福的障碍，甚至成了敌对的力量：温室效应、环境污染、新疾病丛生、自然资源匮乏、生态平衡破坏，如此等等，不一而足，这些深深地挫伤了人类寻求幸福的终极意义。人类在备受自然惩罚报复、饱尝现代文明苦果之后，开始思索人与自然和谐相处的良性循环路径。人是幸福的实践者和享受者，通过认识并改造大自然获得物质生产资料，创造物质财富和精神财富。人类对自然的依赖性规定了物质性实践活动不能超越甚至无视自然所能承受的限度。把人与自然的关系视为一种和谐相处的伙伴关系，是通往真正幸福的必然选择。

要实现人与自然的和谐发展，就要用长远的胸怀谋求眼前幸福，以现实的角度追求未来的幸福，最终做到眼前幸福与长远幸福的和谐统一。实现眼前幸福与长远幸福的和谐统一，要求青年遵循幸福的适度性、共享性、超越性原则。首先，要理性、适度地认识和改造自然，即遵循幸福的适度性原则。青年要转变观念，我们不是自然的破坏者，而是自然的保护

---

① 樊和平：《伦理精神的价值生态》，中国社会科学出版社 2001 年版，第 27 页。
② 马克思、恩格斯：《马克思恩格斯选集》（第 4 卷），人民出版社 1995 年版，第 383 页。

者、协调者和监督者。在日常生活中,要倡导节约,反对浪费,大力倡导低碳环保的生活方式。其次,要使幸福实践与自然发展保持动态平衡,即遵循共享性原则。人类对于自然界特别是生态系统的每一次掠夺和破坏,都遭到自然界的报复性惩罚。正如恩格斯所言:"我们不要过分陶醉于我们对自然界的胜利。对于每一次这样的胜利,自然界都报复了我们。"① 青年要尊重客观规律,统筹经济发展与生态保护,维护大自然的系统性和完整性。幸福实践要建立在自然能承受的范围之内,绝不以牺牲后代人的幸福来实现当代人的幸福。最后,要承担起发展、美化大自然的任务,即遵循超越性原则。人类的主体性以及人对自然的依赖性,决定了人必须为自己的生存空间负起全部责任。要主动消除已有的各种不和谐,追求与自然更广、更深的内在和谐。青年要发挥其主动性和创造性,创造洁净、美好的环境,为快乐和幸福提供更有利的生态环境。

二 人与人和谐共处是幸福的条件

生态幸福观不仅追求人与自然的和谐,也追求人与人之间的和谐。每个人都是社会的一员,生活在人与人、群体与群体的交往之中,不可避免地与他人产生互动关系,社会交往是人类不可缺少的活动。人不是孤零零的存在,光靠自己,是不能提供幸福所必需的一切东西的。个体迟早会觉察到,他周围的人与自己的幸福直接相关,并且,也只有让他们幸福时,他们也才给自己以"方便"。② 和谐的人际关系有助于幸福的实现。

青年要认识到人与人和谐相处的重要性。人与人之间的尊重、友好、关爱的和谐关系可以带来自信、喜悦和归属感,沟通和温暖心灵,激发和升华生命,对一个人的幸福有很大帮助。中国传统文化中历来重视人与人和睦相处,提倡求同存异、推己及人等人际关系行为准则。在幸福的评价上,我国重视个人对社会的责任与义务,把个人对社会的贡献视为评价幸福的首要标准,鼓励牺牲小我,成全大我,主张大我幸福是小我幸福的先决条件。在个人的利益与集体出现矛盾时,提倡为了集体利益而放弃个人利益,甚至为捍卫集体利益而献身。在幸福的体验上,伦理本位的国度重视人与人之间的关系,强调在与家庭、团体和他人的共情中获得幸福体

---

① 马克思、恩格斯:《马克思恩格斯选集》(第4卷),人民出版社1995年版,第383页。
② 刘次林:《幸福教育论》,人民教育出版社2003年版,第150页。

验。人一旦坚信自己能为他人、为社会作出贡献，履行自己的责任和义务，其生命就会与社会相融，与美好相碰，也就会努力完成社会所期待的要求。

青年要处理好个人与家庭的和谐幸福关系。家庭是社会的细胞，个人是家庭的细胞。个人与家庭的和谐幸福关系，可以看作是社会和谐的基础。在个人与家庭的幸福关系上，个人的幸福是家庭幸福的前提和基础。因此，青年作为家庭中的一员，要处理好家庭内部的关系，如亲子关系、夫妻关系、姻亲关系等，也要处理好家庭与家庭、家庭与社区的关系。青年进入婚姻成立家庭后，既担负家庭经济重任，又承担照料父母老人和养育子女的责任，青年有责任为家庭提供一定的经济保障。但在努力改善物质生活水平的同时，也要尽可能留一点时间与家人沟通互动，倾听彼此的看法，关注对方的需求。家庭成员间平等尊重、彼此关心、相互帮助，共同承担起对家庭的责任和义务，开创和谐的家庭关系和幸福生活。

青年要追求人与人之间的和谐。每个人都生活在一定的社会关系之中，如一张有形和无形的网环绕自身。人生幸福的一项重要内容，就是要妥善处理置身其中的各种人际关系，在和谐融洽的氛围中实现个人和社会的和谐发展，达到个人幸福和社会幸福的统一。认识到人与人和谐相处的重要性，青年和周边的人相处时就会有意识地维持一种良好的互动关系，学会控制情绪，包容彼此差错，分享他人快乐，并通过将自身价值融入社会、丰富社会角色的方式，期望承担更大的对社会有益的责任和义务，在努力和奉献中，对他人更具吸引力和凝聚力，获得更多的幸福感。青年要以先进的理念、广阔的胸怀，把追求自身利益同尊重和顾及对方乃至各方的合理利益统一起来，不断寻找个人与他人、社会的利益、需要、幸福的交汇点。在力所能及的范围内最大限度地利用一切积极因素，化解各种不利因子，取长补短，和谐相处，在扩大共同利益中拓展自身利益，在顾及他人、奉献他人中实现价值、活得幸福。

青年在统筹兼顾各方关系时，要遵守幸福的道德性原则。在日常的社会交往中，人的行为的善或恶如同飞去来器，你把它甩给别人，但绕一圈后还会返回自身。[1] 康德曾说："有两样东西，我们愈经常愈持久地加以思索，它们就愈使心灵充满日新月异、有加无已的景仰和敬畏：在我之上

---

[1] 郭湛：《主体性哲学——人的存在及其意义》，中国人民大学出版社2011年版，第42页。

的星空和居我心中的道德法则。"① 为了提醒世人,康德甚至把这句话作为他的墓志铭。人类在服从自然法则的前提下,意识到自身与动物存在区别,有意弱化、规避某些自然性本能,超越自我,对自我表现出能动性,道德得以产生。道德是人类社会独有的美丽花朵,是幸福的必要前提元素,也是激励人提升自我、实现价值的巨大力量。人是自然存在与道德存在的统一体。自我的生命渺小如尘埃,唯有过一种有道德的生活,才能走出生命无意义的困境,不因自我的渺小而失落和惆怅。由此,个体的生命与社会的和谐也因道德而实现。

道德实践是青年追求人与人和谐共处的必由之路。首先,青年要协调好行为主体之间的关系。既要追求个人幸福,也要兼顾他人幸福,还要协调好眼前幸福与长远幸福。青年对幸福的追求必须以不伤害他人为前提,最大限度地创造自身的本质利益,并尽可能实现他人的本质利益。个人道德对于他人幸福的重要意义,亚当·斯密曾这样描述:"每个人的品质,就它可能对别人的幸福发生影响而言,一定是通过其有害或有益于他人幸福而产生这种影响的。"② 割裂自我与他人、个体与社会的关系的幸福,终将是水中月、镜中花,无法真正实现。其次,要协调好行为主体自身的关系。青年在与社会互动过程中,只有逐步培养起适应社会发展、符合社会规范的道德情感,才能顺利实现社会化。青年要把个人幸福与社会幸福有机统一起来,自觉地营造良好的心理环境,通过有意的训练和强化,将道德的行为转化成行为习惯,在脚踏实地中敢于担当、勇于奉献、不辱使命,在不懈努力中帮助他人、造福社会、创造价值,方能赢得他人和社会的认可和尊重,致福于人,有福于己。最后,要合理设置欲望值。欲望是人产生行为的根源和动力。欲望与幸福的关系,可以用一个等式来表示:幸福=满足/欲望。③ 面对这个等式,不免使人困惑:从幸福的可能来看,应该增大欲望值;但就幸福的实现而言,应该降低欲望值。事实上,适度的、合理的欲望更有利于青年的生存和发展,获得幸福一定要建立在符合自己的适度、合理的需要,并通过正当途径去实现的基础之上。

---

① [德] 康德:《实践理性批判》,韩水法译,商务出版社 2000 年版,第 177 页。
② [英] 亚当·斯密:《道德情操论》,余涌译,中国社会科学出版社 2003 年版,第 246 页。
③ 孙英:《幸福论》,人民出版社 2004 年版,第 242 页。

三 人与自身和谐共处是幸福的核心

在人与自身方面，生态幸福观重视内心的和谐，提倡青年要增强幸福的自我意识，不断追求自我实现。积极健康的心态是青年感受幸福的重要前提。幸福不完全取决于生活境遇本身，还取决于一个人对所处境遇的看法。幸福感是外部环境因素与内在心理素质综合作用的结果，良好的心态、健全的人格，是人的身心健康的重要基础，也是幸福感存在的基本前提。[1]

青年幸福观的形成和确立，在一定程度上受制于青年对幸福的知觉。大多数人总是把人生的某些特殊时刻看成是幸福的标志。如民间流传的人生四大喜：久旱逢甘雨，他乡遇故知，洞房花烛夜，金榜题名时。显然，如果幸福要在这样的特定时刻才意识到，那么其空间就大大地压缩了。例如，很多人平时感觉不到空气的存在，但一旦缺氧，就会觉得空气比金子还贵重。再如一个平时身体健康的人，往往不觉得健康是一种幸福，突然间生了一场大病，就会马上意识到健康的可贵，把身体健康视为一种幸福。这种对比有时也来自间接的经历，比如一个人不需要亲历战场目睹厮杀，光从文学、影视等作品中就可对战争的残酷性有深刻的认识，并感受到身处和平时代的幸福。"有了这些直接或间接的心理参照系，就可以给自己找出许多幸福的理由来，人们对幸福的自我意识也会增强和自觉许多。"[2] 这就是为什么人们常说世界是属于那些有心人的，因为他们对于日常生活中的普通而平常的小事，能予以关注并从中获得意义与快乐。他们用心品味生活、体验生活，时刻感受到生活的幸福，又将获得的幸福融入新的生活中，不断去创造新的幸福。

青年不仅通过增加幸福相关方面的知识来增强对幸福的理解，而且需要真真切切地感受到幸福，把外在的客观知识转变为自己的真实感受，进而提升自己感受幸福、把握幸福的能力。在幸福的自我意识方面，一些看似不幸的人，却有着截然不同的体会和感受。美国作家海伦·凯勒在19个月大时因患猩红热而被夺去视力和听力，一生生活在无声、无光的世界中。有一次一位刚从森林散步回来的朋友去看望海伦，海伦问她都看到了

---

[1] 楼天宇：《苏轼的人生哲学对提升现代人幸福感的启示》，《社科纵横》2013年第5期。
[2] 朱林：《幸福的哲学新思》，《江西社会科学》2009年第6期。

些什么，朋友回答说"没有看到什么特别的东西"，海伦的回应颇具抒情色彩："这怎么可能呢？在森林中散步一个小时都看不到任何值得注意的东西？我虽看不到却发现许多东西：精美对称的叶子，银色白桦树光滑的树干，松树粗糙的树皮。我一个瞎子也能给看得见的人一个提示：像明天就会瞎掉那样用你们的眼睛，像明天你会突然聋掉那样去听美妙的音乐，鸟儿的歌唱，像明天就会失去触觉那样触摸每样东西，像明天你将永远失去味觉和嗅觉那样去闻花朵的香气，品尝每一口的滋味。充分利用每一种感官，每一面的美好，赞美所有的一切，那些世界向你呈现的愉悦和美丽！"① 对这段文字，我们可以作这样的解读：其一，幸福是很平常的事，正因如此，很多人没有意识到它的存在；其二，如果存在一定的心理参照系，譬如设想自身拥有的一些条件不复存在，这种对比可以大大增强人们对幸福的自我意识。理解并运用这样的解读，会让我们对幸福有全新的感受。

青年永恒的幸福感建立在对自身创造能力的认同和热爱的基础之上，他们在审美中获得生命归属的安定和生命秩序的和谐。青年正处于生存的需要与发展需要的双重最高峰值期，在追求幸福的过程中，经过不断地探索、实践、反思，从而形成具有自己个性的相对稳定的幸福观，并在相当一段时间内左右青年的行为。美国心理学家马斯洛提出了著名的需求层次理论。马斯洛把人的需要分为生理需要、安全需要、归属和爱的需要、自尊需要、认识和理解的欲望、审美需要、自我实现需要七次层次。② 自我实现需要是人类最高层次的需要。"所谓自我实现，就是人的这一能动的主体通过对象化的实践活动以及对这一活动产品的占有、消费和享受来充实自我和完善自我的一种活动。"③ 尽管很多青年对"自我实现"的认识和评价并不清楚，"自我实现"的潜流却几乎在每一位渴望获得幸福的青年心中奔流、激荡。青年学生努力学好本领，或升学，或就业，期待建立幸福家庭；青年员工踏实勤奋，希望工资增加、岗位晋升；青年农民辛苦劳作，期盼增产增收、勤劳致富。对未来发展的期盼和希望，是青年产生

---

① [美] 海伦·凯勒：《海伦·凯勒自传》，李琦编，新世界出版社 2012 年版，第 116—117 页。

② [美] 马斯洛：《动机与人格》，华夏出版社 1987 年版，第 40 页。

③ 赵政一：《论青年自我实现功能及方法的把握》，《宜宾师范高等专科学校学报》2000 年第 3 期。

人生动力的重要来源。自我实现的欲望是人的一种必然趋势和要求，对青年来说尤为如此。

当代青年自我实现具有明显的多元性。其价值取向，既有集体主义的，也有个人主义的；既有现实考虑的，也有未来取向的。动机的多元性派生出职业选择、政治理想的多元性。有的青年冲出传统的"学而优则仕"的职业价值观，弃学从商；有的青年立志从政，为民造福。在生理的需要得到一定满足以后，追求生活中的真、善、美成为青年的主要动机，这为他们参与社会实践活动提供不竭动力。自我实现是通过对所处环境的判断，结合自身的能力和意愿，通过创造性的活动使自己成为可能成为的人。在这一过程中，青年由抽象的人向具体的人转变，他们的生命获得自由发展，个体潜能充分发挥，存在价值得到认可，进而形成价值感和成就感，实现自身的幸福。

第四节　当代中国青年幸福观培育应处理好的几对关系

幸福观的构建和培育、幸福准则的灌输和引导，对精神健康至关重要。青年在构建自己物质家园的同时，也着力构建着自己的精神家园。笔者认为，当代青年幸福观应是这样一种存在：实然与应然的统一、贵生与乐生的统一、个人与社会的统一、物质与精神的统一、劳动与休闲的统一、现实与未来的统一。

一　实然与应然

每个人都需要从个体生命的历程出发，去理解和把握社会生活的规律，直面人生的基本问题。人的一生经常会遇到许多令人疑惑却又无法回避的问题，例如，什么是人生？幸福究竟是什么？人应该怎样度过一生？这些既普遍又特殊、既复杂又多变的问题，使人处于"实然"与"应然"的两极张力之中。关于幸福的思考同样如此，青年在追求幸福的同时，不断审察其幸福所含的方向性，从"实然"角度思索"何为幸福人生"。而有关人生的理想、目标、追求等一系列含有价值取向意义的问题，又引导青年从"应然"角度看待"何为幸福人生"。

古往今来，每一个呱呱坠地的人，没有一个是想好了"出生在哪里，为什么而生"才来到人世间。每一个人的出生，包括其性别、家庭等因素，首先是一个不容置疑的"实然"，而不是经由选择的"应然"。每个人都处在一定的历史条件和社会情境之中，总能在可选择的范围内找到"活着"的具体目标和理由。例如，20世纪英国哲学家伯特兰·罗素在自传《我为什么而活着》中写道："对爱情的渴望，对知识的追求，对人类苦难不可遏制的同情心，这三种纯洁但无比强烈的激情支配着我的一生。"① 很多人在面对人生的目标和理由时，或许未曾刻意思考何为幸福人生，却用实实在在的行动阐释着真实的人生：身为父母，为子女而忙碌；身为教师，为学生而费心；身为画家，为艺术创作而忘乎所以……每一个人行为千差万别，其人生目标和理由亦是不胜枚举。在这些林林总总的行为和目标背后，是否有共同的人生目的贯穿其中？

每个人的行为都是为了满足欲望和需求，其背后的目的虽各不相同，有的为了爱情，有的为了成功，也有的为了家庭，但都隐藏着一个根本的、间接的目的，那就是追求快乐而避免痛苦，即求乐避苦。布朗德说："快乐是生命的形而上伴随物，是成功行为的奖赏和结果——正如痛苦是失败、毁灭、死亡的标志一样。"② 在正常的健康前提下，快乐意味着欲望、需要的满足，意味着利益或善的实现，有利于个体的生存和发展；痛苦意味着欲望、需要得不到满足，个体失去了利益或善，生存和发展受到威胁。所以，求乐避苦作为人生目的之自然事实，含有两层意思：一方面，快乐和痛苦作为有机体生命的一种感觉信号，求乐避苦是人的本性使然；另一方面，在理性指导下趋乐避苦、求善避恶，有利于欲望、需要的满足，有利于生存和发展的完满。

虽然我们说求乐避苦是人的一切行为的根本目的，但很多快乐是不应该追求的。青年经常听到这样的告诫：声色犬马、灯红酒绿的生活是不可取的，傍款、傍权、傍关系的"傍傍族"是不应该追求的……为什么这样的快乐是不应该追求的？或许我们能从伊壁鸠鲁的回答中得到启发："我们并不选择所有快乐，而是往往放弃许多快乐：当这些快乐会给我们带来更大的烦恼的时候。"③ 在现实生活中，快乐与快乐之间常常是冲突

---

① ［英］伯特兰·罗素：《罗素自传》（第1卷），胡作玄、赵慧琪译，商务印书馆2002年版，第1页。
② ［美］爱因·兰德：《新个体主义伦理观》，上海三联书店1996年版，第162页。
③ Julia Annas, *The Morality of Happiness*, New York Oxford University Press, 1995, p. 334.

的。日常经验就告诉我们：一个人在得到一种快乐的同时，往往不得不牺牲另一种快乐。例如，不少青少年都渴望随心所欲、尽情玩乐的生活，认为这是很快乐的，但若真的付诸实施，势必荒废学业、学无所成而丧失了自立自强之快乐，不利于个体更好的生存和发展。"傍傍族"借助捷径实现个人目标，看似取得了事半功倍的效果，实则进一步失去了独立发展和创新的能力，造成个人主义泛滥，有损社会的公正和和谐。有人认为吸毒、纵酒是极为快乐的事，但其背后所隐藏的危害是健康、自由、长寿等快乐的丧失。穆勒曾把"痛苦的苏格拉底"和"快乐的猪"作比较，现实生活中各种快乐不能两全的事实告诉我们，凡是不应该追求的快乐，是因为这种快乐与其他快乐发生了冲突，如果一味追求这种快乐，就会丧失其他更为巨大和长久的快乐。事实上，很多不应该追求的快乐，是因为这些快乐背后随之而来的是更大的痛苦，会让人葬送幸福而陷于不幸。快乐有健康和病态之分，病态的、反常的快乐不利于生存和发展。如果一种快乐虽然短暂、渺小，但它是正常健康的，且不与任何快乐相冲突，这样的快乐还是可以追求的。当然，就算快乐之间不产生冲突，我们也倾向于享受那些使我们人性更完善、更丰满的快乐。如若阅读一本经典比玩网络游戏、吃油炸薯片更能给人以审美感和尊严感，更有利于人性的发展和完善，这种快乐就是更值得追求的。

同样，很多痛苦是不可避免的。"吃得苦中苦，方为人上人""不经一番寒彻骨，哪来梅花扑鼻香"，这些话常作为警世通言在青年耳边萦绕。那么，既然人的一切行为的根本目的是求乐避苦，为什么有些痛苦是不应该避免的呢？对此，伊壁鸠鲁的回答是："我们认为许多痛苦比快乐还好，当我们在一定的时间里忍受这些痛苦便可以得到更大的快乐的时候。"[1] 这些痛苦之所以"好"，是因为它作为一种必要的恶，能够带来更大的快乐或是避免更大的痛苦。例如，每位自然分娩的母亲都要忍受撕心裂肺的痛苦，为的是一个小生命降临人世的喜悦和幸福。再如，当一个人的生命受到威胁而不得不住院动手术时，手术之苦不可避免，因为它可以避免死亡这种更大的不幸和痛苦。另外，当各种痛苦不可避免地同时出现时，我们往往倾向于忍受痛苦而避免更大的不幸发生。在各种苦乐的碰撞冲突中，人们追求的不是任何快乐，而是更为重大的快乐；人们能避免的

---

[1] Julia Annas, *The Morality of Happiness*, New York Oxford University Press, 1996, p. 334.

不是所有痛苦，而是更为重大的痛苦。追求幸福，避免不幸，是青年在任何情况下都应该遵守的行为准则。

总之，人的一切行为的共同目标或人生目的，就其"是什么"的实然角度来说，就是追求快乐而避免痛苦；而就其"应如何"的应然角度来看，则只应该追求幸福而避免不幸。

二 贵生与乐生

健康的生命是获得幸福的物质载体。从十月怀胎到痛苦分娩，人的生命来之不易，脆弱而短暂。人最宝贵的是生命，生命对于我们每个人都只有一次。生命给青年提供了种种机会去学习、工作、生活，去感受和体验幸福。健康的身体是青年获得经济收入、提高生活质量的基础。有一条人生金律告诉我们：身体健康是"1"，而所有的金钱、美貌、享受都是"0"，若无身体健康的"1"，后面一切人们渴望的东西都毫无意义。只有生命存在，发展才有可能。面对地震、海啸、火灾等突如其来的天灾人祸，无以计数的宝贵生命殒落，让人不得不感叹"活着最幸福"。从险境中获得收获的代价实在太大，我们应该用心体会生命赐予的幸福。对个体而言，人的生命是一个不可复制、无法重来的过程。在千万亿万光年的时间之流里，我们仅有这一次生命的机会，其珍贵可想而知。

自古以来，对人生的探讨，是人类永恒的话题。生命意味着什么？人该如何度过自己的一生？如何才能使自己的生命在茫茫宇宙中变得有价值？这些思考开启了青年探索人生意义之路，在生命意义的追寻中获得心灵的安顿和精神的超越。青年要科学客观地认识生命现象，把握生命规律，热爱、珍惜、尊重、欣赏，并主动维护生命的权利。

随着科技的迅猛发展，人类的生活领域和生命空间得以丰富和拓展，为生命质量的改善创造了条件和机遇。然而，随着物质生活水平的提高，人们的幸福感却并没有同步增长。不少青年甚至表现出对生命意义的无望和对生命价值的否定，出现轻易放弃自己的生命也忽视他人生命的现象。在公民的所有人身权利中，生命权是最基本也是最重要的权利。生命权若得不到应有的保障和尊重，那么其他任何权利都如空中楼阁，幸福也就无从谈起了。人生是一个幸福与苦难相伴的过程。年轻人的生命鲜活而激荡，理应让自己的生命丰富而精彩。青年没有理由轻而易举地放弃自己的生命权、忽视践踏他人的生命权。青年的生命不仅属于自己，还属于家庭、社会、国家乃至整个人类。学会尊重生命权利，意识到生命存在的价值和肩负的重任，是青年自身的责任。

首先，青年肩负对自身生命的责任。生命对每个人来讲都弥足珍贵。《孝经·开宗明义第一章》说："身体发肤，受之父母，不敢毁伤，孝之始也。立身行道，扬名于后世，以显父母，孝之终也。夫孝，始于事亲，中于事君，终于立身。"《孝经》告诉我们，任何一个人的生理生命都是源于父精母血。身体不仅属于自己，也是父母生命的延续，不能擅自毁伤。现在不少青年认为，人虽然身处社会之中，但生命终究是自我的，所以，"我的生命我做主"。在现实生活中，我们可以看到成千上万名青少年在遇到困境、面临磨难时，特别是在突遭重大的人生挫折后，秉持"我有选择死亡的权利"的观念，觉得生命是一种负累，彻底舍弃了生命，失去了对自己生命权的把握和尊重。其实，生命是一个体验的过程。酸甜苦辣，喜怒哀乐，谁都会经历。面对棘手的问题，却不能失去感受生命美好的心态和努力点燃生命亮色的信心。青年人胸膛里跳动的是一颗青春的心，更要通过自己的努力，彰显生命尊严，提高生命价值，绽放生命光彩！

其次，青年肩负回报家庭的责任。"百善孝为先"，这是中国人的传统美德。身体是孝敬父母的基础。若自己的身体都没有保护好，甚至采取一些极端行为伤害自己，行孝之举何来？"慈母手中线，游子身上衣。"父母为儿女操劳一生，倾注了大量的心血。儿女的成长成才，是天下父母共有的期待。等到父母年迈，需要颐养天年的时候，儿女若轻易结束自己的生命，白发人送黑发人，就等于粉碎了父母所有生活的意义和未来的希望，这对老人而言是最为残忍的事。个人的生命是家族生命链上的一环，它既是生身父母生命的直接延续，也是本族祖先生命的间接结果。因而中国人对幸福的理解上，有一个非常重要的观念就是子孙满堂。相反，自杀轻生是与族类利益、伦常道德相背离的。每个人都生活在一定的群体和家族中，对家族承担着各种义务和责任，不应以自杀的方式推卸自己的义务和责任。[①] 青年不仅应该赡养父母，而且还应该做一番事业，回报家庭，给父母增添荣誉。

---

① 楼天宇：《儒家生命哲学对大学生生命教育的启迪》，《浙江青年专修学院学报》2012年第1期。

最后，青年肩负为国家服务的社会责任。马克思、恩格斯曾说过："作为确定的人、现实的人，你就有规定，就有使命，就有任务……"①青年处于人生中精力最旺盛的阶段，责任是其在社会生活中不可推卸的义务。人的生命本就是一种关系性的存在，在血缘亲情性维度上，一个人的生命与其亲人保持着密不可分的关系；在人际社会性维度上，一个人的生命亦与他人和社会有着千丝万缕的关系。生命并不仅仅属于我们自己，它还属于我们的父母、亲人、朋友、社会。一个人的成长，需要家庭耗费大量的心力和物力，也需要国家投入大量的资金和补贴。国家的繁荣、社会的进步都离不开青年群体所作出的贡献。青年群体年轻而有力量，是国家建设和发展的中坚和栋梁，肩负着为社会服务的重要使命。他们在回报父母的同时，也在报效祖国。每一位青年都要清醒地认识到生命的不可逆性，努力提高抗挫能力，真正承担起建设祖国的社会重任。

每一个人的成长，都是生命意义不断丰富的过程。个体对自身生命的认知、接纳和肯定，以及对他人乃至整个大自然的生命世界的珍惜、同情与关怀，形成了其特有的生命情感。热情洋溢、昂扬向上的生命情感富有爱心，引人振奋，是幸福人生的原动力。生命情感的匮乏则表现为生命态度的消极，生命意义的无望，对他人生命价值的麻木和漠视，以及由此引起的生命状态的沉沦。"豁达、宽容、平静和超然的审美人生观意味着人的精神水准的提升，也表明一个人对生活的热爱和理解，他不仅理解和热爱自己，更理解和热爱他人，这就是人生幸福的永不枯竭的精神源头。"②丰盈美满的生命情感对幸福人生至关重要。青年乐生意识的培养，是对人性的充分肯定，使青年的个性得以充分发展、价值得以彰显实现。

"乐生"作为一种积极、理智的生活态度，不等同于简单的"快乐"。缺乏价值支撑的"快乐"，是欲望满足后的一时快感，无法优化人性，提升生活。短暂的快乐无法代替持久的幸福。人作为生命的存在，首先要实现生存，为社会做出贡献，并以人生为乐。"乐生是对生活的品评与赏鉴，这个品赏，是反思型的，它属于自我意识，它既有对现实、对历史的回味，也有对理想、对未来的向往。我们将这种生活态度称之为'乐生'。""三种人生，'谋生'为己，'荣生'为他（社会），二者均有很强

---

① 马克思、恩格斯：《马克思恩格斯全集》（第3卷），人民出版社1960年版，第329页。
② 王坤庆：《精神教育内涵初探》，《教育研究与实验》2000年第6期。

的目的性。到了'乐生'，意志性的目的消失了，成为无目的的目的，故'乐生'在己，这是质的变化，是精神的升华。"① 乐生是生活的最高境界，它使青年从自己所创造的有意义、有价值的生活中，感受到温暖而持久的幸福。

我们强调青年要培养乐生意识，以积极之维关注乐观、幸福的感觉，并不意味着要排斥苦难。从消极之维去关照青年的苦难意识，增进对苦难的体验，是深化生命情感的应有之义。对苦难的体验和超越，可以使人对生命的追思和探索引向深处，激发青年的潜在能力，调动个体的自身活力。趋乐避苦是人性使然，但当灾难、厄运、逆境无可避免地出现时，人往往能超乎寻常地展示出人格主体的本质、力量和尊严。奥地利心理学家弗兰克曾指出："厄运会使人更深地认识到自己的本质。悲剧性境遇、痛苦的体验与人的本质力量的激活有一种普遍必然的联系。痛苦并不只有消极的意义，也有积极的功用。"② 正是青年一代对他人、民族乃至整个人类的苦难的理解，引领个体由小我走向大我，从关注自身生命拓宽到博大的生命情怀。

"乐生"的关键是找到属于自己的人生坐标。③ 现实生活中的很多青年，由于没有明确的人生目标，觉得人生毫无幸福可言。中国有句古话：知足常乐。人生的痛苦经常来源于不合理的期望值所带来的不满足。以选择职业为例，当代青年追求成功的意愿强烈，希望通过自身努力，实现自己的价值。他们在选择职业时，往往更倾向于事业单位、国企等社会声望高、薪酬较好的机构。在选择就业地点时，也倾向于北京、上海、广州或沿海经济发达地区。一些青年甘当蚁族、宁愿蜗居，也不愿去中小民营企业或经济发展相对落后的中西部地区。这种现象不仅出现在青年的就职方面，在出国留学领域也屡见不鲜。徐小平在《图穷对话录》一书中，生动描绘了许多渴望出国的青年的真实故事和困苦人生。对一些不能明确人生坐标的青年，曾有这样一段生动的描述："出国或不出国的最终目的是什么？是为了你能够富足、自由、幸福、快乐地生活。从这个目的看，有

---

① 陈望衡：《当代美学原理》，武汉大学出版社2007年版，第5页。
② 刘小枫：《个体信仰与文化理论》，四川人民出版社1997年版，第32页。
③ 殷文杰：《从"乐业"到"乐生"——当代职业教育价值取向变革的正当性》，《现代教育管理》2013年第2期。

多少留学生在国外不快乐,有多少不留学的学生在国内十分快乐,道理很简单:关键是看你自己想要什么。也就是说,你的价值观和幸福观是什么?幸福的人生包含这么几个东西:好的教育,好的职业,好的家庭。许多人在得到好的教育之后,放弃追求好的职业、放弃追求爱情和家庭,一味为出国而出国,为留学而留学,这是整个留学集体无意识的集中体现,造成了对现实生活的践踏,否决了奋斗的真正价值和留学的真正目的。"每个人的能力经历、知识结构、性格特征、家庭背景不同,青年要结合社会环境和自身优势,合理定位,找到属于自己的人生坐标,才能取得成功,获得幸福。

三 个人与社会

个人和社会的关系告诉我们,人不是孤立的个体,每个人都与社会有着必然的联系。个人幸福决不能离开他人和社会的支持而孤立实现,而没有一个个的个人幸福,整个社会的幸福也无从谈起。个人幸福和社会幸福是相互依存、不可分割的。如同硬币的两面,它是构成一个人幸福的两个侧面。

个人主义幸福观不可取。个人主义幸福观以个人利益、欲望、要求作为唯一出发点,宣扬个人幸福高于一切,把个人幸福与社会幸福、他人幸福割裂和对立起来。这种幸福观无视幸福的社会性,必将把人带入追求幸福的沼泽和误区。

人是社会的存在物,马克思主义认为,人在现实性上是一切社会关系的总和。每个人都生活在一定社会形态下的社会关系之中,不可能脱离社会而存在。爱因斯坦也说过:"我们得承认,我们胜过野兽的主要优点是在于我们生活在人类社会之中。一个人如果生下来就离群独居,那么他的思想和感情中保留的原始性和兽性会达到我们难以想象的程度。"[1] 每个人在追求幸福的过程中,不可避免地要与社会和他人发生接触,在社会交往中获得幸福。正如恩格斯所言:"当一个人专为自己打算的时候,他追求幸福的欲望只有在非常罕见的情况下才能得到满足,而且绝不是对己对人都有利。他需要和外部世界来往,需要满足这种欲望的手段:食物、异性、书籍、谈话、辩论、活动、消费品和操作对象。"[2] 离开社会和他人,

---

[1] 赵中立、许良英编译:《纪念爱因斯坦译文集》,上海科技出版社1979年版,第51页。
[2] 马克思、恩格斯:《马克思恩格斯选集》(第4卷),人民出版社1995年版,第238页。

仅仅依靠个人的追求和奋斗去获得个人的幸福是不可取的。个人幸福和社会幸福之间是有机结合、紧密相连的，个人幸福不可能脱离社会幸福而单独存在。在中国特色社会主义制度下，个人幸福只有在社会幸福的不断增长中才能得到保障。没有社会的整体幸福，就不会有个体的幸福。个人只有在为社会、为他人付出劳动、作出贡献的过程中，方能得到社会的尊重和他人的赞誉。

个人主义幸福观最终将导致利己主义。为了追求个人的利己欲望，这些人不惜损人利己，不择手段。极端利己主义强调利益最大化，单纯抽象地把人理解为物质意义的人，沦为物和金钱的奴隶。"商场如战场""没有永恒的朋友，只有永恒的利益"，这些口号把人与人之间的关系作了单一的僵化的理解，有碍于人际关系朝着促进人与社会和谐发展的步伐前进。"主观为自己、客观为他人"的主导思想，使人与人之间缺少了应有的信任和理解，一个充满着虚伪、欺诈和冷漠的社会，个人也是不可能获得幸福的。幸福必须建立在有利于自己但无害于他人的基础上，即个人幸福的获得不能以损害他人幸福为代价。这是获得幸福应该遵循的最基本原则。

个人幸福与社会幸福是辩证统一的。青年追求幸福应立足于现实，放眼于社会，把个人的自我实现与社会的稳定进步有机地结合起来，实现个人与社会的真正和谐。把个人幸福与社会幸福有机融为一体的人，是真正幸福的人。

四　物质与精神

人是肉体与精神的统一体。人类社会生活的两大基本类型是物质生活和精神生活，由此可把人的幸福分为物质幸福和精神幸福。这两者虽有明显区别，却又有机统一。人的幸福不仅在于物质幸福或精神幸福单方面的满足，还在于两者的和谐统一。

青年应合理追求物质幸福。物质条件是获得物质幸福和精神幸福的基础。每个人的生存和发展都离不开必要的物质生活资料，人只有首先满足了吃、穿、住等基本需要，在肉体生命得以维持的前提下才可能去追求物质幸福或精神幸福。但物质条件是个相对的、不固定的东西。例如，5万元年薪对于腰缠万贯的富豪而言，或许远达不到他对物质条件的要求；而对于赤贫者来说，或许已能达到其生存和发展之完满。只有当人们因为

"物质"而产生积极的情感体验时，才有可能产生幸福感。精神幸福也需要一定的物质条件，但过多的物质欲望满足不一定会提升人们的幸福感。合理物质需要的满足是青年追求幸福的内在动力之一，也是幸福的构成要素。但财富并非越多越快乐，尤其是当收入的增长以过度支出生命成本为代价，或严重影响环境或他者利益时，金钱不仅对幸福快乐无益，甚至成为痛苦的来源。健康的身体和良好的心理是幸福的基石，青年要获得幸福，必须保持身心和谐。

青年对物质生活需要的欲望，是发展变化并逐步提升的。人的生理构造，决定了肉体需要的有限性，其满足带来的快感也是有限的。青年不能把幸福解读为物质利益的最大限度的满足，更不能不择手段、肆无忌惮地追求物质欲望。青年要把自己的欲望控制在合理、许可的范围内。欲望一旦成为脱缰的野马，将引导青年来到悬崖的边缘，甚至走上违法犯罪的道路。没有正确的物质幸福观的指引，青年不但没有追求到幸福，甚至会坠落到痛苦的深渊。青年在追求物质幸福时，必须从现实出发，经过努力奋斗，合理适度地满足主观需要，使生活变得更有尊严、更加幸福，人生更加充实，更有意义。

精神幸福的提升应引起高度重视。人作为有意识的自由自觉的生命体，总是要不断地超越自然属性的束缚，追求精神世界的充实和愉悦，在理性的升华中，完成对世界的赋意与构建。在现代社会，科技给人类社会带来前所未有的繁荣发达的物质文明，不少人对物质财富顶礼膜拜，却忽略了精神文明建设和精神幸福提升。不可否认，物质财富是青年努力的一个方向，但若把物质财富的获得视为压倒一切的欲望时，这不仅是可悲的，甚至是恐怖的。如果一个社会只有丰富的物质生活，精神生活贫瘠不堪，无法满足人民的物质需求和精神需求，这个社会就无法得以巩固和维持。

青年要实现物质幸福与精神幸福的和谐统一。青年要正确认知物质财富对于幸福的实际意义，又要自觉抛弃享乐主义、拜金主义的幸福观，有意识有目的地促进两类幸福的相互协调、共同发展。让财富找到心灵的港湾，让精神伴随物质的支撑。正如亚当·斯密所言："一个人身体健康，不欠债务，且自问无愧于心，那么他的快乐将是无穷的。在构成人生的真正幸福的因素，亦即身体的舒适和心灵的平静方面，一切不同阶层的人的生活，几乎都处于同一水平上，那在公路旁边晒太阳的乞丐，却拥有国王为之而奋斗的安全。"① 幸福的生成，需要青年身处贫富悬殊、充满矛盾与冲突的社会中，对自己内心的和谐具有操控能力，实现个人物质生活与精神生活的和谐统一。

五 劳动与休闲

劳动是休闲的基础，休闲是劳动的延伸。在劳动中，青年不断形成和发展、展现和占有自身的本质。休闲是人在劳动之外的一种自由自在状态，可以摆脱外在社会关系的制约，根据自身的爱好和愿望作出选择。劳动和休闲作为不可分割的两个维度，是青年获得幸福的必经之路，是青年自觉能动性的集中体现，也是人的主体性的高扬。

如前文所述，劳动是幸福的根本源泉，其重要性毋庸置疑。在现代社会，休闲越来越受到人们的关注和重视。休闲使人从繁忙紧张的工作和学习中摆脱出来，以开放的心态去接触更多的人和事，丰富了生活，开阔了视野，带来精神上的放松和愉悦。青年通过休闲活动，进一步丰富人生体验，提升生命质量，促进全面发展。

何谓休闲？在不同时期，人们从不同视角对休闲概念进行了界定。《现代汉语词典》阐释为："休息；过清闲生活。"《国际教育百科全书》中这样界定："按照量的定义，休闲就是指所有规定的其他基本要求，诸如应付工作和睡眠、社会义务和社会约束之外，个体的一段自由的、无责任的或娱乐性的时间。"于光远先生在《论普遍有闲的社会》一书中认为："休闲是人们对可以不劳动的时间的一种利用，它是人的行为，是可以自我做主的。人们可以选择这种或那种的休闲方式。"② 马克思把相对于"必要劳动时间"之外的时间称为"自由时间"，"就是可以自由支配的时间……这种时间不被直接生产劳动所吸收，而是用于娱乐和休息，从而为自由活动和发展开辟广阔天地。"③ 由此可见，对休闲概念的把握至少包含三个维度：第一，时间的维度。休闲的基本意思是人们在工作之外个人可支配自由时间的活动。第二，活动的维度。休闲不仅是一种时间状态，更是一个活动范畴。每个人都会拥有闲暇时间，但不等于人人都享有

---

① ［英］亚当·斯密：《道德情操论》，蒋自强等译，商务印书馆1997年版，第230页。
② 于光远：《论普遍有闲的社会》，中国经济出版社2005年版，第3页。
③ 马克思、恩格斯：《马克思恩格斯全集》（第46卷），人民出版社1979年版，第120页。

休闲。休闲活动是个体根据自己的兴趣爱好,自由选择符合内心感受和内在需要而消耗、度过、利用"闲暇"的活动。第三,心态的维度。如果用一种单调、机械的心态去度过闲暇还算不上真正的休闲,只有那种在活动中体验、展现、发展自我,保持一种心灵上的自由和生命意义的追求,才是真正意义上的"休闲"。

休闲活动是人类社会的普遍活动。争取有闲是人类发展生产的目的之一,闲暇时间的长短与人类文明的发展同步。① 随着科学技术的发展,人类创造了前所未有的物质财富,这些物质条件也进一步促进了休闲活动在现代社会的发展。当生存退居为关涉生活的次要问题以后,休闲在选择更有意义的生活方式中的重要性就显示了出来。② "工作时间的减少,将会逐渐把休闲变成社交活动和经济福利的中心,这就意味着休闲将得到人们更多的理解,人们会进一步认识到个人幸福、家庭稳定、每个人的观念、健康、环境、经济等都与休闲密切相关。"③

休闲能够带来幸福,但并非幸福本身。讨论休闲促使人们从幸福的角度来思索人生。随着社会的进步和发展,当人们拥有基本的生存需要和更多的自由时间时,"在休闲中发展,在休闲中幸福"将成为人生的乐趣和人类的福祉。

虽然休闲并不等同于幸福,但毋庸置疑,它对创造幸福至关重要。④ 早在古希腊时代,亚里士多德对休闲之于幸福的重要性就有深刻的洞见。他指出:"休闲可以使我们获得更多的幸福感,个人的幸福在于休闲,城邦(国家、集体)的幸福在于和平。""休闲高于劳动,是劳动所要达到的目标。"⑤ 这些观点穿越时间的洗礼,至今仍有现实意义,它提醒我们:休闲与和平之于幸福生活,具有不可代替的作用。就个人而言,休闲可以释放日常压力、拓展生活经验、促进生理健康、满足精神追求;就家庭而言,休闲可以提供沟通机会、融洽亲情关系、消除矛盾代沟、促进家庭和

---

① 于光远:《论普遍有闲的社会》,中国经济出版社 2005 年版,第 2 页。
② 刘旭东:《休闲:幸福生活与人的和谐发展》,《教育理论与实践》2008 年第 6 期。
③ [美] 杰弗瑞·戈比:《21 世纪的休闲与休闲服务》,张春波等译,云南人民出版社 2000 年版,第 162 页。
④ [加] 罗伯特·斯特宾斯:《休闲与幸福:错综复杂的关系》,《浙江大学学报》(人文社会科学版) 2012 年第 1 期。
⑤ 苗力田:《亚里士多德全集》(第 9 卷),中国人民大学出版社 1990 年版,第 272 页。

谐；就社会而言，休闲可以提高工作情绪、增进工作效率、有助社会发展、促进社会和谐。休闲不仅是一种生活方式、一种精神追求，还是人得以幸福生活的存在方式。青年的劳作、忙碌作为手段和途径，其目的是智慧而道德地安享休闲。

青年要学会休闲活动的合理安排。自工业革命以来，社会变迁和生活节奏一直处于不断加速的趋势。社会节律代替自然节律，社会时间取代自然时间。人类与时间之间的关系变得紧张而窒息。过度劳动蚕食着人们的幸福，休闲对于幸福的贡献度则日益上升。休闲具有快乐和意义的双重维度。在现代社会，通过休闲获得满足和快乐能使人们从社会责任的压迫中解放出来，满足人们对内在价值的追求和情感的需要。① 在摆脱外力束缚的状态下，人的精神能得以松弛，感到满足和快乐，从而更积极地面对生活。学会休闲对于青年而言，就是要根据自己的兴趣爱好、不同需要以及自身身心发展的不同阶段，学会合理地安排自己的闲暇时间，选择适合的休闲方式，有层次地发展更高雅的休闲。

青年要提升休闲活动的参与能力。生活中的很多乐趣，不是天生就有的，而是通过后天学习培养出来的。我们通过不断地学习，懂得参与各种各样的休闲活动，在生活中品味高雅，充实自己，获得幸福。随着社会的进步和文明，就提供给人们越来越多的休闲活动和方式。人是社会性的存在，其社会属性决定了人拥有社交欲望。休闲活动作为人的交往方式，可以提升青年人际交往的能力，扩大社交范围，建立更全面、融洽的人际关系。马克思认为："个人的全面性不是想象的或设想的全面性，而是它的现实关系和观念关系的全面性。"② 社会关系的充分丰富，有利于人的全面发展。

青年要明确休闲活动的价值取向。"休闲作为补偿当代生活方式中的许多需要创造了条件，它通过身体竞技、科学活动和接触大自然，一方面丰富了生活、锻炼了体魄，提供了激发创造思维的条件；另一方面培养了人的感情世界，铸造了人的坚韧、豁达、开朗、坦荡的性格，促进了人类理想的进步。"③ 休闲是对规范化生活的超越，但却并非所有的休闲都能

---

① 李仲广、卢昌崇：《基础休闲学》，社会科学文献出版社2004年版，第102页。
② 马克思、恩格斯：《马克思恩格斯全集》（第46卷），人民出版社1980年版，第36页。
③ 马惠娣：《休闲：人类美丽的精神家园》，中国经济出版社2004年版，第71页。

带来幸福状态。某些休闲活动一旦过度，就不能产生幸福。例如大多数人都喜欢美食，但一旦超过限度，就会使人厌烦。一些随意休闲活动，即使可以带来一时的享乐，但也很容易失去吸引力，引向低满足感。布鲁诺·弗雷在苏黎世大学完成的关于幸福的研究结果显示：对于看电视是否能带给人们快乐，答案实在难以统一。即使是认为看电视真能带来幸福，通常也只是低满足感，进而导致低幸福感。① 在物质高度发达的今天，休闲形态五花八门、鱼龙混杂，特别是在商业化运作方式和大众媒体的炒作下，肉体感受和感官刺激成为休闲活动锁定的目标，这样休闲就被异化了。青年在选择休闲项目时应具有正确的价值取向，倡导选择积极向上、层次高雅的休闲活动。大多数休闲活动所产生的幸福都是真实的，但在幸福的层次性和持续性上却各不相同。青年要追求积极的生活方式，努力提升精神境界，发挥休闲活动对长久幸福的促进作用。

劳动使生活实用化，休闲使生活审美化。越来越多的人意识到，以追求物质利益的最大化和发展速度的最快化为特征的生活方式，不仅不能给人们带来预想中的幸福，反而使人沦为物质和时间的奴隶。休闲是人的日常生活通向诗意栖居的重要路径。

六　现实与未来

依据时间的指向，我们可以把幸福分为眼前幸福和长远幸福。生活在现世的人，最能深切感受到的是眼前发生的快乐和幸福。但时间具有的延续性特征，要求人不仅要着眼于眼前的、短暂的幸福，还要考虑未来的、长久的幸福，立足当下，眺望未来，实现两者协调统一。当然，并不是每一件事都可以同时为我们带来现实和未来的幸福。有的时候，我们确实需要牺牲一点眼前的快乐，去换取未来目标的实现。从时间的维度看，幸福是青年在现实与未来之间追求感性欲求与理性追求相平衡的过程。

从时间的维度看，获取幸福更多地表现为一种过程，而非一种结果。亚里士多德的说法印证了这一观点："一天或短促的时间并不能使人幸福"，"幸福涉及人生的整个过程"。② 无论是个体的真实感受，还是现实的生存境遇，幸福都不仅仅表现为一种瞬间感受，而是体现在个体创造价

---

① B. S. Frey, Happiness: *A Revolution in Economics*, Cambridge: MIT Press, 2008, p. 36.
② Aristoteles: *Nicomachean Ethics*, Randon House Inc., 1941, p. 211.

值、实现目标或自我实现的过程。在这一过程中，挫折、痛苦不可避免。虽然当下体验到的痛苦和不幸抑制了主体幸福感的产生，但如果将现实中经历的挫折、痛苦放入追求幸福的整个过程去观望时，本来呈现负面意义的挫折和痛苦就获得了某种正面的、积极的意义和价值。当主体所面对的是充满希望的未来，而未来的希望又意味着幸福时，当前的挫折和痛苦就可以得到有效的缓解。幸福以过去和现在的为人生本原展开，不断指向未来。与其将幸福视为终极目标的瞬间获取，不如在持久地努力中获取幸福更为现实，也更有意义。当然，幸福的未来指向并不是将幸福推向遥遥无期的虚幻，使之成为可望而不可即的目标。以未来为指向的幸福要同时兼具现实性，使幸福在现实人生的不同阶段得以具体的展现，同时又在未来人生的不断展开中获得新的丰富和发展。

青年要正确处理过程幸福与结果幸福的关系。所谓过程幸福是一个人在追求某种幸福的过程中，每一次较小目的、较小预期结果得到实现时所体验到的快乐之和。所谓结果幸福则是指经过一定的努力过程而实现了其重大目的、预期结果的快乐体验。从现实层面看，青年承受着来自就业、住房、医疗、教育等方面的压力，在为个人的生存和发展而奋斗的过程中充满了艰辛和痛苦。青年为了追求幸福而努力，更需要将幸福作为一种过程去理解和感悟。例如，一个大学生毕业时找到一份满意的工作的幸福，是大学四年期间奋斗过程的结果，是结果幸福。他在四年的奋斗过程中，每一月、每一学期，都有其努力的较小目标，如考过英语四级、取得某本证书等。每当这些较小的目的实现的时候，他都会有一种较小的快乐体验，这种快乐体验之和，就是过程幸福。结果幸福和过程幸福不但互补，而且互为对方存在的条件。① 不管一个人怎样只想享受过程幸福，而无意于结果幸福，他也必须向结果的幸福和成功奋斗。否则，如果结果是失败和不幸的，他寻求幸福的过程的净余额一定是痛苦和失败的。因此不论他怎样只问耕耘不问收获，他都不可能获得过程幸福。相反，青年若想获得结果幸福，就必须老老实实、循序渐进地去收获过程幸福，将现实与未来之间的对立转化为相互促进的矛盾运动。

---

① 孙英：《幸福论》，人民出版社 2004 年版，第 52 页。

第七章

当代中国青年幸福观培育的原则与方法

> 我要做的只是以我的微博的力量为真理和正义服务,即使不为人喜欢也在所不惜。
>
> ——爱因斯坦
>
> 真正的幸福来自于建设性的工作。
>
> ——伯特兰·罗素
>
> 我的人生哲学是工作,我要揭示大自然的奥秘,为人类造福。
>
> ——爱迪生

本章阐述了当代青年幸福观培育的具体原则,在此基础上提出当代青年幸福观培育的主要方法。当代青年幸福观培育要始终遵循主导性与多元化相契合、继承性与创新性相结合、平等性与参与性相融合、整体性与层次性相整合的原则,采取理论教育法、实践参与法、典型教育法、自我教育法、情感教育法、心理疏导法等有效的培育方法,将科学幸福观的内容和精髓转化为当代青年的群体意识。

第一节 当代中国青年幸福观培育的基本原则

青年幸福观培育过程是树人的过程,在开展培育活动时应遵循基本的行为准则。马克思曾经讲过:"原则不是研究的出发点,而是它的最终结果,这些原则不是被应用于自然界和人类历史,而是从它们中抽象出来的;不是自然界和人类去适应原则,而是原则只有在符合自然界和历史的情况下才是正确的。"① 在培育当代青年幸福观过程中，要根据青年幸福观的形成过程和规律，坚持以马克思列宁主义、毛泽东思想、邓小平理论、"三个代表"重要思想、科学发展观、习近平新时代中国特色社会主义思想为指导，按照"四个全面"战略布局，以践行社会主义核心价值观为宗旨，以全面建设和谐社会为落脚点，促进青年的全面发展。针对当代青年幸福观的现状以及培育内容，笔者认为在培育过程中要始终遵循以下原则。

一 主导性与多元化相契合的原则

当前，经济全球化趋势势不可挡，对外开放不断深入，利益群体不断分化，青年的幸福观也出现了多样化的特点。一些青年的幸福观发生变质，出现精神滑坡现象，重物质享受，轻精神追求，重个人利益，轻集体幸福。因此，在培育当代青年幸福观过程中，必须坚持一元主导与多元引导相契合的原则，旗帜鲜明地捍卫马克思主义在意识形态领域的主导地位，同时吸收各种优秀的培育资源，引导青年树立和追求科学的幸福观。

（一）坚持马克思主义一元主导

新时期对青年幸福观培育坚持一元主导原则，是我国信息时代背景下对外开放不断扩大的客观要求，同时也是新时期青年主体性发展的必然要求。从词源上看，"主导"是指主要的并且引导事物向某方面发展的作用，它既包括事物自身发展的方向性，又蕴含对其他要素的引导。马克思主义的一元地位源于其自身的科学品格及开放襟怀。马克思主义大胆吸收、借鉴人类社会创造的一切优秀文明成果，自觉、勇敢地直面并回答当代社会产生的问题，并在实践中不断地丰富、发展和完善，故而始终保有蓬勃的生机和旺盛的活力，具有创新和自我超越的能力。"马克思主义深刻揭示了自然界、人类社会、人类思维发展的普遍规律，为人类社会发展进步指明了方向；马克思主义坚持实现人民解放、维护人民利益的立场，以实现人的自由而全面的发展和全人类解放为己任，反映了人类对理想社会的美好憧憬；马克思主义揭示了事物的本质、内在联系及发展规律，是'伟大的认识工具'，是人们观察世界、分析问题的有力思想武器。"② 在

---

① 马克思、恩格斯：《马克思恩格斯文集》（第9卷），人民出版社2009年版，第38页。
② 习近平：《在哲学社会科学工作座谈会上的讲话》，《人民日报》2016年5月19日。

追求幸福的过程中，要引导青年始终坚持马克思主义的主导地位，认识我国社会的发展规律，认识自己肩负的社会责任，规范和引导青年的思想观念、道德选择、价值取向等，使之坚定社会主义方向，坚持为人民服务，确立中国特色社会主义的共同理想，以推进我国社会的和谐发展和青年自身的全面发展。

首先，坚持和维护马克思主义在意识形态的主导地位。意识形态具有维护并发展统治阶级根本利益的重要功能，直接关系着经济发展、政治安定及民众利益。马克思指出："统治阶级的思想在每一时代都是占统治地位的思想。这就是说，一个阶级是社会上占统治地位的物质力量，同时也是社会上占统治地位的精神力量……占统治地位的思想不过是占统治地位的物质关系在观念上的表现，不过是以思想的形式表现出来的占统治地位的物质关系。"① 习近平总书记曾多次强调："宣传思想工作就是要巩固马克思主义在意识形态领域的指导地位，巩固全党全国人民团结奋斗的共同思想基础。"② 当今社会，随着我国对外开放的不断扩大和全面改革的不断深化，各种新的社会矛盾和问题涌现，对青年的思想认识、价值观念产生了广泛而深刻的影响。一些青年受错误思潮影响，理想信念模糊，极端个人主义、拜金主义、享乐主义、虚无主义倾向滋长，这是思想道德领域不容忽视的问题。在这种情况下，培育青年幸福观必须教育青年选择正确的方向，高扬中国特色社会主义旗帜，坚持和维护马克思主义一元指导的主导地位，以社会主义核心价值观为主要支撑，引导青年正确处理物质幸福和精神幸福、个人幸福与社会幸福、主观和客观、劳动与享受的关系，才能认识到科学幸福观的强大生命力，促进青年的自由而全面发展。

其次，青年幸福观的培育内容必须坚持马克思主义。马克思主义自诞生之日起，就把人的自由和全面发展视为自觉追求，集中代表了无产阶级和广大人民群众的根本利益。作为我国立国立党的根本指导思想，马克思主义深刻揭示了客观世界特别是人类社会发展的一般规律。随着我国经济的不断增长和社会的快速发展，青年所处的客观环境也发生着巨大的变化。在对青年进行幸福观培育时，应当顺应时代发展，把握热点问题，方

---

① 马克思、恩格斯：《马克思恩格斯选集》（第1卷），人民出版社1995年版，第98页。
② 习近平：《胸怀大局把握大势着眼大事，努力把宣传思想工作做得更好》，《人民日报》2013年8月21日。

能取得较好效果。因此，当代青年幸福观培育要把马克思主义理论作为主导内容，联系生活、贴近生活，直面青年生活中重要的现实问题。幸福观培育若在内容上脱离现实需要就显得抽象空洞，无法为青年所认同，甚至为青年所反感。幸福观培育的内容应成为关怀青年的精神生活、关怀青年的精神发展、关怀青年的道德生命自由成长的内容。完善幸福观培育内容的系统性，满足青年人生发展的个人需要以及构建"幸福中国"的社会需要。

最后，把马克思主义贯彻到青年幸福观培育的全过程之中。青年幸福观培育是一个持久长期过程，必须始终坚持运用马克思主义的立场、观点和方法。在我国，相比于传统社会和改革开放之前，德育内容已大大加强了对人、对受教育者的关注。但是，由于传统思维的惯性、时代变迁的特殊性及西方思潮的影响，我国德育还在某些方面存在非人本的倾向，面临一些困扰，具体在幸福观的培育上，体现为培育过程较为零散随意，无视青年学生内心深处丰富多彩的精神需要，一味从主观愿望出发进行专业理论知识的传授，采取高调宣讲、单向灌输的方法，不能使青年学生从一般的抽象的幸福理论中归纳总结出既正确又适合自己的幸福观。"马克思的整个世界观不是教义，而是方法。它提供的不是现成的教条，而是进一步研究的出发点和供这种研究使用的方法。"① 一元主导作为长期坚持的原则，就是为了预防和避免幸福观培育过程中出现"空话套话""两张皮"等现象，提高自身的信度和效度，使幸福观培育真正成为人与人之间心灵沟通、德性成长的过程，帮助青年过一种有意义的生活，并不断提升幸福的层次，充实、完善自身，成为国家建设的中坚力量。

(二) 坚持多元方式引导

坚持一元的马克思主义指导，并非意味着简单化地取代、否定甚至消灭多元方式的引导，而是充分发挥一元对多样的统领、引导和整合功能，从而有力提升多样化方式引导的品质，形成良性互动、有序协调的幸福观培育生态系统。

首先，用社会主义核心价值观引领当代青年幸福观培育。社会主义核心价值观作为社会主义意识形态的本质体现，规定了社会主义幸福观的性质和方向。在价值观日显多元的当今，我国政府因时制宜地提出社会主义

---

① 马克思、恩格斯：《马克思恩格斯选集》（第4卷），人民出版社1995年版，第743页。

核心价值观。党的十八大报告中指出："倡导富强、民主、文明、和谐，倡导自由、平等、公正、法治，倡导爱国、敬业、诚信、友善，积极培育和践行社会主义核心价值观。"社会主义核心价值观从国家、社会、个人三个层面反映了人民群众的共同价值需求，为实现人民幸福指明了方向。党的十九大报告中指出："社会主义核心价值观是当代中国精神的集中体现，凝结着全体人民共同的价值追求。要以培养担当民族复兴大任的时代新人为着眼点，强化教育引导、实践养成、制度保障，发挥社会主义核心价值观对国民教育、精神文明创建、精神文化产品创作生产传播的引领作用，把社会主义核心价值观融入社会发展各方面，转化为人们的情感认同和行为习惯。"幸福是人类一切活动的最终指向，人民幸福也是社会主义核心价值观的终极价值目标。"一种价值观要真正发挥作用，必须融入社会生活，让人们在实践中感知它、领悟它。要注意把我们所提倡的与人们日常生活紧密联系起来，在落细、落小、落实上下功夫……使核心价值观的影响像空气一样无所不在、无时不有。"[①] 因此，以社会主义核心价值观引领当代青年幸福观培育，就是要将社会主义核心价值观根植于青年的灵魂深处，内化为共同价值追求，并落实到青年的日常生活，成为青年追求幸福的思想政治基础。当代青年在社会主义核心价值观引导下，正确认识历史规律，把握时代脉搏，明确自身责任，激发强大的精神动力和创造活力，推动中华文明的发展进步和社会主义的伟大实践，才能最大限度地促进个人和社会的幸福。

其次，用"中国梦"引领当代青年幸福观培育。在新的历史条件下，习近平总书记把马克思主义理论与中国实际相结合，提出了"中国梦"的崭新理念："实现中华民族伟大复兴，是近代以来中国人民最伟大的梦想，我们称之为'中国梦'，基本内涵是实现国家富强、民族振兴、人民幸福。"[②] 随着"中国梦"的提出，我国已经吹响构建"幸福中国"的号角，社会主义和谐社会不仅要提高人民的物质生活水平，而且要提高人民的幸福指数。党的十九大报告指出：中国特色社会主义进入新时代，我国

---

① 习近平：《把培育和弘扬社会主义核心价值观作为凝魂聚气强基固本的基础工程》，《人民日报》2014年2月26日。

② 习近平：《关于实现中华民族伟大复兴的中国梦论述摘编》，中央文献出版社2013年版，第5页。

社会主要矛盾已经转化为人民日益增长的美好生活需要和不平衡不充分的发展之间的矛盾。从本质属性上看，人民幸福是中国梦的根本价值追求，实现中国梦的过程就是不断为人民造福的过程。[①] 用"中国梦"引领当代青年幸福观培育，有助于青年科学理解幸福观。"中国梦"意在强调个体追求梦想、取得成就与造福社会、报效国家的统一。当代青年作为实现中国梦的中坚力量，不仅要追求个体的梦想实现和幸福生活，还要促进社会的进步和发展，造福人民。

总之，培育当代青年幸福观应坚持一元主导与多元引导相契合的原则。马克思主义的一元主导为青年幸福观培育提供了旗帜鲜明的方向，多元方式引导为青年幸福观培育增添了符合实际的活力。在一元主导与多元引导的契合中，经过不断地教育、实践、再教育、再实践，才能把握当代青年幸福观培育的方向性和实效性。

二 继承性与创新性相结合的原则

当代青年幸福观培育过程中，既要继承前人智慧，又要结合实际推陈出新。继承性是指幸福观的培育是在已有的社会生产方式的基础上进行的。作为社会意识系统的有机组成部分，幸福观受一定的历史条件和文化传统的深刻影响。创新性是指幸福观培育是在人的社会实践和生活经历中进行的，必然伴随着人的主体性的不断展开和丰富，需要与时俱进地改变自己的内容和方式。

(一) 坚持继承优良传统

任何幸福观的形成都有特定的社会场域。当代青年的幸福观也不是凭空产生的，它是对中国传统幸福观的继承和发展，承载着深厚的传统文化。马克思指出："人们自己创造自己的历史，但是他们并不是随心所欲地创造，并不是在他们自己选定的条件下创造，而是在直接碰到的、既定的、从过去承继下来的条件下创造。"[②] 坚持继承优良传统，就是从前人积累的大量思想文化资料出发，找到一些可以借鉴的关于幸福观培育的方式、方法、途径等，有效地推进当代青年幸福观培育。

当代青年幸福观培育须立足中华优秀传统文化和传统美德。中国五千

---

① 韩振峰：《人民幸福：中国梦的根本价值追求》，《党政论坛》2013年第10期。
② 马克思、恩格斯：《马克思恩格斯选集》（第1卷），人民出版社1995年版，第585页。

年的文明缔造了悠久深厚的传统文化资源。文化是一个民族的灵魂和精神家园，离开了优秀文化，幸福观的培育就会成为无源之水、无本之木。例如，我国传统文化中仁爱为怀、先义后利、孔颜之乐、顺应自然等幸福观，在当代仍值得我们学习借鉴。为此，必须深入挖掘中华民族传统文化的精髓，认真总结传统文化中有关幸福观的格言、警句、历史典故和文学故事等，充分利用马克思主义的基本立场、观点和方法进行科学、辩证地看待。只有认真梳理传统幸福观的合理成分，汲取精华，弃其糟粕，紧密结合现阶段实际，赋予其新的时代内涵，才能形成符合时代要求的幸福观。

培育当代青年幸福观，还须有海纳百川、兼容并包的心态，借鉴和吸收世界优秀文明成果。不可否认，西方文化中有很多正面积极的幸福元素，如乐观、幽默、开拓创新、崇尚自由等，对个体获得幸福很有裨益。尤其是马克思主义幸福观，更是我们在青年幸福观培育中值得传承和珍视的财富。拥有开放的心态，有助于融合全球的优秀文化成果，"提高文化开放水平，吸收借鉴国外一切优秀文化成果，引进有利于我国文化发展的人才、技术、经营管理经验"。[①] 当然，对于资本主义幸福观，既不能全盘拿来，也不能全盘否定。我们必须以科学、客观、辩证的态度，批判地继承其合理的文化精髓，发掘出更多人类特别是青年共同的幸福元素。

（二）贯彻改进创新原则

当代青年幸福观的构建是一个从实践到理论、再从理论回到实践的循环递进的过程。继承是改进创新的基础和前提，改进创新是继承的内在要求和必然结果。改进创新的原则包含两方面的意思：一是改进，即在原有思想、观念的基础上进行创造性发展和创造性转换，使其切合实际；二是创新，即摆脱传统思维和已有制度的束缚，产生新思想、新突破。

当代青年幸福观面临的共性现实问题，应引起教育者的重视并着力解决。当代青年幸福观总体上是积极的，但也存在一些不利于青年健康成长的幸福观，通过青年的消费观、婚恋观、就业观等体现出来。有的青年出现畸形消费的现象，为了"面子"热衷于攀比炫耀；有的青年恋爱动机过于物质化，认为享受至上；有的青年就业观个人本位主义严重，忽视了社会的需求和人生的长远目标。只有帮助青年解决好幸福观问题，才能帮

---

① 《十八大以来重要文献选编》（上），中央文献出版社2014年版，第535页。

助青年树立正确的消费观、婚恋观、就业观。只有这方面的共性问题得以解决，才能推进青年更好地认识和追求幸福。

当代青年幸福观培育中，要注意理念改进创新、内容改进创新和方法改进创新。所谓理念改进创新，就是当代青年幸福观的理念要与时代发展紧密结合，不断丰富拓展，实事求是，与时俱进，根据实践的要求不断开拓创新。所谓内容改进创新，就是在培育内容上，既要符合青年的身心发展规律和人生发展的全面需要，关涉青年的生活世界，又要与社会发展需要相契合，使其理解什么是真正的幸福，以便更好地创造幸福生活。所谓方法改进创新，就是在培育形式上，要改变单一的灌输式的幸福观培育形式，适应新时期青年幸福观变化的迫切需要，采取多种多样的教育方式，引导青年积极参加社会实践、志愿活动等，在实践中感受幸福，追求幸福，创造幸福，激发青年自我教育的自觉性、主动性和积极性。

继承性与创新性的统一，是培育当代青年幸福观的牢固基础和不竭动力。继承和创新就好比推进幸福观培育的两个重要轮子，缺一不可。当代青年幸福观培育，既要发挥传统教育方式的优势，又要善于结合新实际、新情况改进培育模式，立足继承，着力创新，切实增强理论的感染力和实践的吸引力。

三 平等性与参与性相融合的原则

在开展当代青年幸福观培育过程中，一方面，要以人为本，尊重青年的主体地位，坚持平等对话的原则；另一方面，要善于发现青年思想的共鸣点、契合点，使培育过程接地气、有底气，争取获得广大青年的普遍认可和广泛参与，成为当代青年共同遵守的幸福准则。

（一）体现青年的主体性

平等对话原则体现了青年的主体性。平等的核心在于主体之间的平等地位和意愿一致基础上的"共同行动"。幸福观作为一种主观领域的精神性存在，是个体对幸福的认知和态度，具有明显的个体特征。只有在平等尊重的氛围中，青年所接受的教育与其对幸福的渴求之间形成"共振"，才能实现"要我如何"到"我要如何"的转变。在整个幸福观培育过程中，青年既是客体，也是主体。一般来讲，在教育过程中，受教育者是培养的客体。事实上，幸福观的培育只有通过青年自身的自我调适、自我控制、自我发展，将接受的教育内化为自己努力追求的目标和行为，才能真正发挥作用。可见青年接受教育的过程也是一个自我教育的过程。青年作为受教育者,是培养的客体;青年作为自我教育者,也是培养的主体。幸福观培育过程中,平等对话原则使教育者和受教育者"内心世界敞亮,对对方真诚倾听与接纳,在相互接受与倾吐的过程中实现精神的相遇相通"①。

青年幸福观培育的平等性原则至少有两层含义:一是重视教育者的主体性。幸福观培育过程中,教育者收集、选择、加工、传递教育信息,设置教育情境,组织教育对象,调控教育过程,其主导作用是不可代替的。教育者的主体性是其人格力量的体现,具有高度主体性的教育者,才能根据当代青年幸福观特征以及幸福观培育的目标、任务等要素,在继承原有方法的基础上,不断改革与创新,自觉重视受教育者的能动性,增强对受教育者的感染力和影响力。大量实践证明,教育者主体性发挥得越充分,受教育者的能动性才能调动得越有效,教育的效果才能越明显。二是尊重和调动受教育者的主体性。传统的灌输教育在一定的历史阶段发挥其自身的作用,这是不容置疑的事实,但其最大的弊端就是忽视了受教育者的主体性,容易把受教育者定位成盲从、依赖的毫无个性的"单面人"。当代青年幸福观培育模式必须由传统的单向教育向双向互动模式转变,把青年看成幸福的主体,通过对话、分享等方式与其平等交流,实现"主体客体化"和"客体主体化"。

(二) 激发青年的参与性

青年幸福观培育过程中,要激发当代青年的参与性。幸福观培育既要对青年进行幸福知识的传授,又要引导青年贴近生活、体验生活,在生活实践中融幸福的知、情、意、行为一体,使青年丰富人生经历,获得生命体验,拥有幸福人生。为此,要建立起以人为本的现代幸福观培育理念,鼓励青年积极参与。

幸福观培育过程中遵循共同参与原则时,还应注重把个体与集体成员间的互教互助结合起来。青年个体的自我教育和群体的相互教育是相辅相成的。自我教育不但是青年发展主体性和创造性的必然要求,更是人的自由而全面发展的客观需要。"如果将这种个体的自我教育再扩大到群体的

---

① 刘济良:《价值观教育》,教育科学出版社 2007 年版,第 124 页。

自我教育，即集体的互帮互助，则更会形成一种巨大而持久的教育力量。"① 将个体的自我教育扩大为群体的自我教育，提倡集体成员之间相互帮助、相互教育，是幸福观培育的制高点。主体之间的这种平等的交往不仅使作为意义的价值观念得以传播和理解，而且通过解释生成新的意义："从交往的角度看，它们是用来保存和发展文化知识的；从社会化的角度看，它们则是用来培养和维护个人认同的。"② 这一过程不仅实现"他教"和"自教"的统一，而且青年在教育者的引导下积极进行社会主导幸福观的内化和知行转化。

总之，当代青年幸福观培育过程应坚持平等性与参与性相融合的原则。教育者应把青年视为平等的交流对象，充分尊重其主体地位，挖掘其能动性、创造性和主动性，使其自主学习、自觉参与，从而更好地实现当代青年幸福观培育的目标。

四 整体性与层次性相整合的原则

当代青年幸福观培育过程中，既要坚持整体推进，又要强调分层培育。整体推进是指幸福观培育要集结各方力量，系统化、整体性实施，避免因"单边作战"而成效低下的不良局面出现。分层培育是指在当代青年幸福观培育中，在整体推进的同时，要根据当代青年的特点甄别对象、区分层次，尊重不同群体之间的差异，有针对性地开展教育。

（一）坚持整体推进原则

青年幸福观培育不是一个孤立封闭的活动，而是一项系统的教育工程。因此，在青年幸福观培育过程中，必须整合多方教育力量，发挥教育的合理作用，形成一条幸福观培育链条，密切配合，整体推进，从而促使青年形成科学的幸福观。

青年幸福观受家庭、学校和社会等具体环境的影响和制约。家庭是社会最基本的细胞，是个人与社会的中介。家庭作为组成社会的最基本单位，是一个人生活和成长的首要场所。家庭作为青年生活和成长最长久的环境，其作用不容小觑，可以说每个人身上都会留下不可磨灭的家庭印记。作为青年而言，家庭不仅满足他们生理、心理的需求，还给予他们生

---

① 张耀灿、陈万柏：《思想政治教育学原理》，高等教育出版社2001年版，第171页。
② ［德］哈贝马斯：《后形而上学思想》，译林出版社2001年版，第82页。

命传承和文化依托。家庭的方方面面，对一个人幸福观的形成都具有深刻的影响。学校作为学生接受教育的地方，对青年幸福观的形成和发展具有重要的指导性的作用。对青少年来说，这一生命阶段的大部分时间是在学校里度过，学习是这个阶段的主要任务，也是世界观和人生观开始形成的时期。学校教育作为一种目的性很强的规范化教育，"它能根据一定社会政治经济和生产力发展的需要，按照一定的方向，选择适当的内容，采取有效的方法，利用集中的时间，对人进行系统的教育和训练，使人获得比较系统的文化科学知识和技能，形成一定的世界观和道德品质"。[①] 学生在学校里不仅系统接受科学文化知识、技能的传授，也有计划地接受政治、思想与道德等方面的影响。学校的知识传授与道德教育统一协调发展，造就适应社会需求的素质过硬、全面发展的人才，为改革开放和现代化建设事业提供支持。此外，社会的其他因素，如社会组织活动、社会群体交往等，也对青年幸福观的形成和发展产生较大的影响。

（二）坚持分层培育原则

人的生命发展是分层次的。在不同时期，支配或主导人的行为的各种需要是多元的，人在不断更新的需要中实现发展和完善。美国人本主义心理学创始人马斯洛提出了著名的需求层次论。他认为，人类的需要是分层次的，由低到高划分成七个相互递进的层次，依次是生理需求、安全需求、归属与爱的需求、自尊需要、认识和理解的欲望、审美需要、自我实现需求。[②] 在每个人身上，都潜藏着这七种不同层次的需要。在不同的生命时期，人对各种需要的迫切程度是不一样的。人的需要总是从外部得来的满足逐渐向内在得到的满足转化。人的最迫切的需要才是激励人行动的主要原因和动力。在现实生活中，不同性别、年龄、社会地位、生活经历以及不同生活水平的青年，其幸福观存在一定的差异性。随着社会的发展，青年群体的划分变得越来越多样化，出现了农村青年、城市青年、务工青年、白领青年、大学生青年等多个群体，其幸福观更趋向多样化，这些层次上的差异给青年幸福观培育带来了极大的挑战。因此，青年幸福观培育应当遵循层次性原则，充分认识并尊重这些差异，分清层次，针对不同群体设计不同的教育策略，使不同群体的青年都得到合理的培养。

[①] 柳海民：《教育原理》，东北师范大学出版社2000年版，第51页。
[②] ［美］马斯洛：《动机与人格》，华夏出版社1987年版，第40页。

青年幸福观培育的层次性具体表现在目标、内容和方法上。首先，在目标上，要根据青年个人的思想道德结构，分层次设立目标。人的生命是丰富多彩的，每个生命个体，由于不同的性格、特征、家庭出身、社会背景、生活经历等的不同而必然会有不同的价值追求。目前，青年群体的智力水平、知识结构、人生经历等各不相同，他们通过网络、电视、报刊、书籍等各种途径接触到各种社会现象，主体意识不断加强。特别是在网络媒体高度发达的大背景下，青年的幸福观可以说是千姿百态、丰富多彩。面对这样的现实，教育工作者首先必须对多种幸福观予以了解，认识到多样幸福观存在的社会合理性，而不能全盘否认或肆意贬低。然而，这种多元化并不是说人的价值追求成了主观任意的东西，可以任由青年凭主观意愿随意追求自己所谓的"幸福"，它是以承认人有自己的终极价值追求为前提的，并且终极价值追求一定要符合一个价值体系，那就是要促进社会的发展和人自身的发展，并且无害于他人的生命存在和发展。因此，在尊重青年的价值选择的同时，教育工作者必须研究其理论渊源和现实根基，供青年参考选择，以此增强青年面对价值多元时的识辨能力，来验证马克思曾指出的"理论只要说服人，就能掌握群众；而理论只要彻底，就能说服人"[①]。

其次，在内容上，幸福观的培育过程应该遵从生命的发展规律，引导青年不断地升华和提升自己，去追求一种更加美好的生活。幸福观培育过程可以分为三个层次：一是认知式的培育，通过心理教育、情感教育来培育幸福观，这是最基本的层次；二是通过道德教育和生活教育培育幸福观，意在使现实社会生活中的人学会如何调适人与人之间的关系；三是通过审美教育和理想教育培育幸福观，这是对自我以及人的整体发展水平的升华与超越。我们这里就强调幸福观培育的第三个层次，人的幸福离不开他们对自身生命的思考与超越。通过教育，引导青年用审美的眼光、理智的思维对待社会、他人和自己，理解生命，超越自我，从更广阔的社会背景中去思考自己生命的价值、形式和目标，去追求生命的自由。最后，在方法上，要仔细研究现阶段青年幸福观的现状与发展趋势，分析各青年群体成员的观念、愿望和心态，根据各阶层不同群体的特点，因材施教，因地制宜，有针对性地开展教育。只有这样，方能启发青年反思自己，关怀终极价值，获得真正的幸福。

---

① 马克思、恩格斯：《马克思恩格斯选集》（第1卷），人民出版社1995年版，第9页。

因此，培育当代青年幸福观的过程中，应把握整体性与层次性相整合的原则，既要坚持发挥家庭、学校、社会对青年幸福观培育的整体推进作用，又要强调分层次、分阶段进行，在具体化、形象化、生动化的实践活动中推进科学幸福观在青年各阶层、各群体的落地生根，才能扩展其辐射力，突出其整合力。

总之，面对当今时代人们思想观念异彩纷呈、价值取向多元多变的格局和态势，青年幸福观培育过程中，要遵循科学的原则，力求做到一元主导与多元引导相契合、继承传统与改进创新相结合、平等对话与共同参与相融合、整体推进与分层培育相整合。

第二节　当代中国青年幸福观培育的主要方法

何谓方法？"方法是人们为了认识世界和改造世界，达到一定目的所采用的活动方式、程序和手段的总和。"[1] 毛泽东曾形象地比喻："我们的任务是过河，但是没有桥或没有船就不能过。不解决桥或船的问题，过河就是一句空话。不解决方法问题，任务也只是瞎说一顿。"[2] 青年幸福观培育方法就是教育者根据青年幸福观形成的过程和规律，遵循青年幸福观培育的基本原则，为使青年树立积极健康的幸福观所采用的活动方式、程序和手段等。青年幸福观培育是一项复杂的系统工程，各方法之间是相互促进、相互支持的统一整体。研究并实施科学有效的教育方法，把丰富多彩、形式多样的各种方法综合运用起来，是开展青年幸福观培育的重要任务。

一　理论教育法

理论教育法是教育者与受教育者有目的、有计划地进行马克思主义理论学习、培训、教育，树立正确世界观、人生观、价值观的教育方法。[3] 理论教育法是思想政治教育最常用的方法之一，其核心是"以理服人"。之所以在青年幸福观培育中强调理论教育法，是因为正确、系统的幸福观

---

[1] 陈万柏、张耀灿：《思想政治教育学原理》，华中师范大学出版社2009年版，第181页。
[2] 毛泽东：《毛泽东选集》（第1卷），人民出版社1991年版，第139页。
[3] 郑永廷：《思想政治教育方法论》，高等教育出版社2010年版，第128页。

方面的知识和理论，对青年的思想和行为具有重要的指导作用。"感觉到了的东西我们不能立刻理解它，只有理解了的东西才能更深刻地感觉它。"① 思想观念必须通过系统深入的学习，才能深刻理解。理论教育法强调人的自觉能动性的发挥，较多运用于幸福观培育的主渠道和主阵地。

理论教育法源于灌输理论，其要旨在于先进的社会思想理论不可能自发产生，只能从外面灌输进去。列宁曾系统地阐述灌输理论，他在《怎么办》一文中指出："工人本来也不可能有社会民主主义的意识，这种意识只能从外面灌输进去。"② 文中阐明了为何灌输、对谁灌输、谁来灌输、怎样灌输的问题，使灌输理论成为马克思主义理论的重要组成部分。在青年幸福观培育过程中，理论教育法正是把社会主导幸福观施加于教育对象，并推动其接受的方法。需要指出的是，理论教育法并不等同于单向灌输或强制灌输模式，而是教育者与教育对象之间的平等交流与对话。单向灌输模式把"灌输"简化为"注入式""填鸭式"的单一教育方法，强制灌输模式无视受教育者的主观意愿，不仅起不到应有的作用，还会适得其反。理论教育法重视教育者与教育对象的关系建设，既强调教育者"以理服人"的主导性和权威性，也需要受教育者发挥主体作用和主观能动性，在教育者的引导下进行自主学习和自我建构，对"理"进行认知和践行。

理论教育法要在幸福观培育中取得预期效果，就需要根据当前青年的生产生活现状，分析不同青年群体的思想和行为特点，有的放矢地开展工作。在具体的实施过程中，应注意把握好以下几点：

其一，注重理论的真实性。理论教育法的着力点是"理"，要引导青年在理论上对幸福有正确的认知。卢梭认为："如果你还不知道幸福在什么地方就去追求幸福，那就会越追越远，就会走多少道路便遇多少危险。"③ 英国著名思想家葛德文认为："知识以两种方式增进我们的幸福：第一，它给我们开辟了享乐的新的源泉；第二，它给我们提供了选择一切其他乐趣的线索。"④ 理论知识参与人们的思想而成为行动的裁判者，起着辨明是非、美丑与善恶的作用。理论教育法的目的就是有计划、有系统

---

① 毛泽东：《毛泽东选集》（第1卷），人民出版社1991年版，第286页。
② 列宁：《列宁选集》（第1卷），人民出版社1995年版，第317页。
③ ［法］卢梭：《爱弥儿》（下），商务印书馆1978年版，第676页。
④ ［英］威廉·葛德文：《政治正义论》（第1卷），何慕李译，商务印书馆1982年版，第84页。

地向青年传授幸福理论知识，帮助青年正确认知幸福，合理追求幸福。倘若牵强附会、空话连篇，就不会使青年信服。因此，青年幸福观培育宣传的理论思想要注重真实性，不仅对有关幸福的各种社会现象进行陈述，还要引导教育对象运用正确的方法论分析社会现象之后的本质，对扭曲和错位的幸福观作出准确而深度的解答，把科学幸福观的内涵、影响幸福的要素、积极的幸福预期、获取幸福的手段等内容讲清楚、讲充分、讲透彻，做到以理服人。

其二，注重方法的多样性。理论的阐述需要一定的载体和形式，而不是传统的"一张嘴"和"一支笔"，必须运用多种手段、多个渠道、多种方法予以灌输。尤其是在现代信息技术和大众传媒高度发达的背景下，理论的阐述要借助于现代化手段，如多媒体技术、互联网技术等。此外，还要根据不同青年的不同职业、兴趣、性格、教育背景等，采取不同的说理教育方式，有效增强理论的生动性和时代性。

其三，注重说理的艺术性。把教育者的目的与受教育者的接受程度联系起来是注重说理艺术性的关键。在运用理论教育法时，要注意从了解教育对象的思想实际和生活条件出发，从解决其具体的思想问题和实际困惑着手，把小道理讲实、讲清，做到动之以情、晓之以理，进行艺术的表达，做到"形神兼备"。在此基础上，把大道理讲透、讲深，做到了解全局，把握本质，将积极培育幸福观这一抽象的命题转换为日常生活的具体情境，贴近实际、贴近生活，引导青年从日常生活的细节中感知幸福、体验幸福、增进认同。

二 实践参与法

实践参与法是指通过实践活动使教育对象进行知行转化的方法，其核心是在参与中体验。① 首先，实践参与法注重知行合一，强调通过身体力行来加深对理论知识的理解。实践不仅是对理论的应用，也是对理论的进一步发展。学到的理论只有应用到实践中去，才能真正发挥理论的指导作用。其次，实践参与法能提升教育对象的综合素质。实践过程使人的能力和品质都得到锻炼和培育，主体在改造外部客观世界的过程中改造内部主观世界，使思想政治教育价值导向与教育对象自我教育相结合，这符合人

---

① 骆郁廷主编：《思想政治教育原理与方法》，高等教育出版社2010年版，第156页。

们认识世界和改造世界的规律。可见，实践参与法作为思想政治教育必不可少的方法，理应吸收使其为青年幸福观培育所用。

实践是主体本质存在及认识和改造世界的方式。实践性是马克思主义的重要特点和品质，也是青年幸福观培育的根本要求。幸福观虽然是人们对于有关幸福问题的主观认识，但这种认识来源于实践活动。正如马克思主义所认为："社会生活在本质上是实践的。凡是把理论导致神秘主义的神秘东西，都能在人的实践中以及对实践的理解中得到合理的解决。"[①]青年幸福观培育不能仅仅停留在理论灌输层面，而必须从青年最关心、与青年联系最密切的成长成才、学业就业等问题入手，带领青年在实践中体验幸福，在参与中获得幸福。要把解决青年思想问题与解决实际问题结合起来，教育和引导青年学会做事、学会做人。运用实践参与法应把握以下几点。

第一，实践参与法的主题要鲜明。与一般的主体实践活动相比，作为幸福观培育基本方法的实践，一方面，它承载着幸福观培育的目标和内容，使实践活动具有价值导向性，即提倡什么、限制什么；另一方面，它构建了幸福观培育主体交往互动的活动场所，使教育对象在教育者引导下进行幸福观培育内容的知行转化。因此，实践参与法对实践活动的选择不应随心所欲，而应以幸福观培育内容和目标为核心，精心设计和组织开展内容鲜活、形式新颖的各类教育活动。

第二，实践参与法要生活化。与理论教育法相比，实践参与法更具有生活化的特点。它将幸福观培育的主阵地、主渠道向教育对象的日常实践领域推进，把一些深刻的价值观念、道德规范具体化到教育对象的生活中，贴近实际、贴近生活，充分激发教育对象的主体性。幸福观的养成是一种生活化的实践过程。对于教育者来说，要组织各种行之有效的校园文化活动、参观考察、调查实习、志愿者活动等，使青年在社会实践活动中受教育、长才干、作贡献，引导青年在"幸福体验"中把教育要求内化为幸福观，外显为追求幸福的行动。对于青年来说，实践是青年追求幸福目标的必由之路。若仅仅对幸福有正确的认知而没有具体的实践，坐而论道，就难以获得真正的幸福。青年要牢固树立劳动幸福观，将掌握的幸福理论运用到生活实践中，在知与行的协调统一中明晰幸福的真正含义，不

[①] 马克思、恩格斯：《马克思恩格斯选集》（第 1 卷），人民出版社 1995 年版，第 60 页。

断提高认知幸福、体验幸福、创造幸福的能力，进而形成科学的幸福观。

三 典型示范法

典型示范法亦称示范教育法、榜样教育法，是指通过典型人物和事迹的示范，以达到教育效果的方法。① 典型示范法所运用的典型，主要是一种先进典型。典型示范法最突出的特点是直观形象性。即通过具体生动的人物或事例，把抽象的说理教育转化为生动的形象教育，以引起人们的情感共鸣而效仿，进而提升人们的思想认识。由于典型示范法促使人思考、比较、模仿和学习，因而具有显著的感染效应、带动效应和激励效应。典型示范法的第二个特点是非强制性。一般而言，人们内心深处大都希望自主探索、分析各种社会现象，而不愿意强制地被动接受教育。典型示范法所运用的先进典型，代表着时代发展的方向，体现着鲜明的价值取向。先进典型的示范作用，一般不依靠外力强制推动，而是通过其本身的优良业绩和社会效应来实现。因此，典型示范法是思想政治工作中一种行之有效的方法，也是青年幸福观培育工作常用的方法。

一个好的正面典型往往像一面旗帜感召和带动着青年，激发青年的积极性和创造性，具有较强的说服力和吸引力。20世纪60年代，我党树立了雷锋、焦裕禄等光辉形象后，在全国涌现出无数个雷锋式的人物和一大批焦裕禄式的好干部。20世纪80年代，我党树立了张海迪等榜样形象，广泛讨论青年应树立什么样的幸福观，在全国青年中引起强烈的反响。在当代，各行各业都有一批充满时代感、饱含正能量的先进典型，他们以实际行动对科学幸福观作出生动诠释。典型示范法的正确实施能带来一系列的正面效应。在运用这一方法时，应该注意以下几点。

首先，对典型的选取要具有时代性、真实性和可及性。其一，典型的选取要具有时代性。不同时代的人具有不同的幸福观，先进典型应具有时代内涵。马克思说："如果你想感化别人，那你就必须是一个实际能鼓舞和推动别人前进的人。"② 这里所说的鼓舞和推动都应在具体的时代背景之下，这就要求典型的选择应与时俱进，具有时代气息。其二，典型的选择要注重真实性。如果榜样不真实，受教育者就会产生怀疑，则典型本身

---

① 杨珍妮：《生态幸福观教育研究》，博士学位论文，华中师范大学，2015年。
② 马克思、恩格斯：《马克思恩格斯全集》（第42卷），人民出版社1979年版，第155页。

具有的优秀品质就会被抹杀，榜样的示范意义也就荡然无存，甚至会出现负面的影响。其三，典型的选取要具有可及性。当下，学习的典型不再是圣人化的形象，越贴近真实的生活，就越具有感染性和吸引力。要让青年感到"典型"并非高不可攀，避免产生"可敬不可学"的逃避心理，而是相信别人能做到的，自己经过努力也可以做到。

其次，对典型的宣传要恰如其分。为了使人们了解典型，学习先进，需要对其进行一定的宣传。但若宣传不当，人为地拔高、美化，把先进典型宣传为十全十美、全方位突出的形象，反而会使人产生反感心理，出现认同障碍。对典型宣传的偏颇还表现为注重先进人物的"结果"，而忽视了其"过程"。事实上，任何事物都有其发展规律。典型之所以能成为典型，其背后往往有比常人更多的艰辛和付出。从这点上讲，宣传典型的发展过程比单方面强调结果更有教育意义。另外，在宣传典型的过程中，要结合不同青年群体的身心发展特点，采取现身说法、专题采访、系列报道等多种途径，加强青年对榜样人物、典型事迹的深入了解。榜样人物具有的良好思想品德、扎实的工作业绩和真挚的幸福感，具有感染、熏陶的作用，能引发青年对幸福人生的深入思考。

最后，对典型的运用要把握实质。对典型的认识和运用，不能只停留在感性认识，简单地模仿或重复先进典型的所作所为，而要透过典型人物的言行，分析其内在精神实质，实现从感性认识到理性认识的升华，以此指导青年对典型的学习。另外，学习典型的过程中，教育者要根据当代青年的认知特点，从本部门、本单位的实际出发，区分不同层次、不同类型的先进典型，有针对性地组织学习。要构建价值导航、榜样示范、实践养成的整体联动机制，启迪和引导青年通过合理的方式追求幸福，引领青年树立科学的幸福观。

四 自我教育法

所谓自我教育法，是指受教育者按照思想政治教育的目标和要求，在自我意识的基础上通过自我认识、自我体验、自我控制，从而产生积极进取之心，主动提高自身思想认识和道德水平以及自觉改正自己错误思想和行为的方法。[①] 自我教育法强调由"他教"向"自教"转化，充分凸显出

---

① 郑永廷：《思想政治教育方法论》，高等教育出版社1999年版，第111页。

教育对象的主体性，其本质特征是主体、客体的同一性。"教育的目的是不教育！"① 这是我国著名教育家叶圣陶先生提出的观点，这里的"不教育"可以理解为自我教育。自我教育法作为一种重要的思想政治教育方法，在当代青年幸福观培育中发挥着不可替代的作用。

自我教育法在我国有着悠久的历史传统。早在春秋战国时期，儒家的代表人物孔子、孟子就提倡修身养性，强调通过自教自律来合乎"礼"，达到"仁"，"君子必慎其独也"②，"修身、齐家、治国、平天下"③，即注重自我教育。青年在自我教育过程中，经常自觉、主动、积极地进行自我学习、自我改造，在自省、自警、自励中自觉抵制外界的诸多不良影响，就能逐渐养成自我约束、自我监督和自我调节的良好习惯，实现教育目的。在当代青年幸福观培育中，要引导青年自我教育，解决现实自我和理想自我的矛盾，注重创新自我教育的具体方式。

首先，帮助青年正确认识自我。自我认识是自我教育的前提和基础。身处现代社会，青年不但要面临各种规约的束缚，还要能在激烈的社会竞争中保持自我；不但经受各种困难和挫折的挑战，还需要主动创造有利条件发展自我。因此，青年的自我认识要充分反映现代社会在其身上的特性。"基督教只有在它的自我批判在一定程度上，可说是在可能范围内准备好时，才有助于对早期神话作客观的理解。同样，资产阶级经济只有在资产阶级社会的自我批判已经开始时，才能理解封建的、古代的和东方的经济。"④ 也就是说，青年的自我认识要建立在以实践为基础的自我反思的基础之上。这种立足于具体实践的反思可以叩问自己内心不幸福的缘由，进而对自己的性格特点、价值观念、实践水平作出客观的认识，还可以通过别人对自己的反馈和评价，实事求是地反思自己的优势和不足，这样就可避免思维陷入纯粹思辨的焦虑自责之中，以达到一种身心和谐的状态。

其次，鼓励青年坚持自我学习。在现代社会，随着科技的迅猛发展，知识总量迅速增加，传播速度非常之快，更新周期也越来越短。青年要适

---

① 叶圣陶：《叶圣陶语文教育论集》，湖南科学教育出版社1999年版，第46页。
② 语出《礼记·中庸》。
③ 语出《礼记·大学》。
④ 马克思、恩格斯：《马克思恩格斯全集》（第46卷），人民出版社1979年版，第44页。

应社会的这种变化，就要不断加强学习，不断更新观念和思想。对人的本质的科学认知、对劳动美的信念追求、对和谐统一的幸福理念，这些精神要素不可能凭空产生，更不会自发形成，而需要青年在不断学习的实践过程中不断形成。科学幸福观经由青年学习和掌握之后，就能增进对自然万物的认知、对人际关系的处理和对自我能力的客观评价，进而帮助青年确立合理的目标，调控自己的情感，确立健康的生活追求。

最后，教会青年进行自我调适。人生的旅途总是充满了艰辛和挫折。人们在追求幸福这一人生终极目标时，也会遇到各种各样的挫折和逆境，使人无从回避，必须付出顽强意志来面对和解决。当前，在激烈的社会竞争下，压力无处不在，不少青年因为心理压力过大而出现精神紧张甚至心理失衡、心理障碍，让人感到痛心。青年应通过自我调适，勇敢面对各种挫折与困难，保持正常的心态，发展健康心理，从而进一步提升自我。

五 情感教育法

情感教育法是教育者通过真挚的情感和善意的言行，教育和激发教育对象，使之产生情感的共鸣，以提高其理论认识、培养其道德品质的教育方法。[1] 情感教育强调以受教育者的感受体验为基础，以情感态度的养成为表征，在情感的交流和体验中实现思想的转变和升华。情感教育法多用于教学活动、谈心谈话中，是思想政治教育的一个重要方法。

我国德育专家朱小蔓认为，人的情感是思想品德形成的根基，只有当人的思想认知与相应的情感体验发生共鸣时，才会在内心深处产生一种坚定不移的信仰和信念。要使人们形成某种思想品德或去掉某种思想品德，必须有富有感染力的教育来陶冶和激发情感。[2] 人的情感复杂多样。根据价值的正负变化方向，情感有正向情感与负向情感之分。正向情感是人对正向价值的增加或负向价值的减少所产生的心理反应，如愉快、信任、热忱、感激等；负向情感是人对正向价值的减少或负向价值的增加所产生的心理反应，如痛苦、消沉、嫉妒、仇恨等。正向情感使人积极面对生活，坦然战胜逆境，是促进人走向成功和幸福的阶梯。相反，负向情感使人意

---

[1] 王畅：《以人为本指导下大学生思想政治教育方法研究》，博士学位论文，辽宁大学，2014年。

[2] 朱小蔓：《情感德育论》，人民教育出版社2005年版，第5页。

志消沉，悲观颓废，是人远离幸福和快乐的重要因素。情感教育法中多采用积极情感，消极情感会起到阻碍作用。幸福是一种积极的情感，运用情感教育法激发、推动青年产生正向的情绪体验，这对科学幸福观的养成起到积极的促进作用。

首先，维护青年的多维情感需求。人的思维由感性思维逐渐向理性思维过渡，在青年还没有树立起科学的幸福观之前，对幸福的感知由感性思维起着主导作用。青年时期是自我意识较强烈的时期，情绪体验较为丰富，高兴、悲伤、敬畏、爱慕、感动等情绪常集于一身。在这一阶段，亲情、友情、爱情是构成他们情绪变化的主要来源。教育者作为情感教育法的实施者，要尊重、理解并维护青年的多维情感需求，敏锐地察觉到青年的情感变化，并加以正确的引导。

其次，营造和谐良好的情感场域。在运用情感教育法时，教育者要利用已有的或有意识地创设多种具有情感教育价值的情境，使受教育者处于一定的教育情境之中。情境之于知识，犹如盐之于汤的作用一样。在学习幸福相关知识的时候，将其放在恰当的情境中，也才能彰显出知识的美感与价值。与那些以掌握知识、技能为主旨的教育如智育、体育相比，幸福观培育有其特殊性。其并非以传递知识、技能为目的，而直接以受教育者的心灵发展为指向。心灵的发展过程有别于知识、技能的掌握过程，它更强调心与心的交融。幸福观的培育过程是一种通过"以理服人"达到"以情感人"的思想情感活动。正如有学者指出："积极的情感活动，表现为受教育者对教育者的尊重、信任，对教育内容及其所表达的思想道德立场的认同、接纳和强烈的追求、实践的欲望。"[①] 师生以愉悦的情境为依托，通过内在的联系融成了一种生命共同体，教育不再是以损失学生来造福于教师，也不是以损失学生来造福于教师，师生双方在能够体验幸福的氛围中，形成一种强有力的幸福情感场。

最后，创新情感体验的载体形式。在当今社会信息化的大背景下，情感体验法的运用可借助现代科技和网络技术，创新载体形式。例如，运用多媒体技术来辅助教学，使教学内容更加生动形象，增强课程的吸引力和感染力；建立课程教学网站，在网上除了分享教学资源，可以开展集思想性、教育性、趣味性于一体的可供师生共同参与的活动；开设微博、微

---

① 沈壮海：《思想政治教育有效性研究》，武汉大学出版社 2007 年版，第 115 页。

信、QQ群等网络交流平台，进行信息交换和情感交流。

六 心理疏导法

思想政治教育视域中的心理疏导是指思想政治教育工作者遵循人的思想活动形成与发展规律，对人们的思想认识问题通过疏通引导，创造条件，让其充分表达，又善于引导，从而帮助人们理顺思想障碍，提高思想认识，选择正确行为方式的一种方法。[①] 心理疏导法是思想政治教育学科吸收心理学等相关学科的研究成果后发展起来的一种方法，在思想政治教育的科学化方面发挥着重要作用。

心理疏导法旨在通过心理素质的开发来构建思想政治教育运行的心理支持。因此，对思想政治教育心理疏导的界定，需要与心理学领域的心理咨询概念相区别。其一，价值指向不同。心理咨询坚持价值中立原则，主要从来访者利益的角度出发，对于来访者没有提出的要求一般不作出回应，同时应严格避免咨询师的价值判断和评价。而思想政治教育的心理疏导法强调以科学合理的观念对被疏导者进行价值引导，具有鲜明的价值植入，在关系处理上显得更为积极主动。其二，处理问题的侧重点不同。心理咨询侧重于来访者的心理层面的问题，虽然在咨询过程中不可避免地要涉及人的世界观、人生观、价值观等问题，但它以消除来访者的心理障碍和情感性障碍为主要工作重点。而作为思想政治教育方法的心理疏导法是以个体的心理调适为基础，引导其与社会主导价值相一致。思想政治教育中的心理疏导虽然名为心理疏导，实际上包含的疏导任务和领域非常广泛，不仅针对人们心理问题，而且还广泛处理人们思想、政治、道德等问题，处理问题的层面相对广泛。[②] 其三，运行方式不同。心理咨询较多运用具有医疗性特色的技术形式，如认知疗法、催眠疗法、系统脱敏法等，侧重于个体咨询为主。心理疏导法具有鲜明的教育性烙印，除了采取直接的方法处理人们的思想问题外，还采用理论学习、组织谈心、制定政策等，更偏重于针对群体开展活动，是一种有政府部门强力支持的有组织、多样化的工作模式。综上所述，在培育青年幸福观过程中，心理疏导法具

[①] 付喜凤：《心理疏导研究》，博士学位论文，武汉大学，2010年。
[②] 余双好：《从说理教育到心理疏导——思想政治教育方法的发展》，《思想理论教育导刊》2011年第7期。

有自身独特的优势，不仅能使青年得到正常的心理宣泄，减轻心理压力，维护心理健康，还能以心理层面的问题为切入点，引导青年的知行与社会主导幸福观相一致。心理疏导法可以通过以下途径开展实施。

首先，通过开设有关幸福观培育的课程来实施。以高校为例，可把大学生幸福观培育的内容纳入专业人才培养方案体系中。通过开设有关幸福的课程进行课堂教学，较为系统地传授有关人生发展和幸福心理的基础知识，引导学生掌握自我认识和心理调适的方法，开发其心理潜能。哈佛大学、浙江大学等高校已面向广大学生开设"幸福课程"，这类课程有利于培养提高青年的心理素质和社会适应能力，也有利于青年形成健康的幸福观。

其次，通过幸福相关专题讲座实施。针对青年特定群体的心理发展需求，选择与幸福相关的合适的主题内容开展专题讲座，以缓解青年的心理困惑，引导青年健康成长。专家讲座方式往往具有权威性和应用性，能帮助青年理解当下的各种处境，并把学到的技巧应用在生活中，提高幸福能力。

总之，只有教育者本着"以人为本"的理念，综合运用理论教育法、实践参与法、典型教育法、自我教育法、情感教育法、心理疏导法等方法，做到理论教育与实践教育相结合，显性教育与隐性教育相结合，共性教育与个性教育相结合，才能增强当代青年幸福观培育的科学性和实效性。

第八章

当代中国青年幸福观培育的主要路径

创造是力量、自由及幸福的源泉。

——弗洛姆

我愿用我全部的生命从事科学研究,来贡献给生育我、栽培我的祖国和人民。

——巴甫洛夫

人的幸福,因撞到千载难逢的大运而得者为数寥寥,由日积月累的小惠而生者比比皆是。

——本杰明·富兰克林

人类的发展史和个人的生命史都表明,每个人都在追求幸福,但却不是每个人都能如愿以偿获得幸福。感受幸福是一种需要培养和磨砺的能力,幸福观不是人与生俱来的,它与人们所接受的教育、所处的环境等都有明显的相关性。社会形势的复杂多变和青年自身成长阶段的特性给当代青年幸福观培育的对策提出了机遇和挑战。当代中国青年幸福观培育是一个系统工程,需要社会、学校、家庭和个人多方合作,形成合力,才能取得良好的效果。

第一节 社会维度:引领幸福导向

当代青年幸福观的培育离不开和谐向上的良好社会环境。"个人幸福的实现离不开社会条件,一个人人生价值的实现程度固然有赖于个体自身的努力,但在客观上受社会历史条件所制约。"① 当一个社会能够提供给

---

① 高兆明:《道德生活论》,河海大学出版社1993年版,第264页。

全体社会成员全面发展的空间，幸福便孕育其中。

一　创造良好的物质生活基础

良好的社会物质生活基础为创造幸福生活提供条件和可能。身心健康发展所必需的物质生活条件，是当代青年成长和实现幸福的重要基础，也是构建正确幸福观的物质前提。试想，一个衣不蔽寒、食不果腹的人，每天都只能为了生存而四处奔波、居无定所，那么生活就变成了日复一日的痛苦重叠，人生的幸福又何以可能？人类在征服自然、改造自然的过程中获取必需的物质资料。物质资料生产是人类社会得以存在和发展的基础，是人们从事其他各种社会活动包括精神活动的先决条件，也是实现其社会价值的方式。同时，物质生活水平现状对个人幸福的实现具有前提性意义。营养丰富的食物，暖和美观的衣服，舒适宜居的住所，便捷畅通的交通，纯净清新的空气，整洁干净的工作环境，完善的医疗卫生条件，强健的体魄等，这些都是青年生存和发展的应有条件，是幸福生活的必要基础。

发展是硬道理。党的十八大提出要在中国共产党成立一百年时全面建成小康社会，在新中国成立一百年时建成富强民主文明和谐的社会主义现代化国家。"两个一百年"的奋斗目标意味着为实现人民幸福奠定坚实的物质基础。党的十九大报告指出：中国共产党人的初心和使命，就是为中国人民谋幸福，为中华民族谋复兴。改革开放40余年来，我国的经济实力显著增强，生活水平不断提高，家庭财产由少到多。"中国有7亿多人口脱贫，13亿多人民的生活质量和水平大幅度提升，用几十年时间完成了其他国家几百年走过的发展历程。"① 马克思主义认为，无论是人类社会理想形态的共产主义社会，还是人的自由全面发展，都必须以生产力高度发达、物质财富极大丰富为前提。只有丰衣足食的基础上，幸福才会进入人民群众的视野。无论是发达国家还是发展中国家，发展经济都是第一要务。各级政府要坚持经济建设的中心地位，牢牢把握发展这个大局，提升综合实力和经济水平，努力做大"蛋糕"，夯实人民幸福的物质基础。

在构建幸福社会的实践中，须坚持经济建设的中心地位，走共同富裕

---

① 习近平：《习近平出席B20峰会开幕式并发表主旨演讲》，人民网：http：//cpc.people.com.cn/n1/2016/0903/c64094-28689036.html?from=timeline，2016年9月3日。

之路。值得注意的是，在提升总体经济的同时，不可忽视地区经济发展不协调、城乡发展失衡、贫富差距加大等问题。否则，这些问题不仅会对社会的安定团结产生不良影响，还会阻碍人民幸福生活的实现。马克思主义幸福观主张消灭阶级剥削和阶级压迫，实现全人类的解放和自由，即强调幸福的普遍性。这就要求我们在坚持经济建设为中心的同时，完善社会财富分配机制。在做大"蛋糕"的同时，还要能分好"蛋糕"，不断缩小区域之间、城乡之间的悬殊差距，合理调节收入分配，使改革发展的成果能真正惠及人民，逐步实现共同富裕。

在大力发展社会生产力、保证经济健康发展的同时，要健全完善社会保障制度，走民生导向之路。社会保障制度作为现代国家的一项不可或缺的社会经济制度，是生产力发展到一定阶段的产物。完善的社会保障体系，不仅是社会进步发展的重要标志，也是社会安定和谐的有效保障。党的十八大特别强调："加强社会建设，必须以保障和改善民生为重点。"① 党的十九大报告指出："增进民生福祉是发展的根本目的。必须多谋民生之利、多解民生之忧，在发展中补齐民生短板、促进社会公平正义。"建设幸福中国的理念向人们描绘出一幅关注民生、重视民生、保障民生、改善民生的幸福画卷。针对上学难、就业难、看病难、养老难、住房难等严重影响当代青年幸福感的突出问题，要坚持贯彻落实以人为本的科学发展观，加快健全完善社会保障制度，不断完善社会服务职能，真正实现幼有所育、学有所教、劳有所得、病有所医、老有所养、住有所居、弱有所扶。只有持续不断地改善民生，使当代青年在教育、就业、医疗、养老、住房等领域充分享有健康稳定的制度保障，在共建共享发展中拥有更多获得感，才能切实提高其幸福感。

当代青年作为社会财富的重要创造者，在建设和谐幸福中国的实践中，要把他们的参与热情和创造活力最大限度地激发出来。对于当代青年而言，无论是物质基础的积累还是幸福资源的积聚，都离不开自身的实践。同时，增加物质财富往往能促进个人幸福感的增加，发挥物质创造能力也是个人价值实现的方式。因此，当代青年应自主自觉地发挥主观能动性，合理追求正当的物质利益，积极投身于创造物质财富的社会生产实

---

① 中共中央文献研究室：《十八大以来重要文献选编》（上），中央文献出版社2014年版，第27页。

践，为满足个人、他人及社会的物质文化需求而努力贡献自己的力量。

二 维护基本的社会公平正义

基本的社会公平正义是培育幸福观的保障。"从总体上说，一个人在人生存在问题上所能达到的可能幸福的最高限度，是由他所生活于其中的那个社会在宏观整体上规定的。"① 纵观历史，虽然我们不得不承认，在一个严重社会不公的环境里，个人仍然可以通过自己的努力，抗争不合理的环境，追求幸福的期盼，在有限的范围内争取自己存在的意义。但从根本而言，在一个社会严重不公平不公正的环境里，人们的道德标准往往出现偏差甚至扭曲，这就很难培养出具有正确幸福观的个人。在这样的环境里，要实现人生的圆满是不可能的。只有在一个基本公平公正的社会里，个人幸福的实现才有可能。个人幸福的实现有赖于社会的公平公正，反之，只有生活在社会的成员普遍感到人生存在幸福的可能性，这个社会才有可能被认为是基本公平正义的。

社会公平正义，既是保证社会健康发展的要求，也是实现人民普遍幸福的前提。公平正义作为人类文明的基石，既是中国特色社会主义的基本价值观念，也是中国特色社会主义道路的题中应有之义。党的十八大明确指出："公平正义是中国特色社会主义的内在要求"②，可见党和国家把维护社会公平正义摆在我国现代化建设中的突出位置。对社会主义社会而言，公平正义主要表现为经济领域的公共利益、政治领域的公共意志、文化领域的公共成果以及其他社会利益的平等合理分配，妥善协调各方利益关系，正确处理各类矛盾。党的十九大报告强调，要"不断满足人民日益增长的美好生活需要，不断促进社会公平正义，形成有效的社会治理、良好的社会秩序，使人民获得感、幸福感、安全感更加充实、更有保障、更可持续"。当前，我国正处于社会发展转型期，社会公平正义面临新的挑战，如国家公权力行使监督制度不健全、社会既得利益群体维护自身利益的垄断性腐败、社会底层和弱势群体伸张正义的渠道不畅通等。这些问题若不能及时有效地解决，将成为影响国家长治久安、社会和谐稳定的重要

---

① 高兆明：《幸福论》，中国青年出版社2001年版，第5页。
② 中共中央文献研究室：《十八大以来重要文献选编》（上），中央文献出版社2014年版，第11页。

因素。

培育当代青年幸福观，维护公平正义在社会主义现代化建设中的核心价值追求，须走民主法制之路。随着改革开放的不断深入，要不断完善国家的根本政治制度，使人民的公意能顺畅表达。要推进社会主义政治建设和政治体制改革，发展社会主义民主政治；建设社会主义法治国家，通过科学的制度和程序，坚持把党的领导、人民当家做主和依法治国这三者统一于社会主义民主建设的实践中。加强执政党的建设，不断提高党的建设科学化水平，切实做到"立党为公、执政为民"；健全完善人民代表大会制度，保障人民充分享有民主选举、民主决策、民主管理和民主监督的权利；加快社会法制体系的建设，维护司法的独立、公正，坚持以事实为根据、以法律为准绳，做到法律面前人人平等。

幸福的获得建立在人的主体性不断发展的基础之上，民主的发展对青年的发展提供了一种价值目标，促使其积极塑造与之相应的现代素质，以实现主体性的全面提升和对自身本质力量的全部占有。"民主是基于人的主体性发展的人性表达方式，它是人类追求个体解放，获得人性全面发展的理性需要。它既是一种价值观念，也是一种理想追求，同时还体现着一种文化精神的内在品质。"[①] 值得注意的是，青年在享受民主的权利的同时，必须履行民主的义务。民主的权利和义务总是相互依存、内在统一的：权利内含义务，义务是权利得以实现的条件。可以说，世界上没有一个国家存在只有权利没有义务的民主。认真履行民主的义务，不仅是个人对自身利益的维护，也是促进社会发展的动因。青年主动参与社会活动，对社会事务发表意见，既能使个体有机地融入社会，又能集合公共权力，形成社会活力，进而组织、协调社会事务。在现实生活中，一些青年认为民主的好坏是领导们的事，即使他们对一些现状很不满意，仍然选择"事不关己、高高挂起"的态度，不愿意参与民主政治，甚至牢骚满腹，讲一些没有根据、不负责任的话。还有一些青年视民主的义务为一种负担，在履行义务过程中不主动、不积极，能逃则逃，敷衍了之。可以说，即使有了民主权利，但若不履行民主义务，就相当于放弃了权利，放弃了保护自己利益的机会。只有在主体的努力护卫和主动意识下认真履行民主义务的人，才是真正拥有民主权利的人。

---

① 万斌、倪东：《马克思主义民主的科学形态》，《浙江学刊》1996 年第 6 期。

当然,外在的社会环境与个人自身的努力既有联系也有区别。当代青年若因社会的某些方面的不公平不公正而放弃了对幸福的追求,甚至推卸自身应尽的责任,这是不可取的。不管是顺境还是逆境,每位青年都应当努力奋斗,迎难而上,百折不挠,做自己命运的主人。

三 强化大众传媒的正向引导

在现代社会,大众媒体尤其是网络媒体的影响力是显而易见的。大众传媒作为社会价值和社会观念的传播和建构的载体,其迅速性和直接性是其他因素难以相比的,对人们正确认识和理解幸福至关重要。

伴随着经济的快速发展,大众传媒的格局也在发生变化。以网络、智能手机为代表的新媒体所占传媒市场份额,已超越了报纸、杂志、广播、电视这四大传统媒体所占市场份额的总和。中国进入"新媒体时代"成为普遍的受众感受与学界共识。[①] 随着科学技术的发展和网络的普及,大众传媒迅猛发展,对青年的生活态度、消费观念和行为规范产生影响。一方面,西方文化和价值观念潜移默化地通过大众传媒广泛传入。给青年带来新鲜思维和先进理念的同时,科技价值取代人文价值,物质价值取代精神价值,成为很多青年选择的重要依据。另一方面,受商业利益引诱,一些传媒不顾职业道德,迎合社会上一些消极、庸俗的思想,并通过炒作形成不良的社会导向,对青年的人格形成、行为规范、择偶观念产生消极影响。电视相亲节目中出现的"我宁愿坐在宝马车里哭,也不愿坐在自行车上笑"的极端表白,得到当下不少年轻女性的认同和追随,这与大众传媒的消极引导不无关系。需要注意的是,随着新媒体时代的到来,大众传媒的影响将更加突出地体现在青年对不同思想、不同文化的价值取向和行为选择上。

大众传媒要拒绝低俗幸福观,宣传科学的幸福观。整个社会的氛围营造、风气改善是社会教育资源中极为重要的部分。[②] 在竞争日益激烈的环境中,媒体不仅要适应市场的发展需要,更要承担起应有的社会责任。在

---

① 文春英、陆琼、隋欣:《当代中国大众传媒格局的演变》(上篇),《传媒》2012年第9期。
② 代玉启:《幸福观教育:当前德育工作的重要内容》,《思想政治工作研究》2011年第1期。

五花八门、复杂多变的生活样本中，媒体要把握时代脉搏，紧跟时代步伐，叙写人的温情，充分展现人性，寻找积极的具有共性的主流价值，倡导健康向上的社会道德风尚。某知名卫视曾推出一档青年励志类栏目《幸福晚点名》，重点探讨年轻人情感生活与幸福的话题。美的生活世界，绝不仅仅是靠物质或经济力量就可以完成的，还需要精神价值的构建和支撑。"人生长在世间，经常可以看到自然界处处富于精妙、堂皇、美丽的事物，久而久之，潜移默化，养成一种向往崇高的审美理想和热爱崇高的审美情趣，培育出由伟大的思想和激动的感情所构成的伟大心灵。"① 媒体人应该有一种追求崇高、崇尚美好的姿态，少一些恶搞、炒作、猎奇，多一些朴实、责任和正义。特别是党的新闻舆论工作者，要坚持真善美的主流价值观，"高举旗帜、引领导向，围绕中心、服务大局，团结人民、鼓舞士气，成风化人、凝心聚力，澄清谬误、明辨是非，联接中外、沟通世界"②，努力营造有利于青年幸福观培育的舆论氛围和和谐环境。

四 营造良好的生态环境条件

良好的生态环境是最普惠的民生福祉。环境通过各个方面影响着人类的幸福。良好的环境状况有利于人们的健康，天蓝、地绿、水净的美好家园，为创造幸福的实践活动提供重要载体，也是未来发展的希望所在。而环境恶化或生态破坏，尤其是臭氧层的破坏、空气和水等污染严重、生物多样性锐减等生态危机的出现，给人类的身体健康和生命财产带来重大损失，严重威胁着当代人乃至后代人的幸福。

人与自然的关系是人类社会最基本的关系。人从自然界进化而来，是自然界的一部分。人的自然性存在决定了人不可能完全脱离自然而存在，而必须依靠自然界才能生存和发展下去。在开发、利用自然的过程中，人类的行为方式必须符合自然规律，人的创造力的发挥不能无视和超越自然界所能承受的限度。人与自然界的关系不是纯粹的征服与被征服的关系，也不是消费与被消费的关系，而应该是相互依存、相互联系的有机整体的关系。换言之，人的幸福的获得离不开自然环境，人与自然的和谐始终是

---

① 胡经之主编：《西方文艺理论名著教程》，北京大学出版社2003年版，第643页。

② 中共中央宣传部编：《习近平总书记系列重要讲话读本》（2016版），学习出版社、人民出版社2016年版，第194页。

人类幸福生活的基础条件。

营造社会幸福的生态环境条件,就是要保护生态环境,走生态文明之路。建设生态文明是关系人民福祉、关乎民族未来的大计,是实现中华民族伟大复兴中国梦的重要内容。习近平总书记指出:"我们既要绿水青山,也要金山银山。宁要绿水青山,不要金山银山,而且绿水青山就是金山银山。"① 这生动形象地表达了推进生态文明建设的重要性和紧迫性。首先,加强生态文明宣传教育。充分利用各种媒体,全面宣传生态文明理念,客观介绍环境污染、生态破坏的严重后果,增强公众的生态意识、环保意识、节约意识,提高对生态文明的认知度、认同度和参与度,加深企业对环境保护的认知,督促其认真履行社会责任。其次,以系统工程思路开展生态文明建设。生态文明建设是一项长期性、战略性的系统工程,必须以科学规划为指导,研究编制生态文明建设规划来统领资源环境生态规划体系,严格实施水资源规划、土地利用规划、环境保护规划等专项管理。最后,加大生态文明建设制度创新力度。我国现行的生态文明建设制度还存在诸多问题和缺陷,大都与机制不健全、法治不完备有关。习近平总书记指出:"只有实行最严格的制度、最严密的法治,才能为生态文明建设提供可靠保障。"② 因此,迫切需要加大制度创新力度,用制度保护生态环境,保障生态文明建设持续、有序、健康、有效地推进。

总之,建设生态文明就是要让人们把创造幸福的实践活动建立在自然所能承受的范围之内,自觉提高自然资源的利用率,保护生态环境,使当代青年在创造自身幸福的同时,不以牺牲后代人的幸福为代价,从而实现人类长远的、可持续的幸福。

第二节 学校维度:开展幸福教育

教育以幸福为目的,这既是一种实然事实的存在,也是一种应然价值的追求。乌申斯基说:"教育的主要目的在于使学生获得幸福,不能为任

---

① 中共中央宣传部编:《习近平总书记系列重要讲话读本》(2016 版),学习出版社、人民出版社 2016 年版,第 230 页。

② 中共中央宣传部编:《习近平总书记系列重要讲话读本》(2016 版),学习出版社、人民出版社 2016 年版,第 240 页。

何不相干的利益而牺牲这种幸福,这一点当然是毋庸置疑的。"[1] 学校教育的任务,不仅仅要授给学生从事社会活动所必备的知识,也要重视学生的精神生活,培养能够创造幸福、享用幸福的人。教育不仅提供给人们一个很好的机会来提高对幸福的认识,还有助于人们提升追求幸福的水平。教育不仅能带来个人物质生活质量的提高,还能带来精神的愉悦和身心的和谐发展。就人的整个一生来说,受教育并不是目的,而是获得幸福的手段之一。在本书中,仅以高校为例,谈谈在高校如何在大学生群体中开展幸福观培育。

一 优化课堂教学

高效课堂教学是对学生进行幸福观培育的重要途径。课堂是教学的主阵地,也是幸福观培育的重要场所。幸福观培育不仅仅是思想政治理论课的重要内容,还应将其渗透到各个学科的教学中去,成为"课程思政"的一部分。课堂教学的过程应成为师生双方体验幸福、共同成长的过程。幸福的课堂中,教师的幸福感体现在课堂的细节、教师的心态、教师的投入以及教师对自身职业的热爱和为人师表的幸福感上;幸福的课堂中,学生的幸福感体现在感官上的愉悦、探究的乐趣、收获的喜悦和人际交往的享受等。民主、平等、自由、互信的课堂环境,有助于学生良好的性格、品质、自尊的确立,主体性得到自由和舒展,使学生感觉获得的不仅仅是知识和技能,还有成功的喜悦和创造的幸福。

高校的思想政治理论课的教学,是帮助学生形成正确的世界观、人生观、价值观的主渠道、主阵地,也是进行幸福观培育的主要课程载体。在《中共中央国务院关于进一步加强和改进大学生思想政治教育的意见》(中发〔2004〕16号)中明确指出:"思想政治理论课是大学生的必修课,是帮助大学生树立正确世界观、人生观、价值观的重要途径,体现了社会主义大学的本质要求。"如何开发和优化思想政治理论课的课堂潜能,把幸福观培育融入思想政治理论课教学中,构建学生喜爱的课堂,是一个值得研究的重要课题。

思想政治理论课中蕴含了丰富的幸福观培育的题材,教师应善于挖掘、整理和提炼。在思想政治教育的具体实践中,虽然有时对知识和技能

---

[1] 郑文樾编选:《乌申斯基教育文选》,人民教育出版社1991年版,第213页。

进行直接传授的教育效果较不明显，但一些理论知识却离不开原理的学习和方法的灌输，比如马克思主义的世界观和方法论、集体主义价值观理论等。同样，幸福观培育也离不开课程学习这样的传统载体，这个环节决定着学生在实践中思想道德内化的具体内容和外化的理论支撑。新时期的德育工作者应本着满足学生需要、有助学生发展的原则来设置课程内容，那么充满人文关怀的思想政治理论课就一定能得到学生的接受和欢迎。例如，在《马克思主义基本原理概论》课中进行幸福观教育，可让学生思考"什么是马克思主义幸福观？""马克思主义幸福观在新时期有何现代意义？"在讲述《毛泽东思想和中国特色社会主义理论体系概论》时，引导学生本着解放思想、实事求是、与时俱进的思想路线，讨论"如何让自己的生命富有意义与价值？"利用书本中知识的系统性，带动学生去自主思考、自主探索自己的幸福生活。在《思想道德修养与法律基础》的课程教学中，引导学生思考"什么是幸福""如何追求幸福"等问题，将课本知识与幸福能力很好地结合起来，不仅要把对生命、对幸福的理解贯彻始终，而且要告诉学生幸福的真谛在于付出，在于回报社会。在《形势与政策》课上，对时事要点、新闻热点进行剖析、解读，传递正能量。此外，还可以根据学生的具体情况有重点、有层次地对教学内容进行适时的调整，注重对学生兴趣点的把握和引导，注重对学生实际生活的参与。

幸福观培育的过程，不仅仅是传授知识的过程，更是塑造人格、滋养心灵的过程。课堂教学若能根据师生实际情况创造性地融入学生和教师双方的生命体验，那么，课堂上就不再是知识的强制灌输和干巴巴的说教，而是师生之间心灵的沟通、情感的交汇。这样，思想政治理论课就不是照本宣科地背教案，学生感受到的不再是脱离生活的"大而空"，而是融入生命的"细而微"。

思想政治理论课教学的理论性、实践性、时效性很强，要做到"关爱学生、走进生活、贴近实际"，必须不断吸收新知识、新观点，且要时刻把握学生的思想动态，关注他们的所思所想。让广大学生真正感受到学习思想政治理论课是终身受益的，上课是一种快乐，一种享受！这对任课教师是一种挑战。只有任课教师感受到从事该门课程教学不是单纯的完成任务，而是职业生命价值之体现，充满职业之幸福感，才能全身心地投入课堂教学工作中去。

二 开展校园活动

幸福观培育不仅是传授知识、技能的教育，更是一种直接触及人的心灵世界、感染人的灵魂的过程。幸福观培育在现实生活中不仅表现在语言或理论，还可以通过行为举动表现出来。幸福观培育强调丰富多彩的校园文化活动，鼓励学生进行社会实践，就是要让学生在活动中感受自我的价值，体会关心他人给自己带来的愉悦，体验承担责任的快乐，进而确立积极进取、乐观上进的生活态度和人生目标。

幸福观培育中可以采取各种类型的实践活动。例如组织学生参加专业课的生产实习活动。带领学生到生产一线实习，给他们提供直接接触社会和本行业的机会。通过一线的实践，学生可以更好做到理论与实践相结合，挖掘学习动力，增进对本行业的了解和对未来的信心。组织学生开展社会调查活动。如调查大学生的就业心理，找出就业难的心理症结；调查家乡的经济发展状况，为家乡建设出谋划策；调查社会对某行业人员的需求情况，从而更真实地了解社会，还可以组织学生从事义工，参加社会实践，通过自己的力量去帮助他人，感受自己给别人带来的欢乐与幸福，相应地自己也从中感受快乐，进而争取实现更大的人生价值。

三 增强心理素质

在幸福观培育过程中，可以通过心理健康教育增强学生的积极心理素质。幸福感是外部环境与内在心理素质综合作用的结果，良好的心态、健全的人格，是人的身心健康的重要标志，也是幸福感存在的基本前提。一个人拥有健康、积极的心理素质，才能有良好的社会适应能力和情绪控制能力，进而正确地认识自己、悦纳自己，成功地与他人交往。相反，如果心理不健康，在家庭关系、学习及人际交往方面就会有障碍，进而影响健康成长，幸福感更无从谈起。因此，真正的教育是从照顾人的心灵入手，用情感的陶冶与智慧的激发来照料一个人的心魄，使其心智保持健康和良性互动的姿态，实现生命内在的和谐和心灵的善美，提升他们的生存境界，在此过程中能够实现人生的幸福追求。

目前，很多高校都成立了大学生心理咨询中心，配备合格的专职心理咨询教师，及时有效地解决大学生在学业、人际关系、经济和就业等各个方面出现的心理问题和矛盾，疏解他们的心理压力。此外，还开设了心理健康教育的有关课程，针对大学生的实际问题，做到共性的课堂心理教育和个性的案例问题解决相结合。笔者认为，德育工作结合心理健康教育的理念和方法，从中吸取有益的成分融入自己的工作，能取得事半功倍的效果。德育工作者不仅要用马克思主义的立场、观点和方法占领大学生的思想阵地，还要用丰富的心理学知识来培养他们积极向上、乐观进取的特质，进而帮助大学生形成和发展完整的人格。具体地说，首先，德育工作者应更新观念，少一点说教和灌输，多一点启发和引导，充分尊重学生在品德形成中的主体地位，为有效实施幸福观培育提供良好的心理背景。其次，德育应在关注社会对个人的政治、思想、行为规范方面要求的同时，更加重视学生最一般、最基本的心理需求，真正将学生良好心理品质的培养作为自己的目标和内容之一。最后，德育工作者可以从心理健康教育中移植一些方法作为德育方法的合理扩张与延伸，来提高工作的成效。

四　把握教育契机

教育契机是指教育活动过程中教育对象思想转变或教育对象的素质发展的兴奋点，是教育活动产生效果、达到目标赖以依靠的关键环节。为了更好地满足教育对象的需要，使幸福观培育达到预期效果，幸福观培育过程要遵循一般教育的规律，把握教育契机，因材施教，有的放矢，使教育者的教育目的与学生的受教育需要相吻合。从实践角度着眼，幸福观培育在大学校园有以下几个特殊时机值得关注。

利用好新生始业教育。新生入学时，学校会对其进行一次始业教育，使其主动适应大学全新的环境，有计划地安排自己的学习、生活和未来，以便在大学期间尽快明确目标，早日行动，自立自强，学有所成。对于刚刚走进大学校门的新生，"幸福"是充满诱惑的，是渴望得到的，更是值得期盼的。什么是幸福？怎样追求幸福？怎样在追求幸福的过程中提高自己幸福的品质和能力？这些都是在新生教育中可以涉及的内容。大学新生在新的环境下，在新的起跑线上，都是踌躇满志、昂扬向上的，在这个最佳教育时机，他们也比较愿意接受这样的教育和引导，也容易起到很好的效果。

利用好"5·25"爱我日。5月25日，教育部、团中央、全国学联办公室号召定其为"大学生心理健康日"。"5·25"取自"我爱我"的谐音，意为爱自己才能更好地爱他人，旨在重视、引导学生更多地关注、关爱自己。大学生在关注自我的同时，对幸福问题格外关注。因此，教育工作者要善于观察和把握这一契机，开展一系列教育活动，组织幸福观话题的讲座、报告、辩论会、征文等学生活动，印发海报和宣传手册，通过校园广播宣传相关的内容，使学生通过氛围渲染、主动关注和积极参与幸福方面的话题与活动，加深对幸福内容的理解，解决一些在学习、生活中产生的心理困扰，让心灵和谐成长，提高自己的幸福品质。

利用好幸福瞬间。幸福是一种过程、一种状态，幸福的回味总是难以忘记的。学校要提供幸福瞬间的机会，营造幸福时刻的氛围。通过画面将这些珍贵的瞬间留住，将成为大学生们最永久的珍藏。例如，一些高校注重毕业文化，在毕业生离校期间开展一系列教育。对于毕业生而言，离别需要更多的关怀和宽慰，也需要文化的滋养和引导。有的高校在毕业生临别母校之际，安排种植毕业林，让毕业生亲手栽下一棵棵小树苗；有的高校设立了留影墙，给毕业生们合影留念；有的高校为毕业生举行隆重的毕业典礼，校长出席典礼并亲自为毕业生拨穗、授学位，与毕业生亲切合影留念。这些充满温馨的画面，将伴随毕业生今后的岁月，让他们学会在感动中感悟幸福、在感恩中回味幸福，并将这份幸福化为不断创新、勇于进取的内在动力。

总之，学校教育工作者要发挥幸福观培育的牵引作用，提供给学生获得幸福的观念和方法，提升学生的生命质量，给学生充实、欢乐以及对世界的美好感受。

第三节　家庭维度：构筑幸福港湾

家庭是社会的有机组成部分，是个人生活的基本单位。家庭被喻为避风的港湾，是一个人生活和成长的首要场所。家庭作为青年生活和成长最长久的环境，其作用不容小觑，可以说每个人身上都会留下不可磨灭的家庭印记。作为青年而言，家庭不仅满足他们生理、心理的需求，还给予他们生命传承和文化依托。家庭的方方面面，对青年幸福观培育具有深刻的影响。

一　营造和谐的家庭氛围

营造一个温馨、和谐的幸福家庭氛围，对青年幸福观的形成与提升有着重要作用。家庭是社会最基本的细胞,是个人与社会的中介。家庭和谐幸福,是社会和谐的应有之义。随着我国社会结构的转型,经济建设飞速发展,国际交流日益频繁,传统的家庭结构、家庭功能和家庭观念都发生了深刻的变化,这对新时期和谐幸福家庭的构建提出了新的要求。

首先,家庭结构呈现出核心化、小型化的特点,要求家庭成员树立全新的家庭和谐幸福观。数代同堂曾是中国传统中理想的家庭模式,人们常用"子孙满堂"这一成语形容家庭的成功和幸福。家庭中代际间的赡老、抚幼、情感、经济、健康照顾等需求,使传统的家庭结构多以主干家庭模式存在,即两对或两对以上的异代夫妇及其未婚子女构成家庭,或数对同代夫妇及其未婚子女生活在一起,形成一种扩大化的家庭模式。目前,由于两代人在社会生活、情感关怀上的相互需求,依然存在一定数量的祖孙三代同堂的家庭。现代化的观念和工业化革命对家庭制度产生了巨大的冲击。应和工业化固有的地域流动和职业流动的需要,为了更充分地利用就业机会,血缘网络组织被解体,家庭结构趋于简单化。夫妇两人及其未婚子女构成核心家庭,成为当代中国特别是城市家庭的主体。从量上看,计划生育政策的实行和人们观念的转变,我国家庭内生活的成员数量逐步减少。中国的平均家庭规模由 1982 年 4.41 人,降至 1990 年的 3.96 人,再降至 2000 年的 3.44 人。[①] 从质上看,家庭结构的核心化和小型化意味着父系父权家庭制的式微,取而代之的是夫妻关系的平等化,男女平等的思想成为社会的主流。在现代社会,很多女性不再局限于育儿持家,而是走出家庭从事职业活动,参与社会生产;一些男性也乐于回归家庭,共同参与家务劳动。因此,夫妻双方要摆脱"男主外女主内"的传统思维,不局限于传统刻板的性别分工模式,增强角色弹性,平等、自由地参与到社会实践中,充分发挥各自的特长和优势,通过诚实合法的劳动实现人生价值,共同开创和谐的家庭关系,为幸福生活奠定牢固的基础。

其次,家庭的功能发生转换,要求家庭成员在满足物质需要的同时,要注重精神方面的需求。中国传统的家庭,主要是生产性或经济性的组织单位,为家庭成员提供经济的基础,承担生产、生活、育儿、赡老等功能。改革开放以后,社会发展和经济变革使家庭的功能发生了很大变化。除了生产和经济功能以外,家庭更多地体现出消费、教育、情感依存和文

---

① 王跃生:《当代中国家庭结构变动分析》,《中国社会科学》2006 年第 1 期。

化价值的功能,从传统、封闭、单一的模式向现代、开放、多元的模式转变。改革开放以后,收入水平有了不同程度的提高,收入格局也发生了变化。青年凭借其年龄和所受教育等方面的优势,收入水平普遍提高。经济上的独立有助于青年减少对家庭的依赖,促进他们的独立性和个性的发展,也大大提高了青年的消费能力。每个家庭都在努力改善物质生活水平,追求更高层次的物质幸福,这是正当合理的。家庭在注重物质追求的同时,不可忽视精神需求,特别是人们对感情生活和心理慰藉的需求。现代社会中快节奏的生活方式和激烈的竞争,往往使人处于紧张焦虑的情绪之中,容易引发人际关系矛盾,这就要求夫妻、亲子、婆媳、翁婿、祖孙等家庭成员彼此沟通,相互倾听,坚持尊重、平等、民主的家庭处理原则,切实做到家庭成员间相互支持、同心协力,营造一种相亲相爱、同舟共济的良好氛围。

最后,家庭观念发生变化,要求家庭成员在实现家庭幸福的过程中,要强化责任意识。改革开放使我国从农业国走向工业国,外来文化和传统文化碰撞、交流、渗透,产生本土新文化,冲击着人们的思想心理和价值观念。在观念更新和文化传承中,人们的家庭观念也发生着相应的变化,呈现出多元的状态。"以家为本"的传统家庭观逐渐向"以人为本"的现代家庭观转变,这对青年的婚恋观带来较大影响。在择偶时,传统家庭观注重家庭条件,讲究门当户对。随着家本位观念的逐步淡化,人们择偶时更注重对方的个人条件,如个性、学识、素质、能力等,爱情成为缔造婚姻的重要基础。可以看出,随着物质生活条件的不断改善,人们越来越重视个人情感的满足和个人幸福的追求,婚姻由追求实用向追求质量转变。"从一而终"的传统婚姻观受到严重冲击,随着新婚姻法的实施,离婚成了维护个人自由、确保婚姻质量的重要保障,一些感情不和的夫妻,通过离婚重新寻找幸福。目前,性观念的日益开放和婚姻外性关系的宽容,现实生活中存在着大量的婚外恋现象,这对婚姻、家庭形成巨大冲击。自由与约束、情爱与责任的统一,正逐渐成为青年理性选择和价值取向。为了促进家庭的和谐发展,需强化家庭成员的责任意识。首先,要维护好婚姻关系。婚姻关系具有专一性和排他性,是促进家庭和谐稳定的精神力量,在家庭中起关键性作用。因此,夫妻双方要彼此尊重、相互关心,用心维护好婚姻,保持深厚感情。当夫妻之间遇到矛盾时,要增强责任意识,互相体谅、共商对策。其次,要处理好父母与子女的关系。父母与子女关系亦称亲子关系，也是家庭关系的重要组成部分。若处理不当，不仅会影响家庭的整体氛围，而且会妨碍整个家庭的幸福发展和提升。尊老爱幼是我国的优良传统，对父母和子女的责任是夫妻共同担当的义务。作为子女，要关心父母的身体健康和心理需求，给予所需的生活料理和情感支持，使他们获得充实而安详的晚年生活。夫妻在养育子女的过程中，不仅要提供子女生活、学习所需的必需品，而且要关心他们的身心发展和个性成长，培养其感受幸福的能力。最后，要处理好家庭与社会的关系。就如密尔所说的那样："幸福并非是行为者一己的幸福，而是所有与该行为有关的人的幸福。"① 家庭作为社会的最小细胞，需要服从社会发展的要求。在构建社会主义和谐社会的进程中，每位家庭成员须以强烈的社会责任感，积极践行社会主义核心价值观，不断协调家庭和社会之间的关系，创造和谐稳定的社会大环境，更好地实现个人幸福和家庭幸福。

二 提供良好的家庭教育

家庭教育对青年幸福观的发展起到奠基作用。家庭教育具有的渗入性、亲和性、恒常性等特点，使其具有其他教育形式不可替代的优势，是青年幸福观培育的重要基石。一个人从牙牙学语开始，在个体的社会化过程中，家庭教育是最初也是最早的教育。一个人在走进学校、走入社会之前，家庭教育给了个体最基本的言语沟通和生活习惯，培养了一个人对生活的最基本的技能和态度，这是一切教育的基石。由于认识水平、客观环境的差异，不同的家庭在教育子女上所花费的时间和精力都是不一样的，导致后代在独立生存上的能力也有较大差别。家庭教育的基本目标是实现后代独立生存。良好的家庭教育能较好地实现后代的独立生存，较差的家庭教育反之，甚至根本不能实现后代的独立生存。后者不但造成后代人生的失败，甚至导致整个家庭的覆灭，是一种失败的家庭教育。不同水平的家庭教育，使青年的独立生存能力也有所不同。有的个体起始点基本相似，人生终点却有天壤之别。种种能力上的差异，如学习知识的能力、创造财富的能力、与他人交往的能力、承担责任的能力等，铸就了一个人不同的人生道路。

---

① ［英］约翰·密尔：《功用主义》，商务印书馆1957年版，第18页。

虽然父母对自己爱情的结晶——子女都寄予期望，发自内心希望子女获得幸福，但在具体的日常生活中，却往往自觉不自觉地以自身的经历和主观的意愿为依据，用各自不同的方式去使子女得到"幸福"。父母都爱自己的孩子，这是无可争辩的事实，但有时父母对子女的爱会过度甚至变质，就会走入家庭教育的误区。有些父母的成长过程中缺衣少食，他们把满足孩子的物质需求视为最大的幸福，孩子要什么就给什么，人家有什么就买什么，无原则地满足不合理的要求，相互攀比、过分溺爱而不自知。有的父母事业有成但文化程度不高，他们把子女的幸福完全寄托在"早慧"上，不惜花费时间、金钱和精力，强迫子女学这学那，有的父母只关注孩子的学习成绩，忽视了德行修养，把考上名牌大学当成孩子的人生目标。但是，这一切并不一定能使父母的心愿达成，甚至背道而驰。错误观念支配下的家庭教育，不可能给孩子带来真正的幸福。人生的意义在于一个人不仅要为自己活着，也要为别人活着。在道德的善的欲望满足的基础上，幸福才可能得以实现。当然，作为孩子，有其特殊的心理状态，不能用成人的标准去要求他们，但童年的幸福必须与人生幸福"接轨"，用孩子可以理解的方式，使他们懂得什么是真正的幸福，如何去获得幸福。子女幸福是家庭幸福的重要标志。我国曾有社会学家就人们结婚成家的目的进行调查，统计显示持"良善子女之生产与教育"观点的人最多。[①] 随着时代的变化，家庭结构也相应发生了改变，但关注子女成长、希望子女幸福却是普天下为人父母者共同的心愿。在现代人的心中，为事业而不顾子女的父母不是好父母，为自己的幸福而不顾子女的父母也不是好父母。

子女的幸福还包括将来的家庭幸福。每个孩子将来都要成立家庭，为人父母。每个人对"什么是真正的幸福？"这个问题，都不可能生而知之。事实上，每个父母都潜移默化地通过言传身教、环境熏陶等方式，给自己的子女施加这样或那样的影响。这就使家庭教育面临着一个重要的课题，即教育子女为将来的家庭生活做好精神上的准备，愿意并善于用劳动去挖掘幸福之井，发现新的幸福的源泉。教育子女需要花费大量的心血，付出艰辛的劳动。它给子女带来真正幸福的同时，也使父母品德更高尚、生活更充实、乐趣更丰富，家庭幸福就寓于家庭教育之中。

家庭教育与家庭幸福互为因果、相辅相成。良好的家庭教育有助于增

---

① 潘允康：《家庭社会学》，重庆出版社1986年版，第173页。

加家庭幸福，家庭幸福又是家庭教育成功的重要条件。家庭教育是家庭幸福的题中之意，家庭幸福应以充分发挥家庭的职能和适应社会发展的需要为准则，让爱与被爱洋溢在家庭之中。长者慈爱、夫妻恩爱、幼者敬爱、成员互爱，有爱的滋润，家庭才能真正的幸福。

三 发挥家庭的主导力量

家庭始终是人们情感最密集的场所，家庭成员间特有的亲情和关爱，能营造出一种亲切、温馨、和谐的心理氛围，使人产生强烈的归属感。家庭与每个人的生活、命运息息相关，它既能给人们带来欢乐和幸福，使人获得能量，信心百倍地去迎接生活，也能给人们带来烦恼和痛苦，使人失去力量，精神困顿地面对世界。

家庭不可避免地带有特定利益和特定追求。家庭作为一种生命体，不但历史地存在过，现实地存在着，也必然存在于未来。每个家庭都存在着自己的利益问题，家庭利益会左右甚至决定家庭教育的性质和方向。青年在宗教信仰、职业选择、居住空间上的选择，都受到家庭利益的限制和家庭精神的引导。例如，青年受家庭特定宗教信仰影响而固定精神信仰；在没有充分人生实践的基础上，因为家庭祖传的技艺，而成为这门技艺的专一学徒，等等。即使家庭在主观上想让后代完全实现独立生存，但从根本上无法摆脱家庭所具有的价值因素、历史因素和现实利益的指向，打上了特定的家庭利益和家庭意志的烙印。

在一定的社会历史条件下，一个家庭中的幸福观会有共同性。家庭是子女最早接触的群体，父母是子女的第一任教师，其影响是其他各种因素无可比拟的。正如苏联教育学者所说，家庭的教育影响可以为以后的社会教育的土壤"施肥"，或者相反，使土壤"贫瘠"。[①] 家庭习惯使用的语言、文化娱乐的内容、亲属朋友的品格、教育子女的方式等，都影响着子女构建其幸福观。家庭成员的文化背景、价值观念、生活方式、工作经历各不相同，使每个人的幸福观也各具特色。但正如俄国作家托尔斯泰在《安娜·卡列尼娜》中所写："幸福的家庭都是相似的，不幸的家庭各有各的不幸。"家庭教育建立在亲情的基础之上，在一个健康的家庭里，孩

[①] ［苏］谢苗诺夫等主编：《个性道德教育中的社会心理学问题》，常富英译，社会科学文献出版社1986年版，第50—51页。

子体验到亲情之爱,对家庭产生认同感、归属感和依恋感。家庭中和谐、美满的氛围潜移默化地影响着一个人的言行和品格,由亲情产生的和谐人际关系自然而然地推及爱他人、爱家乡、爱祖国,这些都为青年构建起科学的幸福观创设了良好的心理条件。

四 创建和睦的邻里关系

邻里关系,是一种以地域关系为基础的人际关系,是社区、村庄等生活共同体中的重要关系,也是人们幸福指数不可或缺的指标。俗话说,远亲不如近邻。邻里之间守望照应、互帮互助,是我国自古以来就有的优良传统。但随着我国现代化建设的推进,生活节奏不断加快,人口流动速度增大,现代休闲娱乐设施及通信设备的发展,使邻里关系和邻里网络存在一定的弱化现象。重塑友爱互助、和睦融洽的邻里关系,既是人们内心的向往和追求,也是幸福家庭赖以形成的外部环境。

创建和睦的邻里关系,可以从以下几方面着手:首先,营造真诚相待、平等合作的氛围。邻里间在环境保护、生态绿化、卫生治安、住宅维护等方面都有着共同的利益诉求,需要在平等精神的前提下合作行动。和睦的邻里关系需要邻里之间真诚相待、合作互助。其次,开展多种形式的邻里活动。可通过举办邻里节、联谊会等活动,消除人们之间因陌生而产生的隔阂与冷漠,增进邻里交流,拉近彼此距离。最后,拓展公共生活空间。如搭建居民互助平台,通过设立互助中心,培育居民互助组织,开展互助活动,使居住在社区的每个居民都积极为形成社区良好氛围出力,在助人与互助的过程中奉献出自己的力量和爱心,形成相互尊重、彼此信任的良好氛围。

第四节 个体维度:提升幸福能力

马克思主义认为,人的主体性不是天生的、先验的存在,而是在人的实践中生成的本质属性。由个体意志主导的个体自我教育和实践,是幸福观构建的内驱力。通过实践,人的本质力量得以展现,人的幸福就是对其本质的展现和占有。就青年的价值实现而言,每个人不仅有拥有理想和追求的权利,而且有实现自己个人梦想的自由。关于幸福的观念和品质固然重要,但却并不能保证一个人的人生如鲜花般绽放幸福,"正如在奥林匹亚大赛上一样,桂冠并不授予貌美和健壮的人,而是授予参加竞技的人"①。只有将关于幸福的观念和品质与现实活动结合起来,在实践中转化为能力,才能找到通往幸福的道路。幸福是一种能力,察知幸福、体验幸福、追求幸福、创造幸福都统摄在这一能力范畴中。幸福能力并非天生具有,这种能力需要有意识地培养。在对当代青年幸福观进行培育的过程中,既要整合社会、学校、家庭等外在因素的力量,也要激发青年自身的内在动力,从"知、情、意、行"四个环节引导青年不断提升幸福能力,使青年真正获得持续而真实的幸福,构建起符合科学幸福观所需要的生命活动模式。

一 察知幸福

察知幸福是对幸福的"知",表现为青年对幸福的知觉与审视。法国艺术家罗丹说:"世界上并不缺少美,只是缺少发现美的眼睛。"美的事物需要发现,幸福同样也需要发现。生活中并不缺少使人幸福的物质和精神条件,只是人们缺乏对幸福的感受,或者说察知幸福的能力低下而丧失幸福感。正如俗话所说"身在福中不知福"的现象,在青年群体中较为普遍。这些人多为独生子女,从小比较娇惯,他们享受着优裕的物质生活条件,学习、生活等各方面条件相比父辈有了显著的改善和提高。尽管如此,现实生活中我们不难发现,青年中感受不到幸福的大有人在,抑郁、自卑、自私、自我中心等不良心理现象时常有体现。青年感受不到幸福,个中原因可能很多,察知幸福的能力低下应是原因之一,这种能力是可以通过实践来形成和提高的。

首先,掌握丰富实用的知识。知识作为认识论领域的重要概念,是人类宝贵的精神财富。"知识是最高的快乐。"② 知识是构成幸福的中介性因素,愚昧从未真正给人带来幸福。每个人的生活中都不可避免地遇到美好与丑陋、快乐与痛苦、高尚与卑劣,我们只有拥有一定的知识,才有可能从宏观上认识人生、把握人生。提高幸福能力所需的知识,除了有关幸福的显性知识,默会知识至关重要。默会知识是一种只可意会不可言传的知识,是一种经常使用却又不能通过语言文字符号予以清晰表达或直接传递

---

① 苗力田编:《亚里士多德选集》(伦理学卷),中国人民大学出版社1999年版,第18页。
② 苗力田主编:《古希腊哲学》,中国人民大学出版社1989年版,第355页。

的知识。默会知识不仅来自书本,也来自生活,镶嵌于实践活动之中,具有动态性。这种知识不仅仅依靠人的理性认识,更重要的是通过直觉领悟,激发个体对美的向往和追求,在本质上是一种理解力、领悟力、判断力,为人们发现幸福奠定基础。因此,青年除了学习显性知识,要在生活中领会这些默会知识,将学习过程转变为察知幸福的过程。

其次,形成积极正向的思维。对青年来说,培养一种积极正向的思维方式是他们察知幸福的保证。若一个人用消极负向的思维方式看待世界和人生,就会不自觉地对自己和他人感到不满,产生自卑、恐惧、妒忌等消极情绪,经常愤世嫉俗或自怨自艾,甚至引起心理障碍,阻碍其发现和获得幸福。反之,一个拥有积极正向思维方式的人对自己和他人持有接纳、谦和、乐群的态度,产生热情、自尊、愉悦等情绪,这种积极的生命情感引人振奋、充满朝气,是人生的动力和光明之源。拥有积极正向思维的人,面对生活中的挫折和不幸,不是选择逃避和退缩,而是在接受现实的基础上,以运动和变化的观点看待人生,把问题的发现和解决作为自身创造力发挥的机会,把奋斗看作个人幸福的内在组成部分。

最后,培养良好的个性品质。有很多调查表明,人的幸福能力与人的个性有关系。[①] 青年要有意识地培养自身良好的个性品质,创造性地观察、感觉和思考,充分运用和发展自己的内在力量,使之成为发现幸福的源源不断的动力。

二 体验幸福

体验幸福是对幸福的"情",表现为青年对幸福的丰富感受。幸福涉及人与自我、他人、社会以及自然的关系,是一种积极愉悦的心理体验。高自尊、良好的自制力、乐观、感恩等都对幸福感有积极作用。

培养乐观的生活态度有助于青年体验幸福。乐观产生于对生命意义的自觉、愉悦以及对其生命以及整个世界的同情、关怀与钟爱,是个体对自我生命的认同和肯定。乐观的生活态度引导青年满意地对待过去、幸福地感受现在并乐观地面对将来。幸福的人生离不开对生活、对世界的乐观感受。20 世纪末,在美国兴起了一场积极心理学运动,倡导人类用一种积极的、正向的心态看待人的心理现象,并做出新的解读。对于我们常说的

---

① 刘次林:《幸福教育论》,人民教育出版社 2003 年版,第 199 页。

愤怒、紧张等心理问题，亦可以从中挖掘出其正面价值。积极心理学试图使心理学研究从原来过分关注人所存在的问题模式转向关注人的积极体验和积极品质的发展模式，以此保护人心灵中的第一宝贵的精神财富——欢乐与幸福感，使每个人都能顺利地走向属于自己的幸福彼岸。增进人的积极体验既是青年幸福感的重要来源，也是青年幸福观培育本身所应追求的价值核心。

随着后现代思潮的涌入，自我存在方式得以张扬，人的价值、人的个性得以彰显，但体验幸福的过程绝不等同于追求感官刺激。如果把感觉的肆意妄为视为幸福，那么人类的生存就丧失了起码的尊严和高贵。若脱离人类社会进步和发展的步伐，摆脱自我生存的价值与意义的维度，必然会使人的心灵空虚，价值虚无，导致道德沦丧、失去自我。某些青年推崇"跟着感觉走"，这样的生存方式并不是真正意义上的体验幸福。体验幸福过程绝不是无条件地满足自身的各种需求，而是提供个体成长的良好氛围，通过满足其合理的心理需求，以促进心理发展和人格完善。

在现实生活中，青年唯有付诸实践，投入如火如荼的社会生活，方能真真切切地体验到幸福。正如赵汀阳所言，幸福就是"'做'事情中做出来的生活效果"。[①] 只有一个人身处生活实践之中，通过努力才有可能随时体验到一种幸福：学习、工作上的成就感，人际关系中的和谐，来自家庭的关爱，得到师友的肯定，战胜困难后的喜悦……这些都是青年体验幸福的宝贵契机。当他们觉得自己的努力获得了成功，当他们感到自己正在为人所关注，当他们意识到自己的存在对他人的意义，当他们觉察到自身对社会的贡献时，幸福感就会悄悄地"显身"。当然，书斋中空想和康德式的纯粹思辨不会催生这种感觉的来临，它是青年在平凡生活中，以崇高的理想筹划生活，以乐观积极的态度面对生活，以负责的精神对待周围人、对待社会的行动所换来的。可以说，幸福的体验是人们在身处这些生活之中时所获得的一种自然体验和亲切感觉。

三 追求幸福

追求幸福是对幸福的"意"，表现为青年在幸福道路上的坚强意志。幸福不是某种既定的存在，也不仅在于静态地享受目标和实现理想之结

---

① 赵汀阳：《论可能生活》，中国人民大学出版社 2004 年版，第 146 页。

果，更在于动态地追求目标和实现理想之过程。对于很多事物，人们在追求时的兴趣往往比在享用时更为浓厚。当我们在追求一个幸福目标时，犹如一个登山的过程：一群人从山脚开始登山，有些人一遇到困难就掉头放弃，撤到山脚；有些人到了半山腰，或畏惧，或满足，不再前行；只有少数人能愈挫愈勇，到达山顶的目标。当代青年在追求幸福的过程中，大部分人的意志是坚强而持久的，但也有的人自我控制和忍受挫折的能力较弱，面对各种压力、挫折、诱惑时，要么违背道德，要么打退堂鼓。因此，青年在追求幸福的道路上，尤其需要一种自控能力和坚持精神。

对幸福的追求，在伴随浓厚情感的同时，必须有强大的意志力植入灵魂。培养青年的幸福意志，是其自觉克服困难、实现预定目标的价值信念，也是帮助其构建科学幸福观、实现人生幸福的必然需要。首先，要培养青年的独立意识。有了独立意识，就如同有了主心骨，不轻易屈从于外来压力。其次，要培养青年的自律品质。青年对人生有很多美好的追求，但意志的自律是获得自由和幸福的前提。古训告诉我们：贪如火，不遏则自焚；欲如水，不遏则自溺。只有学会制欲，懂得自律，方能免于灾祸。自制力和能动力是幸福人生的两大车轮，不该做的事不做，该做的事尽力持久做好，人生就会慢慢呈现美好上扬之势。最后，要培养青年的坚韧品格。正如《人的潜能和价值》一书中所言："一旦面临矛盾，人就不甘处于被动地位，这恰是人类精神的本质特征之一。"① 大量实证研究表明，坚韧品格能调节负性生活事件与心理幸福感之间的关系，使人即使处于重大的风险和逆境中时，仍具有的积极适应环境的行为和心理模式。任何目标都不可能一蹴而就，当青年执着于自己的奋斗目标时，坚韧品格能帮助其以超凡的意志战胜种种艰难困苦。乐观、有意义感、设定目标、发挥优势等，这些都是青年具有坚韧品格的特质。坚韧品质引领青年由必然王国走向自由王国，在水滴石穿的磨砺中实现幸福人生。

四 创造幸福

创造幸福是对幸福的"行"，表现为青年通过实践收获幸福。生活是幸福不竭的源泉。人生是一个不断成长、发展、完善的过程，是引导人追求幸福的过程。英国哲学家洛克说过，能力有两种，"一种是能引起变化

---

① ［美］马斯洛：《人的潜能和价值》，林方译，华夏出版社1987年版，第107页。

的，一种是能接受变化的。前一种可叫作自动的能力；后一种可叫作被动的能力"①。作为时代主力军的当代青年，除了具备感知幸福、体验幸福、追求幸福的能力之外，还要提升创造幸福的能力。幸福不是来自所谓幸福"知识"的积累，而是来自于热情地投入生活的行动。

实践作为人类把握客观世界、追求自由幸福的一种活动，是主观能动性和客观物质性的统一。马克思指出："只是由于人的本质客观地展开的丰富性，主体的、人的感性的丰富性，如有音乐的耳朵、能感受形式美的眼睛，总之，那些能成为人的享受的感觉，即确证自己是人的本质力量的感觉，才一部分发展起来，一部分产生出来。因为，不仅五官感觉，而且连所谓精神感觉、实践感觉（意志、爱等等），一句话，人的感觉、感觉的人性，都是由于它的对象的存在，由于人化的自然界，才产生出来的。"② 青年为了创造同人的本质相适应的人的感觉，就必须通过实践，使人的本质力量对象化。幸福既包括未来远大理想和目标的实现，也包括朝向这一理想和目标迈进的每一个具体的人生感悟。当然，不同阶段的人对幸福的追求不尽相同。青年应树立过程幸福观，将幸福视作一种永恒追求，一种不断实现的创造性活动过程，并在每一次具体目标实现后去不断体验幸福意境。幸福不是遥遥无期的等待，它"在我们人生或存在的每一时刻、每一境遇中，凡是那些能有利于我们成为一个真正的人存在、并使我们感受到做人的快乐、自豪与尊严的因素，都是幸福的具体性存在，我们也都能不同程度地从中体验到人生的某种幸福"③。对青年而言，幸福的生活既不是那种"轨道"式的生活，也不是那种千人一面的生活，而是青年凭借自己的价值观念和自由意志去选择、建构出的一种独特的、有意义的生活样式，自觉、自主、自由地去创造幸福。总而言之，幸福来自生活，来自对生活的创造，创造生活就是创造幸福，这是青年提升幸福水准的必由之路。

当代青年对幸福的察知、体验、追求和创造，是幸福观培育过程中知、情、意、行的统一。从人的幸福感的产生，到后来的分化、统一和提升，体现了青年对美好人生的不断追求、超越的过程，幸福观培育有助于青年对美好人生的筹划、享用、追求与不断超越。

---

① ［英］洛克：《人类理解论》（上册），关文运译，商务印书馆 1959 年版，第 204 页。
② 马克思、恩格斯：《马克思恩格斯全集》（第 3 卷），人民出版社 2002 年版，第 305 页。
③ 高兆明：《存在与自由：伦理学引论》，南京师范大学出版社 2004 年版，第 56 页。

结　语

在实现"中国梦"进程中
实现青年的"幸福梦"

在我国步入全面建成小康社会的关键时期，习近平总书记提出"中国梦"的伟大战略构想。2012年11月29日，习近平在参观中国国家博物馆"复兴之路"展览时首次提出了"中国梦"："实现中华民族伟大复兴，就是中华民族近代以来最伟大的梦想。"① 2013年2月27日，在十二届全国人大一次会议闭幕会上的重要讲话中，习近平指出："实现中华民族伟大复兴的中国梦，就是要实现国家富强、民族振兴、人民幸福。""中国梦是民族的梦，也是每个中国人的梦。生活在我们伟大祖国和伟大时代的中国人民，共同享有人生出彩的机会，共同享受梦想成真的机会，共同享有同祖国和时代一起成长与进步的机会。""中国梦归根到底是人民的梦，必须紧紧依靠人民来实现，必须不断为人民造福。"这些论述清楚地告诉我们：人民幸福是中国梦的根本价值追求，实现中国梦就是要让全体中国人过上幸福美好的生活。

当代青年是实现"中国梦"的可靠主体和中坚力量。青年兴则国家兴，青年强则国家强。纵观我国革命、建设和改革的各个阶段，青年都被寄予殷切希望，一代又一代的青年为国家的各项事业奉献了青春、汗水和智慧。当代青年生长在改革开放不断深化的历史条件下，其命运前途与国家和民族的命运前途紧密相连。历史的交接棒代代相传，波澜壮阔的中国特色社会主义事业需要一代又一代有志青年接续奋斗。中国梦从美丽的梦想变成光辉的现实，需要当代青年肩负起历史交予的责任与使命，把自己的人生理想融入国家富强、民族复兴、人民幸福的伟业之中，志存高远，

---

① 习近平：《承前启后，继往开来，继续朝着中华民族伟大复兴目标奋勇前进》，《人民日报》2012年11月30日。

同心协力，脚踏实地，不懈奋斗。

　　实现中国梦的过程就是青年自身实现幸福梦的过程。每个人都追求幸福，中国梦的实现过程，本质上说是亿万人民实现自己幸福梦的过程。但个人对幸福的追求，不能离开国家富强梦和民族振兴梦而独立存在。作为"中国梦"的实现者，当代青年正值一生中精力最旺盛的时期，他们思维活跃，创造力强。青年要自觉把个人梦想与国家梦想、民族梦想紧密结合，形成命运共同体。青年在铸梦、追梦、圆梦的过程中，必须在科学幸福观的指导下，树立正确的人生幸福观，将社会幸福内化为个人幸福，将个人幸福上升为社会幸福，在实现中国梦的奋斗中体现青年自身的人生价值，实现个人幸福与社会幸福的良性互动。

参考文献

一 中文文献

（一）著作类

［1］马克思、恩格斯：《马克思恩格斯选集》（第1—4卷），人民出版社1995年版。

［2］马克思、恩格斯：《马克思恩格斯全集》（第1、3、21、26、30、42、46卷），人民出版社1995年版。

［3］马克思：《1844年经济学哲学手稿》，人民出版社2000年版。

［4］马克思、恩格斯：《德意志意识形态》，人民出版社1961年版。

［5］列宁：《列宁选集》（第1—4卷），人民出版社1995年版。

［6］列宁：《哲学笔记》，人民出版社1974年版。

［7］毛泽东：《毛泽东选集》（第1卷），人民出版社1991年版。

［8］邓小平：《邓小平文选》（第1—2卷），人民出版社1994年版。

［9］江泽民：《江泽民文选》（第1—3卷），人民出版社2006年版。

［10］《十八大以来重要文献选编》（上），中央文献出版社2014年版。

［11］［德］康德：《康德著作全集》（第6卷），李秋零译，中国人民大学出版社2007年版。

［12］［德］康德：《实践理性批判》，韩水法译，商务出版社2000年版。

［13］［德］费尔巴哈：《费尔巴哈哲学著作选》（上卷），商务印书馆1984年版。

［14］［美］马斯洛：《人的潜能和价值》，林方主编，华夏出版社1987年版。

［15］［美］马斯洛：《动机与人格》，华夏出版社1987年版。

［16］［美］弗洛姆：《为自己的人》，孙依依译，生活·读书·新知三联书店1988年版。

［17］［美］弗洛姆：《占有还是生存》，关山译，生活·读书·新知三联书店1989年版。

［18］［美］弗洛姆：《对自由的恐惧》，国际文化出版公司1988年版。

［19］［法］莫罗阿：《人生五大问题》，傅雷译，生活·读书·新知三联书店1986年版。

［20］［苏］科恩：《自我论》，佟景韩等译，生活·读书·新知三联书店1986年版。

［21］［苏］涅尔谢相茨：《古希腊政治学说》，蔡拓译，商务印书馆1991年版。

［22］［古希腊］亚里士多德：《尼各马科伦理学》，苗力田译，中国社会科学出版社1990年版。

［23］［古希腊］亚里士多德：《政治学》，吴寿彭译，商务印书馆1965年版。

［24］［意］阿奎那：《阿奎那政治著作选》，马清槐译，商务印书馆1963年版。

［25］［美］爱因·兰德：《新个体主义伦理观》，秦裕译，上海三联书店1996年版。

［26］［英］亚当·斯密：《道德情操论》，蒋自强等译，商务印书馆1997年版。

［27］［法］维克多·孔西得朗：《社会命运》（第2卷），李平沤译，商务印书馆1986年版。

［28］［美］尼古拉斯·怀特：《幸福简史》，杨百朋、郭之恩译，中央编译出版社2011年版。

［29］［苏］谢苗诺夫：《个性道德教育中的社会心理学问题》，常富英译，社会科学文献出版社1986年版。

［30］［美］杰弗瑞·戈比：《21世纪的休闲与休闲服务》，张春波等译，云南人民出版社2000年版。

［31］［美］约翰·奈斯比特：《大趋势——改变我们生活的十个新方向》，梅艳译，新华出版社1984年版。

［32］［英］伯特兰·罗素：《罗素自传》（第1卷），胡作玄、赵慧琪译，商务印书馆2002年版。

［33］［美］马丁·塞利格曼：《真实的幸福》，洪兰译，万卷出版公司2010年版。

［34］［美］泰勒·本·沙哈尔：《幸福的方法》，汪冰、刘骏杰译，中信出版社2013年版。

［35］［美］卡尔：《积极心理学——关于人类幸福和力量的科学》，郑雪等译，中国轻工业出版社2008年版。

［36］［英］威廉·汤普逊：《最能促进人类幸福的财富分配原理的研究》，何慕李译，商务印书馆1997年版。

［37］［英］边沁：《道德与立法原理导论》，时殷弘译，商务印书馆2000年版。

［38］［德］叔本华：《叔本华论说文集》，范进等译，商务印书馆1999年版。

［39］［法］卢梭：《爱弥儿》（下），商务印书馆1978年版。

［40］［英］威廉·葛德文：《政治正义论》（第1卷），何慕李译，商务印书馆1982年版。

［41］［美］S.阿瑞提：《创造的秘密》，钱岗南译，辽宁人民出版社1987年版。

［42］［德］汉斯·萨克塞：《生态哲学》，东方出版社1991年版。

［43］［法］罗曼·罗兰：《罗曼·罗兰文钞》，孙梁辑译，商务印书馆1985年版。

［44］［奥地利］弗兰克：《活出意义来》，生活·读书·新知三联书店1991年版。

［45］［英］穆勒：《穆勒自传》，商务印书馆1935年版。

［46］［德］马克斯·韦伯：《新教伦理与资本主义精神》，三联书店1987年版。

［47］［美］威廉·赫舍尔：《人是谁》，夏丏尊译，贵州人民出版社1988年版。

［48］［美］艾伦·杜宁：《多少算够：消费社会与地球未来》，毕聿译，吉林人民出版社1997年版。

［49］［英］罗素：《走向幸福》，上海人民出版社1988年版。

［50］［美］劳拉·E.伯克：《伯克毕生发展心理学：从0岁到青少年》，陈会昌译，中国人民大学出版社2014年版。

［51］［英］约翰·密尔：《功用主义》，商务印书馆1957年版，第18页。

［52］［美］海伦·凯勒：《海伦·凯勒自传》，李琦译，新世界出版社2012年版。

［53］周辅成编：《西方伦理学名著选辑》（下卷），商务印书馆1987年版。

［54］北京大学哲学系外国哲学史教研室编译：《古希腊罗马哲学》，商务印书馆1961年版。

［55］唐凯麟：《简明马克思主义伦理学》，湖北人民出版社1983年版。

［56］宋希仁：《西方伦理思想史》，中国人民大学出版社2004年版。

［57］孙英：《幸福论》，人民出版社2004年版。

［58］高兆明：《幸福论》，中国青年出版社2001年版。

［59］高兆明：《道德生活论选》，河海大学出版社1993年版。

［60］刘次林：《幸福教育论》，人民教育出版社2003年版。

［61］苗元江：《心理学视野中的幸福：幸福感理论与测评研究》，天津人民出版社2009年版。

［62］孙金钰：《幸福新论》，河南人民出版社2006年版。

［63］檀传宝：《学校道德教育原理》（第2版），教育科学出版社2003年版。

［64］吴潜涛、徐艳国主编：《建党90年来高校德育发展的历史轨迹》，高等教育出版社2012年版。

［65］张国清：《社会治理研究》，浙江教育出版社2013年版。

［66］苏颂兴、胡振平主编：《分化与整合：当代中国青年价值观》，上海社会科学院出版社2000年版。

［67］柳海民：《教育原理》，东北师范大学出版社2000年版。

［68］平章起、梁禹祥：《思想政治教育基本理论问题研究》，南开大学出版社2010年版。

［69］高清海：《人就是"人"》，辽宁人民出版社2001年版。

［70］郭湛：《主体性哲学——人的存在及其意义》，中国人民大学出

版社 2011 年版。

[71] 孙凤：《和谐社会与主观幸福感》，科学出版社 2008 年版。

[72] 俞可平主编：《中国治理变迁 30 年》，社会科学文献出版社 2008 年版。

[73] 殷海光：《中国文化的展望》，上海三联书店 2002 年版。

[74] 陈志尚主编：《人学理论与历史》，北京出版社 2004 年版。

[75] 郑晓江：《穿透死亡》，江西教育出版社 2000 年版。

[76] 万斌：《万斌文集》（第 1—4 卷），杭州出版社 2004 年版。

[77] 马建青：《大学生心理健康教程》，浙江大学出版社 2012 年版。

[78] 陈望衡：《当代美学原理》，武汉大学出版社 2007 年版。

[79] 刘小枫：《个体信仰与文化理论》，四川人民出版社 1997 年版。

[80] 于光远：《论普遍有闲的社会》，中国经济出版社 2005 年版。

[81] 李仲广、卢昌崇：《基础休闲学》，社会科学文献出版社 2004 年版。

[82] 马惠娣：《休闲：人类美丽的精神家园》，中国经济出版社 2004 年版。

[83] 张耀灿、陈万柏：《思想政治教育学原理》，高等教育出版社 2001 年版。

[84] 胡经之主编：《西方文艺理论名著教程》，北京大学出版社 2003 年版。

[85] 郑文樾编选：《乌申斯基教育文选》，人民教育出版社 1991 年版。

[86] 潘允康：《家庭社会学》，重庆出版社 1986 年版。

[87] 柴素芳：《大学生幸福观教育论》，人民出版社 2013 年版。

[88] 沙洪泽：《教育——为了人的幸福》，教育科学出版社 2005 年版。

[89] 赵汀阳：《论可能生活》，生活·读书·新知三联书店 1994 年版。

[90] 万俊人：《现代西方伦理学史》（下卷），北京大学出版社 1992 年版。

[91] 风笑天：《社会变迁中的青年问题》，北京大学出版社 2014 年版。

［92］安国启、邓希泉：《新世纪中国青年发展报告》，光明日报出版社 2012 年版。

［93］岑国桢：《青少年主流价值观：心理学的探索》，上海教育出版社 2007 年版。

［94］韦政通：《伦理思想的突破》，中国人民大学出版社 2005 年版。

［95］樊和平：《伦理精神的价值生态》，中国社会科学出版社 2001 年版。

［96］赵中立、许良英编译：《纪念爱因斯坦译文集》，上海科技出版社 1979 年版。

［97］刘济良：《价值观教育》，教育科学出版社 2007 年版。

［98］张耀灿、郑永廷等：《现代思想政治教育学》，人民出版社 2006 年版。

［99］郑永廷：《思想政治教育方法论》，高等教育出版社 1999 年版。

［100］骆郁廷主编：《思想政治教育原理与方法》，高等教育出版社 2010 年版。

［101］朱小蔓：《情感德育论》，人民教育出版社 2005 年版。

［102］沈壮海：《思想政治教育有效性研究》，武汉大学出版社 2007 年版。

［103］万美容：《思想政治教育方法发展研究》，中国社会科学出版社 2007 年版。

［104］张彦：《思想政治教育主体性研究》，广东人民出版社 2006 年版。

［105］叶圣陶：《叶圣陶语文教育论集》，湖南科学教育出版社 1999 年版。

［106］邱吉等编著：《轨迹——当代中国青年价值观变迁研究》，人民出版社 2012 年版。

（二）学术论文类

［1］李政涛：《面向人类幸福的教育学——兼论教育学的基本价值》，《教育理论与实践》2008 年第 1 期。

［2］傅红春、黄芝华：《教育的幸福效应：方向·力度·速度·跨度》，《华东师范大学学报》（哲学社会科学版）2015 年第 6 期。

［3］王卫东、董标：《教育与幸福——教育基本理论专业委员会第十

一届学术年会综述》，《教育理论与实践》2008年第4期。

［4］檀传宝：《幸福教育论》，《华东师范大学学报》（教育科学版）1999年第1期。

［5］苗元江、余嘉元：《试论幸福教育的起点、核心、目标》，《教育评论》2001年第5期。

［6］高峰：《幸福教育：一种人性教育的回归》，《中国教育学刊》2007年第10期。

［7］罗敏：《幸福三论》，《哲学研究》2001年第2期。

［8］贺来：《有尊严的幸福生活何以可能》，《哲学研究》2011年第7期。

［9］朱林：《幸福的哲学新思》，《江西社会科学》2009年第6期。

［10］刘汉洪等：《幸福八问——四位知名学者谈幸福》，《思想政治工作研究》2011年第1期。

［11］徐堃：《论自由自觉的活动是幸福的真正源泉》，《毛泽东邓小平理论研究》1990年第3期。

［12］冯光：《简论"幸福观是人生观的基础"》，《嘉兴学院学报》2011年第2期。

［13］佟多人、张丹竹：《当代大学生幸福观嬗变的思考》，《思想理论教育导刊》2002年第9期。

［14］柴素芳：《全国七所高校大学生幸福观现状的调查与分析》，《思想理论教育导刊》2012年第1期。

［15］李志强：《对成都地区青年农民工幸福观调查》，《重庆科技学院学报》（社会科学版）2008年第9期。

［16］陈昌兴、李俊奎：《农民工幸福观调查与分析——以浙江台州为例》，《调研世界》2011年第9期。

［17］陆烨：《青年幸福感追踪研究》，《当代青年研究》2013年第9期。

［18］王鹏、陈必华：《当代都市青年幸福感的哲学反思》，《探求》2013年第4期。

［19］林洪、孙求华：《中国国民幸福统计研究十年简史》，《统计研究》2013年第1期。

［20］袁正、郑欢、韩骁：《收入水平、分配公平与幸福感》，《当代

财经》2013 年第 11 期。

［21］张华：《改革开放 30 年青年思想信仰、价值观念的发展轨迹》，《当代青年研究》2008 年第 12 期。

［22］李敏：《当代青年幸福观的时代诉求及培养》，《山西青年管理干部学院学报》2012 年第 6 期。

［23］代玉启：《幸福观教育：当前德育工作的重要内容》，《思想政治工作研究》2011 年第 1 期。

［24］叶汝贤：《学习雷锋的幸福观》，《中山大学学报》1964 年第 1 期。

［25］魏久明：《用奉献精神充实自己生活的人——回忆宣传张海迪的一些事》，《中共党史资料》2008 年第 4 期。

［26］黄志坚：《谁是青年——关于青年年龄界定的研究报告》，《中国青年研究》2003 年第 1 期。

［27］齐岳峰：《50 年代幸福观：穿上"工装"倍儿幸福》，《小康》2012 年第 11 期。

［28］谭畅：《60 年代幸福观：唱着红歌干革命》，《小康》2012 年第 11 期。

［29］刘建华：《70 年代幸福观：过河时摸到了"石头"》，《小康》2012 年第 11 期。

［30］罗屿：《80 年代幸福观：时间就是金钱》，《小康》2012 年第 11 期。

［31］曹伟：《90 年代幸福观：市场改变了一切》，《小康》2012 年第 11 期。

［32］吴端：《青年的崛起与近现代文明的形成》，《当代青年研究》2011 年第 3 期。

［33］肖峰、陈英：《青年的多维意象及其哲学辨析》，《中国青年政治学院学报》2013 年第 5 期。

［34］黄敬宝：《青年被边缘化趋势加剧冲突》，《人民论坛》2012 年第 1 期。

［35］连家明：《改革开放、就业与民生幸福》，《地方财政研究》2008 年第 11 期。

［36］费孝通：《从文化反思到人的自觉》，《战略与管理》1998 年第

6 期。

［37］张婕等：《归因方式和幸福感在心理治疗中的作用》，《医学与哲学》（人文社会医学版）2009 年第 4 期。

［38］沈建国：《论人的个性的哲学内涵》，《江西社会科学》1989 年第 4 期。

［39］周殿富：《论当代青年自我实现的特点、成因与效果》，《青年研究》1989 年第 2 期。

［40］万斌、倪东：《马克思主义民主的科学形态》，《浙江学刊》1996 年第 6 期。

［41］刘卓红、林俊风：《论全球语境下文化多元化的价值意蕴》，《岭南学刊》2002 年第 2 期。

［42］张荣：《奥古斯丁的基督教幸福观辨正》，《哲学研究》2003 年第 5 期。

［43］吴向东：《论马克思人的全面发展理论》，《马克思主义研究》2005 年第 1 期。

［44］马建青：《"思想道德修养与法律基础"课实践教学整体性改革的思考》，《思想理论教育导刊》2011 年第 2 期。

［45］张志祥：《青年素质：提升的意义与发展取向》，《当代青年研究》2002 年第 4 期。

［46］楼天宇：《儒家生命哲学对大学生生命教育的启迪》，《浙江青年专修学院学报》2012 年第 1 期。

［47］楼天宇：《德育视阈下大学生幸福教育的内容及其实现途径》，《文教资料》2010 年第 12 期。

［48］王坤庆：《精神教育内涵初探》，《教育研究与实验》2000 年第 6 期。

［49］殷文杰：《从"乐业"到"乐生"——当代职业教育价值取向变革的正当性》，《现代教育管理》2013 年第 2 期。

［50］刘旭东：《休闲：幸福生活与人的和谐发展》，《教育理论与实践》2008 年第 6 期。

［51］罗伯特·斯特宾斯：《休闲与幸福：错综复杂的关系》，《浙江大学学报》（人文社会科学版）2012 年第 1 期。

［52］罗治林：《对当下电视娱乐节目失范的哲学思考》，《当代电视》

2011 年第 1 期。

［53］任海燕、傅红春：《幸福经济学在中国：研究现状和未来发展》，《江海学刊》2012 年第 1 期。

［54］齐英艳：《青年幸福观影响因素研究》，《中国青年研究》2015 年第 10 期。

［55］吴冬梅：《马克思主义幸福观的当代价值———兼论对当代中国青年幸福观形成的作用和启示》，《社会科学家》2012 年第 3 期。

［56］孙丹薇：《青年幸福观教育中的价值引导》，《上海青年管理干部学院学报》2012 年第 1 期。

［57］钟万林：《如何培养当代青年正确的幸福观》，《经济与社会发展》2006 年第 2 期。

［58］林剑：《幸福论七题》，《哲学研究》2002 年第 4 期。

［59］赖广昌：《"青年"一词的由来》，《文史博览》2011 年第 9 期。

［60］吴烨宇：《青年年龄界定研究》，《中国青年研究》2002 年第 3 期。

［61］李光奇：《青年年龄划分标准管见》，《青年研究》1991 年第 5 期。

［62］冷熙亮：《14 岁至 35 岁：当代青年的年龄界限》，《中国青年研究》1999 年第 3 期。

［63］顾保国：《论青年人的担当与社会认知》，《中国青年社会科学》2016 年第 3 期。

［64］邓希泉：《中国青年人口与发展统计报告》，《中国青年研究》2015 年第 11 期。

［65］邓希泉：《新世纪中国青年发展报告》，《中国青年研究》2012 年第 4 期。

［66］胡小武：《青年的住房压力与社会稳定的探讨》，《中国青年研究》2014 年第 10 期。

［67］史瑾：《儿童幸福之比较研究》，《当代学前教育》2008 年第 6 期。

［68］孙春晨：《改革开放以来中国人幸福观分析》，《思想政治工作研究》2011 年第 1 期。

［69］闵小益：《改革开放与青年群体的发展变化》，《上海青年管理

干部学院学报》2009年第1期。

［70］邵爱国、闫国军：《压力与困惑：新生代蓝领工人如何稳定就业》，《中国就业》2011年第9期。

［71］共青团中央研究室：《向张海迪学习什么》，《青年研究》1983年第6期。

［72］葛扬、贾春梅：《廉租房供给不足的事实、根源与突破路径》，《经济学家》2011年第8期。

［73］乔志君：《论中国特色社会主义幸福观的思想源泉、基本内涵与实践路径》，《观察与思考》2015年第10期。

［74］聂立清、郑永廷：《人的本质及其现代发展——对马克思人的本质思想的再认识》，《现代哲学》2007年第2期。

［75］麻惠丽：《马克思主义人的价值理论与当代青年的成才》，《宁夏党校学报》2000年第3期。

［76］曹凤珍：《幸福异化：一种研究幸福问题的新视角》，《理论导刊》2016年第7期。

［77］何云峰：《培育青年人的核心价值观须以马克思劳动幸福观为根基》，《青年学报》2014年第4期。

［78］韩振峰：《人民幸福：中国梦的根本价值追求》，《党政论坛》2013年第10期。

［79］佘双好：《从说理教育到心理疏导——思想政治教育方法的发展》，《思想理论教育导刊》2011年第7期。

［80］王跃生：《当代中国家庭结构变动分析》，《中国社会科学》2006年第1期。

［81］王艳萍：《幸福经济学研究新进展》，《经济学动态》2017年第10期。

［82］陈庆超：《亚里士多德幸福观的论争与反思——基于"哲学—政治"张力的视角》，《哲学动态》2017年第10期。

［83］徐晓宁：《新时代大学生幸福观教育的新思考》，《思想政治教育研究》2017年第12期。

［84］陈学明、毛勒堂：《美好生活的核心是劳动的幸福》，《上海师范大学学报》（哲学社会科学版）2018年第11期。

［85］何志玉：《新时代人民美好休闲生活及意义》，《贵州社会科学》

2018年第12期。

［86］王路阳：《共在存在论：一个中国哲学的新解法》，《哲学动态》2018年第12期。

［87］何云峰：《论劳动幸福权》，《社会科学家》2018年第12期。

［88］徐雪野：《亚里士多德和孔子幸福伦理比较——兼论传统"德福关系"的现代启示》，《学术交流》2018年第12期。

［89］张国顺：《财富观变革中的幸福张力》，《学校党建与思想教育》2019年第12期。

［90］高延春：《习近平幸福观的人学透析》，《湖南社会科学》2020年第4期。

［91］高惠珠：《论马克思生态哲学视域中的劳动幸福》，《上海师范大学学报》（哲学社会科学版）2020年第4期。

［92］张莉：《马克思体面劳动观的价值逻辑与实践指引》，《山东社会科学》2020年第7期。

（三）学位论文类

［1］于晓权：《马克思幸福观的哲学意蕴》，博士学位论文，吉林大学，2008年。

［2］李水石：《马克思幸福观及其当代价值》，博士学位论文，大连海事大学，2014年。

［3］杨洪兴：《幸福的根据——关于生命幸福观的探究》，博士学位论文，吉林大学，2009年。

［4］王刚：《中国传统幸福观的历史嬗变及其现代价值》，博士学位论文，黑龙江大学，2008年。

［5］邓先奇：《社会幸福论》，博士学位论文，华中科技大学，2012年。

［6］刘孝菊：《马克思恩格斯幸福社会理论及现实意义》，博士学位论文，浙江大学，2013年。

［7］肖冬梅：《幸福能力及其培育》，博士学位论文，湖南大学，2012年。

［8］杨珍妮：《生态幸福观教育研究》，博士学位论文，华中师范大学，2015年。

［9］付喜凤：《心理疏导研究》，博士学位论文，武汉大学，2010年。

［10］王畅：《以人为本指导下大学生思想政治教育方法研究》，博士学位论文，辽宁大学，2014年。

［11］李梅：《西方传统幸福理论批判——兼论马克思幸福理论及其当代中国实践》，博士学位论文，苏州大学，2012年。

［12］徐凤莉：《当代中国人幸福观的变迁与培育》，博士学位论文，辽宁大学，2015年。

二 外文文献

［1］B. S. Frey. *Happiness*：*A Revolution in Economics*，Cambridge：MIT Press，2008.

［2］Julia Annas. *The Morality of Happiness*，New York：Oxford University Press，1995.

［3］Robert E. Lane. *The Loss of Happiness in Market Democracies*，Boston：Yale University Press，2000.

［4］Bertrand Russell. *The Conquest of Happiness*，London：George Allen and Unwin LTD，2009.

［5］Noddings. *Happiness and Education*，Cambridge：Cambridge University Press，2003.

［6］John Kekes. *Moral Wisdom and Good Lives*，Ithaca and London：Cornell University Press，1995.

［7］Darrin M. McMahon. *Happiness*：*A History*，US：Atlantic Monthly Press，2005.

［8］Bradburn N. M.. *The Structure of Psychological Weil-Being*，Chicago：Aldine，1969.

［9］Martin Seligman. *Authentic Happiness*：*Using the New Positive Psychology to Realize Your Potential for Lasting Fulfillment*，New York：The Free Press，2002.

［10］Geoffrey Godbey. *Leisure in Your Life*：*New Perspectives*，State College，PA：Venture Publishing，Inc.，2008.

［11］Wilson W.. Correlates of Avowed Happiness，*Psychological Bulletin*，1967，67（2）.

［12］Diener E，Suh E.. Age and Subjective Well-being：An International

Analysis, *Annual Review of Gerontology and Geriatrics*, 1998, 17 (5).

[13] Daniel M. Havbron. Two Philosophical Problems in Study of Happiness, *Journa of Happiness Studies*, 2000, 1 (2).

[14] Veenhoven, R. False Promise of Happiness, *Journal of Happiness Studies*, 2009, 1 (10).

[15] Martin E. P. Seligman, Mihaly Csikszentmihalyi. Positive Psychology: An Introduction, *American Psychologist*, 2000, 55 (1).

[16] Diener E. Subjective Well-Being: The science of Happiness and Proposal for National Index, *American Psychologist*, 2000, 1 (7).

[17] Constance Penley and Andrew Ross. Cyborgs at Large: Interview with Donna Haraway, *Social Text*, 2000, 8 (10).

附录一

当代中国青年幸福观及其培育调查问卷

您好！感谢您热心参与本次问卷！本问卷采取匿名方式，答案无对错好坏之分，调查结果仅作学术研究之用，请您在最接近您真实想法和行为的选项上打"√"。感谢您的大力支持！

第一部分　基本情况

1. 您的年龄

A. 14—30 周岁　　B. 其他

2. 您的性别

A. 男　　B. 女

3. 您的政治面貌

A. 团员　　B. 党员　　C. 民主党派　　D. 群众

4. 您的文化程度

A. 初中或以下　　B. 高中　　C. 大学（或大专）　　D. 研究生及以上

5. 您的婚姻状况

A. 未婚　　B. 已婚　　C. 离异或丧偶

6. 您从事的职业种类

A. 农村务农　　B. 城市务工　　C. 单位职员　　D. 自主创业

E. 在校学生　　F. 失业

7. 您每月平均收入在

A. 2000 元以下　　B. 2000—5000 元　　C. 5001—8000 元

D. 8000 元以上

第二部分　对幸福的理解

8. 您认为金钱与幸福的关系是（单选）

A. 成正比，钱越多会越幸福

B. 有相关性，但不是正比关系

C. 金钱是幸福不可缺少的组成部分

D. 金钱有时导致不幸福

E. 其他_____

9. 您认为需要与幸福的关系是（单选）

A. 人的需要得到实现就能幸福

B. 人迫切而合理的需要得到实现才能幸福

C. 人的迫切而合理的需要通过正当途径得到实现才能幸福

D. 幸福与人的需要是否实现无关

E. 其他_____

10. 您认为道德与幸福的关系是（单选）

A. 有道德的人就是幸福的人　　B. 有道德的人不一定是幸福的人

C. 没有道德的人肯定不会幸福　　D. 没有道德的人也能幸福

E. 道德与幸福毫无关系　　F. 其他_____

11. 您认为能力与幸福的关系是（单选）

A. 能力越强越幸福　　B. 能力是获得幸福的前提条件

C. 能力与幸福无关　　D. 其他_____

12. 您认为机遇与幸福的关系是（单选）

A. 幸福的获得主要靠机遇　　B. 机遇是实现幸福的必要条件

C. 机遇与幸福无关　　D. 其他_____

13. 您觉得个人幸福与国家发展的关系（单选）

A. 非常密切，国家强大了，个人的幸福才有保障

B. 关系一般，我追求成功，或许需要国家政策的支持

C. 没有关系，我靠自己努力，与国家无关

D. 其他_____

14. 对于"人应该及时享乐"的观点，您的态度是（单选）

A. 非常赞成　B. 比较赞成　C. 说不清　D. 比较反对　E. 非常反对

15. 对于"知足者常乐"的观点，您的态度是（单选）

A. 非常赞成　B. 比较赞成　C. 说不清　D. 比较反对　E. 非常反对

16. 对于"宁可在宝马车里哭，也不愿在自行车上笑"的观点，您的态度是（单选）

A. 非常赞成　B. 比较赞成　C. 说不清　D. 比较反对　E. 非常反对

17. 您认为个人幸福与社会幸福哪个更重要？（单选）

A. 个人幸福更重要　B. 社会幸福更重要　C. 两者统一更重要

18. 您认为物质幸福与精神幸福哪个更重要？（单选）

A. 物质幸福更重要　B. 精神幸福更重要　C. 两者统一更重要

19. 您认为创造幸福与享受幸福哪个更重要？（单选）

A. 创造幸福更重要　B. 享受幸福更重要　C. 两者统一更重要

20. 您认为现实幸福与未来幸福哪个重要？（单选）

A. 现实幸福更重要　B. 未来幸福更重要　C. 两者统一更重要

第三部分　幸福目标取向及感受

21. 您感到幸福的主要因素是（最多选5项）

A. 身心健康　B. 家庭美满　C. 学业/事业有成　D. 人际关系和谐

E. 有尊严、有价值　F. 有目标、有信仰　G. 生活自由自在

H. 有钱，物质富足　I. 能为社会、集体作贡献

J. 受到社会或他人的关爱　K. 其他_____

22. 让您感到不幸福的主要原因是（最多选5项）

A. 身心不健康　B. 家庭关系失调　C. 学业/事业无成

D. 个人情感受挫或人际关系失调

E. 缺乏价值感、成就感，总感觉不如别人

F. 人生缺乏目标、信仰　G. 生活中压力大　H. 经济条件差

I. 生存环境差　J. 缺乏社会或他人关爱　K. 其他_____

23. 综合所有的因素，您认为自己幸福吗？（单选）

A. 非常幸福　B. 比较幸福　C. 一般　D. 不太幸福　E. 非常不幸福

24. 您对自己未来的幸福有信心吗？（单选）

A. 很有信心　B. 较有信心　C. 一般　D. 较无信心　E. 完全没信心

25. 目前您感觉到的压力主要来自？（单选）

A. 学业压力　B. 就业/职业压力　C. 婚恋/人际压力

D. 住房压力　E. 其他_____

第四部分　幸福的实现

26. 您认为实现幸福的主要途径是（单选）

A. 依靠自己　B. 依靠父母、朋友等社会力量

C. 依靠国家、社会等　D. 依靠机遇　E. 其他_____

27. 当遇到挫折无法实现自己的幸福目标时，您的态度是（单选）

A. 不达目的，决不罢休　B. 调整目标，继续努力

C. 降低期望，量力而行　D. 听天由命，顺其自然

E. 其他_____

28. 如果您遇到重大挫折，您首先归因于（单选）

A. 命运不好　B. 自己的能力不够　C. 环境和条件太差

D. 自己未尽最大努力　E. 其他_____

29. 您同意以下哪些观点？（任选）

A. 为达目的可以不择手段

B. 幸福的获取要依靠脚踏实地努力拼搏

C. 与世无争、难得糊涂、知足常乐、活得潇洒

D. 当个人利益与集体利益发生冲突时，我选择个人利益

E. 在追求幸福的过程中，我注重自我价值的实现，也重视个体和社会的整合

第五部分　关于当代青年幸福观培育

30. 您对当代青年幸福观现状的评价是（单选）

A. 非常满意　B. 较满意　C. 说不清　D. 不满意　E. 非常不满意

31. 您认为对当代青年进行幸福观培育有必要吗？（单选）

A. 非常必要　B. 较必要　C. 一般　D. 不大必要　E. 完全没必要

32. 您认为对当代青年进行幸福观培育的必要性在于（多选）

A. 有助于当代青年健康成长　B. 有助于践行社会主义核心价值观

C. 有助于构建社会主义和谐社会　D. 有助于诠释和共筑"中国梦"

33. 您所在的学校/单位是否重视青年幸福观培育工作？（单选）

A. 非常不重视　B. 较不重视　C. 一般　D. 比较重视　E. 非常重视

34. 您认为所在的学校/单位在青年幸福观培育方面有哪些不足？（多选）

A. 幸福观培育的观念缺乏科学性　B. 幸福观培育的内容缺乏系统性

C. 幸福观培育的方法缺乏丰富性　D. 幸福观培育的效果缺乏实效性

E. 其他_____

35. 您对于学校或社会机构开设"幸福"相关课程或讲座的态度是（单选）

A. 非常希望开设此类课程或讲座，会去听课

B. 希望程度一般，但只要开课就去听听

C. 开课也不去听，幸福不需要教育
D. 其他_____

您对于当代青年幸福观及其培育的相关看法或建议：

衷心感谢您的热情参与，祝您一切顺利，生活幸福！

# 附录二

从相悖到一致
——德福关系的哲学思考[*]

内容提要：德福一致是人类道德生活的理想追求。道德与幸福相互影响、互为前提，德福关系是并且应当是统一的。然而在现实生活中，德福一致的现象虽然普遍存在，德福相悖的现象却更多地被人们所关注。人性的弱点、社会条件不具备均是道德与幸福相分离的原因，人类认识由不完善到完善的客观规律也决定了对德福一致观点的认同需要有其认识过程。克服矫正人性的弱点，规范完善社会制度，开展公民教育，是促进道德与幸福相一致的实现路径。

关键词：道德　幸福　德福关系　德福相悖　德福一致

From Paradox to Unity
——the Philosophy of the Relationship between Morality and Happiness

Lou Tianyu[1,2]

(1. School of Marxism, Zhejiang University, Hangzhou 310028, China;
2. School of Biological and Chemical Engineering/ School of Light Industry, Zhejiang University of Science and Technology, Hangzhou 310023, China)

Abstract: The unity of morality and happiness is the pursuit of the ideal for human moral life. Morality and happiness is related and based on each other. The

---

[*] 原载于《浙江社会科学》2015年第8期，作者楼天宇。

relationship between morality and happiness is and should be unified. However, the phenomenon of the paradox for them two has been being paid more attention though the unity of it remains widespread. It is the weaknesses of humanity and the lack of social condition that lead the separation. In addition, objective law being from incomplete to complete we know also plays an important role in that the agreement on unity needs a cognitive process. it is a feasible way to promote the unity of morality and happiness by fighting against the weaknesses of humanity, ordering the social policy and developing the citizenship education.

Key words: morality; happiness; relationship between morality and happiness; paradox; unity

道德与幸福的关系，历来是一个令人瞩目的论题。德福一致作为一种理想状态，超越了时间和阶级，为人们所追求。然而，德福相悖不仅是哲学史上的千古之惑，也是现实生活中所面临的一大难题。德福一致、好人好福现象固然不胜枚举，但德福相悖、恶人享福的情况也时有发生。我国正处社会转型期，道德与幸福相背离的情况还将继续存在。理性审视道德与幸福的关系，对德福相悖的原因进行解读，使两者趋于一致，有利于和谐社会的建设。

一 道德与幸福关系的历史梳理

在西方哲学研究领域，道德与幸福的关系问题一直是哲学家极度关注的论题。首次对这一问题进行反思的是古希腊哲学家苏格拉底。苏格拉底将幸福与反思人生有机地自觉联系起来，明确将"认识你自己"作为自己的伦理要求，认为一个人要是认识了关于自己的一切知识，就会使自己免除灾难，得到幸福。苏格拉底提出了"美德即知识"的著名命题。他认为，善的知识是道德的充分必要条件。人只有具备有关道德的知识，知道什么是善，如何行善，才会做善事，这样有德行的人就是幸福的人。人之所以会做坏事是因为无知，把行恶当作行善，把不幸看作幸福。他强调："未经思考的人生是没有价值的人生。"[①] 所以人要通过不断提高自我认知，把人性中的"善"激发出来，有正确的认识和判断，过有德行的生活，获得真正的幸福。苏格拉底的幸福观遵循的是"知识——道德——幸福"的思维轨迹，知识是人们获得幸福的前提条件，道德是途径，幸福是知识和道德的目的。追随着苏格拉底的思想体系,柏拉图、亚里士多德等人从各个角度对道德与幸福的关系进行论述。诸般看法虽表述不一,究其根本,可分为两种认识轨迹:其一是视道德与幸福之间的关系是同一的,似乎其中的一个词汇可以不假思索地代替另一个词汇。其二是认为德福关系是对立的,具有无法解决的矛盾和冲突。

作为德国古典哲学创始人的康德,以人的自然性与理性的统一为目标展开对道德与幸福关系的论述,将这一问题的思考推向顶峰。康德首先从德福同一的角度考察德福关系,认为德性与幸福是必然要联结在一起的两个要素。康德认为,人作为感性动物,不可避免地具有各种欲望,但人也是理性存在者,理性使人控制自然欲望,获得意志自由。尽管思辨理性竭尽全力寻找德性与幸福具有同一性,但这一观点如同单脚站立于细木桩上的人,毅力可以使其站立的时间变长,却终究无法赛过时间这一敌人。德性与幸福在哲学理论中被巧妙得结合在一起,但在现实生活中,却时而分离、时而重叠。道德与幸福相脱离的现象,如同进入婚姻关系而感情破裂的夫妻,不仅小打小闹不断,有时甚至怒目而视,两者再怎么捆绑在一起,也不见应有的和谐。"幸福,亦即对自己的状态的满足,只要人们确信幸福的持存,期望幸福和寻求幸福就是人的本性不可避免的。"②康德并不否认人类追求幸福的合理性,关键在于如何实现道德和幸福的统一。面对德行与幸福相脱离的二律背反现象,康德提出至善就是道德与幸福相统一的崭新命题。至善是实践理性的终极目标,是一种处于最高境界的完满的善。康德用意志自由、灵魂不朽、上帝存在作为至善实现的假设条件,最终否认了至善在现实中的可能性,把它推到了来世生活和彼岸世界。

在德福关系上,与康德的"义务论"观点针锋相对的有"功利主义"的道德哲学。功利主义理论创始人边沁认为,功利原则是道德的基本原则,是评判人们的政治、法律、行为等是否具有合理性的标准。在边沁看来,功利就是幸福,幸福就是快乐的增加和痛苦的去除。否则,"幸福"一词就失去了意义。"自然把人类置于两位主公——快乐和痛苦——的主宰之下。只有它们才指示我们应当干什么,决定我们将要干什么。是非标准,因果联系,俱由其定夺。"③作为边沁功利主义继承者的密尔,对功利原则的合理性进行了辩护,并进一步发展了幸福概念。密尔坚信幸福是人生的目的,对幸福的促进是判断人类一切行为的标准和规则。同时,对快乐的考量不仅包括数量因素,还包括质量因素。他强调作为功利标准的幸福,并非行为者一己的幸福,也包括与此有关的所有人的幸福。行为者在自己与他人的幸福之间,"更像公正无私的旁观者那样,严格地不偏不倚"④。也就是说,与其他相关者的幸福相比,行为者个人的幸福并不具有优先权。由此,密尔提出了"最大幸福原则":判定人的行为对错的唯一道德标准,就是所做的行为是否有利于实现最大多数人的最大幸福。

在中国伦理史上,德福之辩亦是亘古常新的论题。我国传统文化博大精深,内涵丰富。历代哲人贤士著书立说,探讨人生,向世人指示幸福的途径,并表现出浓厚的崇德思想。早在先秦时期,儒、道、墨等诸子百家都对德福问题进行探讨,虽未形成一个焦点范畴,但对此问题的思考和辨析,形成了许多颇具价值的思想和见解。其中,尤以儒家的德福思想最为深刻丰富,对后世产生深远影响。儒家学派的创始人孔子主张德福一致,认为道德与幸福内在融于一体,德是福的基础,福是德的内容和结果。儒家将德与福视为人生的价值追求,倡导世人以德修身,以德致福,力求塑造内圣外王的理想人格。儒家对德福之辩的阐释体现出特有的儒士之风和道义精神,为身处物欲横流社会中的人们指明了价值取向,提供了行为准则。但相对而言,中国传统文化中虽有关于道德与幸福的阐述,却缺乏对道德与幸福这一关系的严密系统的逻辑论证。绝大多数中国人从生活经验出发,把德才兼备作为其理想追求。

中外哲学家对道德与幸福关系的探索,给我们一些启发:德福一致是人类道德生活的理想追求,是社会历史发展的必然要求。道德对幸福具有促进作用,是幸福的重要条件和保障,具有前提性和控制性。幸福是道德的基础和源泉,是人们崇尚道德的必要前提。从西方哲学和中国传统文化中可以看出,德福关系是并且应当是统一的。站在前人研究的基础上,我们可以看到,关于道德与幸福关系的探讨,较多探讨的是道德与幸福的统一性,对二者的区别与悖离较少论及。道德与幸福之间为何会出现分离?两者如何实现统一?古代先哲为我们留下了思考的空间。

二 道德与幸福相悖的原因解读

现实的生活中,德福一致的现象虽然普遍存在,德福不一致的现象却更多地被人们所广泛关注。近年来,社会上德福相悖事件时有发生,诸如"帮扶老人反被讹"等事件频频出现,向人们诉说着人际的冷漠和道德的缺失,已引起舆论的关注。道德和幸福之间的确存在一定程度的正相关关系。处于正相关关系的人，往往具有一定的道德良知和羞恶之心，他们知荣辱、明善恶，自觉律己，乐于助人，常常充当着"好人好报"的角色，为社会注入正能量，引领人们弃恶从善。而我们不得不承认，在现实生活中，德行有时带来的不是幸福，而是痛苦。道德与幸福相分离，这一现实处境需要我们深入探索德福相悖的原因所在。

1. 人性层面——人性有弱点

从人性的角度看，人作为有限的理性存在者，有时表现出求福而不讲德的人性弱点。人们时常称赞人性美，这无可厚非，但人性也具有自私自利、私欲膨胀等诸多弱点。研究和探讨人性的弱点，有助于我们理解德福分离现象。本文从人的"馋、贪、懒、散、残"五方面表现出的恶来解读人性的弱点，旨在抓住最根本、最重要的东西。

"馋"指馋食，不仅是指饮食，应扩展为生活上的"享乐主义"。张继在《题严陵钓台》一诗中写道："鸟向乔枝聚，鱼依浅濑游。古来芳饵下，谁是不吞钩？"鱼类的这一喜馋的致命弱点，在人类这一群体身上同时存在。一些人热衷吃喝，乐此不疲，有时为了馋食的目的，可以不计后果，甚至葬送了身家性命而不自知。鱼类的馋食是本性使然，而人类受理性思维活动支配。合理的物欲是推动人们去认识世界和改造世界的内驱力，但当物欲膨胀为追求私利的唯一目标时，人性就沦落为馋食的本性，最终印证了"人为财死，鸟为食亡"的警世格言，这不得不说是对人类的一个极大讽刺。

"贪"指贪婪，表现为贪财、贪色、贪权等。欲望人人都有，但贪婪的人的个人欲望极度膨胀，凡有好处都想捞，凡是便宜都想占。特别是在拜金主义的思想支配下，一些人为达目的，不择手段，投机取巧，不讲道德。一些人沉迷打牌、搓麻将等赌博活动，甚至有人为了钱财杀人放火，谋财害命。有的企业为了追求利润的最大化，无视其立身于社会所要承担的义务和责任，昧着良心生产各种假冒伪劣产品，其恶行罄竹难书。人性的贪婪不仅表现在贪财好赌，还表现在迷恋情色上。人吃五谷杂粮，都有七情六欲，但当情欲把人俘虏时，就有可能把人推向万丈深渊。多少人经不住美色诱惑，纵情享乐而坏家败德，最终身败名裂。在人类社会，权利往往与地位、名利、荣誉等密切相关，人对权力的追求本无可厚非。但有人为了争夺权利而展开厮杀，甚至将权力视为最高效的谋私工具，社会便丑态百出。

"懒"指懒惰。懒惰作为人的一种劣根性，使人的潜能被扼杀，才华被埋没，希望变渺茫。懒惰具体表现为做事上的思想懈怠、拖拉侥幸、好逸恶劳、追求享乐等。每个人都向往舒适，却不能期待不劳而获。对于自己的需要，却不想通过自己的努力去实现，这样的想法是有害而危险的，可以轻而易举地毁掉一个人，乃至一个民族。懒惰，尤其是好吃懒做，常常是滋生犯罪的重要因素。

"散"指散漫。散漫的根本在于自我节制不强，心理韧度不够，主要表现在生活作风方面，如对目标的坚持、对时间的把握控制得不到位。散漫是人性与生俱来的一部分，以致一些人纪律观念淡薄，工作生活中的随意性较大，甚至出现享乐主义和极端个人主义等现象，容易发生违法违纪现象。战胜散漫需要一个自我搏斗的过程。

"残"指残忍。人在关键时刻，为了自身的利益常常会不择手段，做出残忍的事情。这方面的事例在中国历史上俯拾皆是。如纵观中国封建王朝的历史，就是一部争夺至尊至贵的皇权斗争史。为了争夺皇位，历史上演了一幕又一幕父子、母子、兄弟相互厮杀的人间悲剧，人世间的亲情、爱情、友情，与皇权、皇位相比都显得苍白无力。很多时候，人与人之间的关系，演变为赤裸裸的利害关系。这一残酷事实，充分证实了尼采的观点："人类是残忍的动物。"⑤

从人性的视角洞察道德与幸福相分离的原因，我们可以看到，人性除了光明面以外，也有阴暗的一面。人性弱点之"馋、贪、懒、散、残"构成了人性之恶，它们相互交织，有机结合，叠加发力，主观上为德福分离滋生了土壤。每个人作为一个生命体，都想趋利避难，一不小心就朝阻力最小的路上走去。人性的弱点并不意味着人只能顺乎本性而发展，事实上，人们更愿意接受和向往的，是他们所生活的世界是一个处处能够维持一定的"善"的世界。人生的目的和最高境界依然是善，因此，我们要时时刻刻去提防人生的幽暗面和负向的人性，增强免疫力，守住自己，追求有价值的人生。

2. 社会层面——社会条件不具备

在阶级社会，统治阶级为了维护其最大限度的幸福，总是要求被统治阶级的所有成员在德性方面为统治阶级的幸福服务。这一方面说明德性的确会对人的幸福起到不同程度的促进作用，另一方面也说明这里要求的德性与别人的幸福一致，却并不能保证与自身的幸福一致。"特权阶级认为自己具有道德上的优越性，并以此证明他们在社会中享有的特殊利益是正当合理的。"⑥例如，皇帝为了自身的幸福，要求太监必须在性方面成为残疾人，并且具有奴性的人格。如此一来，太监就永远无法享有生儿育女的幸福了。用强制的暴力来压制社会，用虚构的榜样来物化人心，是统治阶级惯用的伎俩。他们乐此不疲地制造出一个个"毫不利己、专门利人"神话式的道德标兵，并饰以爱国主义、忠诚、法律和秩序的体面外衣，用以驯服被统治阶级。可见，当社会存在着强制性分工，人与人之间处于不平等地位，弱势一方所具有的德性与他们享有的某些幸福往往是不一致的，甚至从根本上是冲突的。

在现代社会，人类文明不断向前跃进，但社会冲突与不公正依然存在，德福一致还缺乏一定的社会条件。社会条件的不具备具体体现在以下几个方面：首先，社会资源的不充足。在社会资源有限的情况下，利益双方为了实现各自的幸福，势必要展开争夺。一方若出于德性放弃争夺，使对方的幸福得以实现，那么在这种情况下，没有实现幸福的一方，就其德性与要实现的幸福来说，两者是冲突的，这也从某种程度上体现了德性所具有的悲剧色彩。其次，社会制度的不完善。每个人的生存和发展都受到社会制度的制约和影响，作为个体生存的硬性环境，社会制度对德福因果链至关重要。我国正处于社会转型期，适应社会主义市场经济的各项规章制度还在不断确立和完善中，以"德"谋"福"渠道还未真正建立。社会严重缺乏支持道德回报的机制，"德"与"得"之间不通。道德行为的低效益，使理性人抛开"道德人"的主体，追求"经济人"的角色，做出不道德的行为。"地沟油""染色馒头""假药"等一系列事件正好说明了这一点。另外，社会上时常出现的"英雄流血更流泪"的现象，不仅没有保全德行者的合理利益，而且还可能使其遭受物质和精神的双重创伤。这给"好人"蒙上浓重的悲剧色彩，动摇着人们的道德信念，削弱了人们的道德行动，冲击着社会的公平正义。如果一个人践行道德行为，以己范众，以身敬德，却得不到某种承诺、保护和奖赏，反而陷入困境，这种道德对人的吸引力和效仿力就会大打折扣。不管道德行动者是否有道德回报的期望，若其利益受损成为一个客观事实，那么即使对社会道德失范问题的认同成为人们的共识，也很少有人愿意主动实施道德行为来摆脱这一困境。最后，社会机会的不均等。在现实社会中，机会不均等的现象比比皆是：以教育为例，城乡之间、各地区之间教育投入不一，师资力量不平衡，不同阶层的人教育机会不均等，这些问题普遍存在，给很多人的不公平感以现实依据，间接造成了一些人的人生价值观扭曲和精神沙化。"一人公仆，三代幸福"的流行语折射出人们在追求幸福路上的无力感和不平衡感，认为获得幸福并不一定要道德高尚，相反，道德高尚并不意味着会获得幸福，德福背离也就不足为奇。

3. 认识层面——认识需过程

我们每一个人的生存和活动，都带着传统历史文化的烙印，既享受着前人的文化成果，又在当下参与创造。人们对事物的认识，从无知到有知，从不成熟到成熟，需要经过一个不断修正和完善的过程。这一客观规律同样适用于德福关系，人们对德福一致观点的认同需要有其认识过程。

随着社会的不断变迁，人们的思想观念也在不断发生变化。受中国传统文化核心价值"仁"的影响，在有关义利关系的思考中，"重义轻利""见利思义"成为主流的价值观和意识形态，人们的思想和行为都受其影响而展开。尽管见利忘义的行为在历史上从来就没有绝迹过，在很长一段时间内，人们在取舍或平衡个体或群体实际利益时，"重义轻利"的思想都发挥着很大的指导作用。这种强调仁义道德、轻视物质财富、个人利益的价值观，在一定程度上起着维护社会稳定、调节社会关系、创造和谐秩序的作用。然而，这一价值观使人常常看不到创造物质财富的意义，不敢去争取合理的个人利益，甚至一概否定个人利益，这在根本上忽视了人是利益主体，不免有失片面化和简单化，不利于幸福的实现。在正常的道德生态中，道德也需要利益维护，道德行为应收获对等的回报权益，没有一种道德能在完全脱离利益支持的条件下长久地存活下去。改革开放以来，随着现代化进程的推进，特别是社会主义市场经济的确立，我国的政治、经济等方面都发生了巨大变化。随着市场经济大潮的强有力冲击和对物质利益的日益重视，人们的思想观念也在悄然发生改变，在义利的天平上，似乎又走向了另一个危险的极端，即走向"重利轻义"。物欲至上和实利主义的氛围一度盛行，人与人之间相互影响，各种各样的利益争讼不断，"重义轻利"成为难以企及的道德制高点。社会转型时期，一些旧的道德规范已不能适应社会发展和经济增长的需要，而新的道德规范又没有建立起来，就难免存在德福背离的现象。如何重塑道德观念，使人们的谋利和利欲行为规范化、道德化，在秩序和美德的交相辉映中实现人的幸福，这还有很长一段路要走。

三　道德与幸福一致的实现路径

人类的幸福离不开道德。事实上，善的德行未必得到善的结果，类似的人生经验不时出现，古代哲人不得已发出一些忠告。儒家的万世之师和不祧之祖——孔子认为力行"中庸之道"才能处理好人际关系，符合仁的道德标准，才能德福兼有。古希腊思想家亚里士多德强调，要把个人行为控制在理性的、恰当的范围之内。那么，随着人类社会的不断发展演进，物质条件得以极大改善，在现实条件下，可否找到一条道德与幸福相统一的可行路径？这一问题将德福关系从实然层面的辨析推进到应然层面的实践。

1. 克服矫正人性的弱点

德福冲突之所以存在，有着深刻的人性根源。克服矫正人性的弱点，首先应从客观的社会层面去寻找治疗方法。社会性是人性的本质规定。在现实生活中，人与人紧密结合在一起，形成相互联系的群体。人类社会如一台复杂的机器，人与人之间的行为规范，维持这台机器的正常运转并朝正确轨道前进。合理的社会制度，良好的舆论氛围，对于克服矫治人性弱点具有基础性的作用。"恶"的盛行实质上是"善"的匮乏，社会主导价值可结合具体的历史条件，按照促进人的幸福的要求选择道德规则体系，给人们的行为提供标准和准则，为人性的发展和完善提供正确的引导，以强大的精神力量克制和匡正人性的弱点，引导人们弃恶从善，不做损害他人和社会的行为，用社会属性统率自然属性，形成"善"的文化价值导向。

在强调社会价值引导的同时，我们也要重视人的主观能动性。人自身对人性的成长具有不可推卸的责任。人性的获得虽然受到社会条件的制约，不能随心所欲，但在社会提供的幅度空间内，主动权还是掌握在自身手中。每个人都不是先天预设，而是后天自我创造的。把自己培养成什么样的人，人的主体选择至关重要。只有真正做到慎独和自律，才能从根本上克服人性的幽暗面。在追求幸福的过程中，我们要不断提高道德修养，主动践行道德原则，担起肩负的责任，作出合理的判断，由此体验到人生的意义感、满足感和喜悦感。

2. 规范完善社会制度

社会制度规范公正是实现德福一致的重要因素。社会制度规范作为一种利益引导机制，具有较强的价值引导和行为激励的作用，对人们的影响具有基础性和普遍性。正如英国政治哲学家威廉·葛德文所言："公正的法令不过是从道德规范中精选出来的一部分。"[⑦]现代法治社会强调制度本身的合伦理性，伦理的制度化和制度的伦理化作为有保障、可运作的双向社会机制，通过国家机器强制性地运行，以实现社会最低限度的正常秩序，维护和保障个体合理权益。也就是说，公正制度规范保障着人类社会共同体处于最低限度的"德福一致"。社会道德不再仅仅依靠个人的慎独和自律，而是依靠健全的法律法规为道德行为保驾护航，把社会主流道德与个人福利权益直接挂钩，让恶行者难逃利益惩罚与幸福剥夺之厄运。合理的社会制度有助于抑制、制裁恶的发生，为人性的发展完善提供良好的环境。公正的社会制度所折射出的道德信念和道德情感，与崇尚"德福一致"的人们所持有的思维模式和情绪体验相契合，这有助于形成个体稳定的心理定势，进而在制度规范尚未涉及的其他社会生活领域发挥作用，使人们对善行保持良好预期，对恶行予以高度自控。

除了法律法规的调节机制，一些社会治理机制和善恶奖惩机制也能很好地发挥把幸福与道德结合起来的作用。例如，社会信用体系的建设和完善，有助于人们树立诚信意识，践行诚信美德，防范欺骗和失信等败德行为的发生。2015年春节联欢晚会上，全国道德模范朱清章拉着妈妈的手，向世人讲述了其三十年如一日照顾病床上的植物人养母，最终唤醒母亲的感人事迹，让更多的人学会感恩，懂得孝顺。近年来，最美教师、最美妈妈、最美司机等"最美现象"如"蝴蝶效应"般显现，成为引领社会风尚的时代强音，使人们看到道德感召的力量。社区、企业和一些社会民间力量通过各种方式积极参与道德重建，完善各类先进典型关爱帮扶机制，设立见义勇为专项奖励基金，开展各类道德模范评选等活动，运用微博等新载体传播和弘扬道德文化，力图在全社会形成"好人好报"的正确价值导向。

3. 开展公民教育，提升公民素质

通过公民教育，培养一批批有能力致力于德福一致建设的社会力量，是促进德福一致的重要条件。一个社会中德福冲突的总量，同这个社会所有的不公正行为的总量，恰成正比。因此，促进公正的坚实力量的培养，对社会发展和人的发展而言，显得尤为重要。现实生活中，不少人权利意识淡薄，在自身利益受到侵害后，明知不合理，却极少据理力争。如不少人购买了假冒伪劣商品，并没有以法律的途径来捍卫自身的利益和尊严，而往往是以怕麻烦等种种理由"忍了"。这种缺乏对自身权利进行捍卫的意识和行为，给不道德行为以生存的空间。

如何开展公民教育？首先，要增强公民对德福一致的道德规范和原则的把握。使人们了解什么是对的，什么是错的，什么是努力提倡的，什么是坚决反对的，对道德认知和道德评价做到人人明白、家喻户晓。其次，选择行之有效的方法。摒弃冷冰冰的说教，反对强制性的压服，而是摆事实，讲道理，以理服人；用真心，讲真情，以情感人；其身正，做表率，以身作则。激发受教育者的积极情感，引发其以道德的手段去追求幸福的行为。最后，多方合作，形成合力。公民教育是一个系统工程，不仅需要公民个人努力，还需要学校、家庭、社会各尽其责，相互配合，形成强有力的动力系统。

特别需要指出的是，在促进德福一致的道路上，既不能无所作为，也不可盲目乐观。人类只有遵循社会发展的客观规律，努力提升公民素质，凭借自身的力量和智慧，经过长期而反复的实践，一步一步越来越好地解决德福相悖的古老命题，走向道德与幸福的统一。

注释：

① 宋希仁：《西方伦理思想史》，中国人民大学出版社2004年版，第31页。

② 李秋零主编：《康德著作全集》（第6卷），中国人民大学出版社2007年版，第400页。

③ ［英］边沁：《道德与立法原理导论》，时殷弘译，商务印书馆2002年版，第57、58页。

④ ［英］密尔：《功利主义》，徐大建译，上海人民出版社2008年版，第17页。

⑤ ［德］尼采：《苏鲁支语录》，商务印书馆1994年版，第221页。

⑥ ［美］莱茵霍尔德·尼布尔：《道德的人与不道德的社会》，贵州人民出版社1998年版，第100页。

⑦ ［英］威廉·葛德文：《政治正义论》（第1卷），商务印书馆1997年版，第81页。

附录三

苏轼的人生哲学对提升现代人幸福感的启示[*]

摘　要：苏轼在其独特的生命历程中形成了自己鲜明、丰厚的人生哲学。苏轼给后人留下的，除了政治业绩和诗词歌赋，还有可供效仿的人生态度和可供思索的人文精神。积极乐观的人生态度、自尊自信的人格魅力，超越物质的精神追求，是苏轼留给后世的巨大精神财富，对提升现代人的幸福感具有重要的启示。

关键词：苏轼；人生哲学；乐观；自尊；幸福感

苏轼在诗、文、词、书、画等方面，在才俊辈出的宋代均取得了登峰造极的成就，为后世所称颂。在对儒、道、释等传统哲学融会贯通的基础上，苏轼在其独特的生命历程中形成了自己鲜明、丰厚的人生哲学。苏轼一生命运多蹇，却始终保持积极快乐的生命状态，他既立足现实，正视现实，却又超越现实，其广阔的胸襟和乐观的精神洋溢于诗词文章中，为代代学子叹服而仰慕。苏轼给后人留下的，除了政治业绩和诗词歌赋，更多的是可供效仿的人生态度和可供思索的人文精神。身处现代社会的人们，生活节奏的加快，竞争压力的增大，不时阻碍了人们用一颗平和的心来感受幸福。苏轼的哲学思想对人们理解和实现幸福，具有重要的启发意义。

一　积极乐观的人生态度

面对人生途中的苦难和困境，苏轼乐观应对，从容处之。在现实生活中，他从不逃避现实和社会，用乐观积极的态度面对人生，给后世留下了巨大的精神财富。

---

[*] 原载于《社科纵横》2013 年 5 月，作者楼天宇。

1. 用正向的思维看待人生处境

苏轼性格开朗，遇到不顺心的事，他不抱怨，不颓废，用正向的思维，凡事都往好的一面想。苏轼与弟弟手足情深，兄弟分别时，"人生无离别，谁知恩爱重"，本身一件离别伤心事，他却强调亲情的厚重。在因"乌台诗案"被流放至黄州期间，苏轼写了一首诗《迁居临皋亭》，诗中写道"我生天地间，一蚁寄大磨"，将自己比喻成大磨盘上的一只蚂蚁，大磨盘却滚滚向左，而自己却匆忙向右，表达了人无法主宰自己命运的无奈和苦涩。但行文至此并非戛然而止，而是笔锋一转，用正向的思考对这种不幸作了全新的解读：虽然被流放，妻儿还能聚在一起，而且全家还有江边的这个驿舍可以暂居歇脚。这不也是值得庆幸的事吗？未来的道路凶吉难料，也许我现在的状态就是一种幸福，也许这是未来幸福的原因。诗中从不幸到幸的"饥贫相乘除"的思维方法是苏轼思想的精华，是对人生苦乐交织的具体表述。①

2. 用韧性的特质积极适应环境

苏轼刚正不阿、遇事敢言的秉性，曾得罪了不少权贵，使得他在仕途上一路坎坷，屡屡遭贬。苏轼官宦生涯的大部分时间都是在排挤、贬谪中度过。即便如此，苏轼依然拥有恬淡、平和、积极的充实人生。在黄州时，他自嘲说："某谪居既久，安土忘怀，一如本是黄州人，元不出仕而已。"后来到了环境更加恶劣的海南，"又海南连岁不熟，饮食百物艰难，及泉、广海舶绝不至，药物鲊酱等皆无，厄穷至此，委命而已。老人与过子相对，如两苦行僧尔。然胸中亦超然自得，不改其度"，依然不改其乐观积极的本性，后来北归时还依依不舍："我本海南民，寄生西蜀州。忽然跨海去，譬如事远游。"（语出苏轼《别海南黎民表》）不管外在的环境如何恶劣，即使身居穷乡僻壤，他都拥有正向思维，扬弃悲哀，超然知足，拥有归属感。

3. 用幽默诙谐的方式笑对人生

苏轼积极乐观的人生态度还表现在他以幽默诙谐的方式笑对人生，从而使他的作品和生活都充满了开朗的色彩。苏轼被贬惠州时，给弟弟苏辙写的信中，讲述了这样一件事。惠州地处偏僻，集市里每天只杀一只羊，

---

① 王振彦：《执著人生、超然物外的生命范式——从三个层面观照苏轼诗中的苦乐哲学》，《南阳师范学院学报》（社会科学版）2004 年第 11 期。

他念及自己身为犯官，不敢与有权人士争买，只好跟屠夫买一些羊脊骨。羊骨只有一点点肉，且不容易吃到，他自创了一种烹饪方法，拿回去煮熟，如食蟹螯，既美味又有营养。羊骨本是狗吃的食物，苏轼自我调侃说自己发明的这一吃法必引起"众狗不悦"。这种将人生的辛酸化为幽默的生活态度，使苏轼能正视生活艰辛的同时知足常乐。

二　自尊自信的人格魅力

1. 宽厚仁爱、富有同情心的性格

仕途的潮涨潮落并没有使苏轼消沉悲观，积极乐观的精神仍占主导。苏轼秉承了儒家仁民爱物的精神，他勤政为民，每为官一处，皆能留爱一方。仕杭期间，苏轼疏浚西湖，治水筑堤，后人为纪念他将堤签名"苏堤"。他关心民间疾苦，时常赈灾施药。杭州百姓认为其有德于民，他们敬重爱戴苏轼，"家有画像，饮食必祝，又作生祠以报。"（《宋史·本传》）在徐州任上，黄河横决，水位急升，苏轼亲自"庐于城上，过家不入"（《宋史·本传》），与老百姓一起奋战七十余天，终于战胜洪水，保全了全城生命财产。苏轼一生的用世之心，不仅立足于儒家的"兼济天下"的思想，而且更植根于中华民族历来的仁人志士为真理而献身的传统美德的土壤之中。[①] 苏轼足迹所至，人们都建有书院、纪念馆、遗址以纪念他，用他的名字命名公园、街道、桥梁以怀念他。当苏轼逝世的噩耗传出来后，吴越的老百姓都哭着争相告知，形成浩大的群众性自发式的吊唁送葬活动。可见苏轼的纪念碑，不仅仅是大理石雕塑出来的，也是由许许多多的人民内心自发铸造出来的。

2. 坚韧不拔的意志品质

苏轼一生在北宋党争的政治旋涡里沉浮，他反对王安石实施新法使百姓民不聊生，故屡遭贬谪。他从26岁入仕到66岁终老，在40年中官职变动多达20次，被贬放逐七次，尤其在黄州和岭海，俸禄断绝，衣食困窘。[②] 面对仕途坎坷不平，苏轼从未被困难和痛苦打倒。他毅然放下士大夫的架子，躬耕自立，随遇而安，处处表现出坚韧不拔的意志品质，不因

---

① 周先慎：《论苏轼的人格魅力》，《北京大学学报》（哲学社会科学版）2002年第2期。
② 李鑫：《苏轼人格魅力的现代启示》，《西安文理学院学报》（社会科学版）2005年第5期。

失意而落魄，不因得意而忘形。

三　超越物质的精神追求

苏轼的一生饱经磨难而精神长青，主张节制非人力所能为的世俗欲望，关注精神世界的自由、安宁、快乐。

1. 热爱自然

受庄子"万物齐一"思想的影响，苏轼创立了"寓意于物而不留意与物"的观物方式，善于发现、创造生活中的美。苏轼热爱自然，充分享受自然的美。大自然在古代知识分子眼中经常是极其重要的。它就像一个待挖掘的无穷宝库，内藏着最广大、最深邃的智慧。苏轼寄情山水，从大自然中获得无穷的乐趣，享受大自然带来的自由，表现出一种开朗乐观的生活态度。《超然台记》中开篇即说："凡物皆有可观，苟有可观，皆有可乐。非必怪奇伟丽者也。餔糟啜醨，皆可以醉，果蔬草木，皆可以饱。推此类也，吾安往而不乐？"在《初到黄州》的诗中，虽然有埋怨和不平，但也有"长江绕郭知鱼美，好竹连山觉笋香"之句，可见苏轼虽身处逆境，亦能坦然处之，超然自得。

2. 兴趣广泛

苏轼是极懂生活的人，即使是在物质生活最困苦的时候亦具有顽强的生命活力，随处发现当下生活的乐趣，过得有滋有味，兴趣盎然。苏轼在饮茶、美食、饮酒等方面都极富创造力。在饮茶方面，苏东坡对茶叶、茶水、火候都颇有研究，他还亲自设计过一种提梁式的紫砂壶，上书"松风竹炉，提壶相呼"诗句，后人把这种壶命名为"东坡壶"。苏轼自创了各类美食——"东坡肉""东坡鱼""东坡鸡""东坡饼""东坡豆腐"等，至今流传，为人们所喜爱。他还把做法用文学作品的形式记录下来，整理成册。苏轼不仅喜欢饮酒，还亲自酿造橘子酒、松酒、桂酒等。可见，在艰苦的环境中，苏轼依然创造着生活中的乐趣，享受生活。

3. 热爱艺术

苏轼的一生创作了大量的艺术作品，是名副其实的文学家、书法家、绘画家。苏轼的诗现存的约有四千多首，词现存的约有三百四十多首。苏轼是一位与诗歌共着生命的人，生命不止，笔耕不辍。诗歌倾吐着他内心的喜怒哀乐，表达着他对生活的热爱。苏轼的诗词是生活和艺术的融合，即来自生活，又高于生活。隔着审美距离来看待生活，一些苦难便不再变得不可忍受。进而苏轼透过苦难，脱离个人的卑微和局限，进而思考普通的人生与命运，感悟崇高与无限，获得精神世界的解放与自由。苏轼实践道德、吟赏风月、陶冶性情，体现了他对生命的珍视和对快乐的诠释，圣贤之乐与世俗之乐在他身上得到了完美的统一。①

余论

在现代社会，随着科技的进步和经济的发展，人们在吃穿住行用等各方面的物质生活水平有了很大的提高，对幸福的需求也越来越迫切。然而，当前社会环境也使人面临诸多陷阱。经济条件愈优越，愈易使人抵抗逆境的能力下降；物质生活愈丰富，愈易使人忽略精神生活的重要性。在现实生活中，我们经常看到，人们的生活日趋忙碌，身心日益疲惫，对财富和权力等身外之物贪婪追求，物质财富高速增长形成鲜明对比的是精神荒漠的迅速扩大，毫无幸福感可言。我们毫不否认物质财富的获得是影响主观幸福感的重要外部因素，但幸福与否的评价还带有鲜明的主观性的特征。因此，重新回顾苏轼的人生哲学，对提升现代人的幸福感具有重要的启示。

苏轼的人生哲学主张限制人的过多的不合实际的物质欲望，有助于帮助现代人正视现实，正确看待物质需求。随着市场经济的到来，人们普遍拥有以金钱和财物来追求快乐的价值观。在社会深刻变革、经济持续快速发展、社会生活日益繁荣、思想价值理念日趋多元的时代背景下，合理追求属于自己的经济利益已经成为社会的主流。但与此同时，也要让乐观、坚韧、感恩等品质充实自己的精神世界，使之枝繁叶茂、开花结果。

苏轼的人生哲学体现了他如何面对困境、减轻心理压力，有助于帮助现代人从容应对人生中的压力与挫折。幸福感是外部环境因素与内在心理素质综合作用的结果，良好的心态、健全的人格，是人的身心健康的重要基础，也是幸福感存在的基本前提。现代人身处一个竞争激烈的社会，人们处在职业生活、家庭生活和公共生活等诸多关系中，压力无处不在。过多的压力不仅对生理健康无益，也损害了心理健康，降低了生产力和创造力。对于现实生活中不得不面对的诸多困境，现代人要积极寻求社会支持

---

① 周晓音：《论苏轼在杭州时期的文化性格》，《浙江师范大学学报》（社会科学版）2010年第4期。

系统，克服拖延，学会与压力共舞。

苏轼的人生哲学体现了他兴趣广泛，热爱生活，有助于引导现代人善于发现生活中的美，享受生活。法国艺术家罗丹说："世界上并不缺少美，只是缺少发现美的眼睛。"美的事物需要发现，幸福同样也需要发现。现代社会中，往往并不缺少使人幸福的物质和精神条件，而是人们缺乏对幸福的感受，或者说察知幸福的能力低下而丧失幸福感。一花一世界，一草一天堂。一个善于从正面解读现实的人，其积极的社会实践会增强当下的幸福感，也是持续产生幸福感的源泉。正是对重复日常生活中的人和事的正面思考和积极创造，幸福之路才不断延伸。

参考文献：

［1］王振彦：《执著人生、超然物外的生命范式——从三个层面观照苏轼诗中的苦乐哲学》，《南阳师范学院学报》（社会科学版）2004年第11期。

［2］周先慎：《论苏轼的人格魅力》，《北京大学学报》（哲学社会科学版）2002年第2期。

［3］李鑫：《苏轼人格魅力的现代启示》，《西安文理学院学报》（社会科学版）2005年第5期。

［4］周晓音：《论苏轼在杭州时期的文化性格》，《浙江师范大学学报》（社会科学版）2010年第4期。

［5］楼天宇：《德育视阈下大学生幸福教育的内容及其实现途径》，《文教资料》2010年第12期。

后 记

《当代中国青年幸福观及其培育研究》就要出版了，它是在我的博士学位论文基础上修改完成的。这一写作过程，也是我培育幸福能力、感受幸福洗礼的过程，它让我对生活有了更深刻的认识，能更深切地感受到来自周围的爱与关怀。回首一路走来的苦乐与悲喜，我的心中充满着无限的感恩和感动。

回首当初，带着众多师长朋友的关爱与鼓励，毅然做出攻读博士学位的决定，并开始在繁杂的工作之余专心备考。虽充满激情，却也有点无知无畏，不曾料到读博是如此考验毅力、跌宕绵长的过程。博士学习期间，工作任务繁重，学习任务紧迫，工学矛盾突出，还要兼顾家庭，内心的焦灼感和压力感非亲身经历不能体会。读博之路虽然艰辛，然而我深知自己是幸运的：总是在遇到瓶颈时，得到老师的倾囊相授；总是在泄气怠慢时，得到师友的督促鼓励；总是在疲惫无助时，得到亲人的拳拳关爱！感恩于前行路上无数的帮助！在本书即将付梓之际，我要诚挚地感谢帮助我的师长、同事、同学和家人们。

感谢我的两位博士生导师：万斌教授和马建青教授。两位导师不仅学识渊博，功底深厚，具有精深的学术造诣，而且平易近人，宽容善良，拥有独特的人格魅力。读博期间，从学业规划、课题申报到毕业论文写作，两位导师无不给予悉心的指导和热情的鼓励。特别是博士学位论文的写作过程中，从论文选题、提纲拟定、资料收集、反复修改到最终定稿，无不浸润着两位老师的心血和智慧。在此衷心感谢万老师和马老师对我的关心和指导。师恩似海，不敢言报，唯有孜孜不倦，以求精进！

感谢浙江大学马克思主义学院对我的教育培养。我从十多年前开始就在浙大学习，马克思主义学院的老师们敬业、精业的形象一直定格在我的心中，浙江大学深厚的文化底蕴和浓厚的学术氛围为我今后的治学提供了宝贵的精神财富。感谢求学途中为我传道授业解惑的刘同舫教授、吕有志教授、张彦教授、段治文教授、张继昌教授、高力克教授、张国清教授、黄铭教授、代玉启教授、宇正香副教授等。老师们广博的专业知识和丰富的人生阅历给予我很多教育和启迪。同时，感谢同窗好友真挚的情谊，和你们一起聆听教诲，探讨学业，一起进步，一起欢笑，是我人生的宝贵财富。

感谢浙江科技学院的诸多领导、师长、同事的无私关爱和帮助。自从2000年9月走入这片美丽的土地，在这里学习、工作、生活，我衷心热爱这片家园。感谢单位领导和师长的支持鼓励，使我坚定了攻读博士的信心；感谢同事们的鼎力相助，支撑着我工作和读书齐头并进；感谢同学们的信任厚爱，这份温暖促使我更加努力地投入工作和学习！

感谢所有亲人给予我的关爱和鼓励。家人的爱是我源源不绝的力量源泉。一路走来，他们都陪伴在我身边，给予我最坚实的支持和鼓舞，让我有更多时间和精力投入工作和学习，有勇气和力量去克服一道道难关。

时光荏苒，犹如白驹过隙。此刻，窗外晴空万里，蝉声阵阵；窗内心静如莲，倍感幸福。求学路上的酸、甜、苦、辣、咸，在回首的一刻都化为幸福的滋味。感恩生命际遇中给予我期待、关爱、帮助和鞭策的人，我会带上你们的祝福，用读博经历赐予我的乐观、坚持和感恩，一步一个脚印，去实现自己的人生价值，收获自己的幸福人生！

高山仰止，景行行止，虽不能至，然心向往之。幸福问题是一道多解方程，没有标准答案。由于自己的理论水平和实践经验有限，对青年幸福观培育的研究和实践工作仍处于探索阶段，书中必有疏漏之处，尚祈各位前辈、同行、读者不吝赐教。

此外，中国社会科学出版社编辑宫京蕾女士为本书的出版付出了大量辛勤的劳动，在此深致谢忱！最后，诚挚地感谢正在阅读这些文字的您，衷心祝愿您幸福永相随！

楼天宇
2020年7月